价格领地

——来自于评估行业的理论与实践

聂竹青◎主编

海天出版社（中国·深圳）

图书在版编目（CIP）数据

价格领地 / 聂竹青主编. — 深圳：海天出版社，2016.7
ISBN 978-7-5507-1553-0

Ⅰ．①价… Ⅱ．①聂… Ⅲ．①资产评估－文集 Ⅳ.
①F20-53

中国版本图书馆CIP数据核字(2016)第022019号

价格领地
JIAGE LINGDI

出 品 人　聂雄前
责任编辑　顾童乔　张绪华
责任技编　梁立新
装帧设计　知行格致

出版发行　海天出版社
地　　址　深圳市彩田南路海天综合大厦7-8层（518033）
网　　址　http://www.htph.com.cn
订购电话　0755-83460202(批发)　　83460239(邮购)
设计制作　深圳市知行格致文化传播有限公司
印　　刷　深圳市希望印务有限公司
开　　本　787mm×1092mm 1/16
印　　张　18
字　　数　345千字
版　　次　2016年7月第1版
印　　次　2016年7月第1次
定　　价　38.00元

　　本书的主编聂竹青先生，是深圳市鹏信资产评估土地房地产估价有限公司的董事长。我与他认识已有上十年，一直以为他忙于公司业务发展和经营管理。今年年初，他将自己主编的《价格领地》书稿递给我，请我写序。我认为，当下公司老总舍得花时间、精力编书是难能可贵的，故乐意为之。

　　看完这部书稿，掩卷颇有感触。一个评估公司的领头人在繁忙的工作之余，将自己、公司员工和行业好友多年以来有关评估问题的文章予以收集整理并汇编成书、公开出版，将在工作实践中的有关理论思考和经验心得贡献出来，无论对个人和相关评估机构，还是对同行和整个评估行业，都是一件有益的事情。

　　本书虽然不是系统性的论著，但涉及面较广，且紧贴评估工作实际，内容包括企业价值评估、房地产评估以及其他资产评估和评估机构管理等方面，其中许多问题是评估理论和实际中的难题、新题，一些观点不乏真知灼见。希望本书不仅可以为深圳市鹏信资产评估土地房地产估价有限公司总结经验、展现成果，还可以为评估行业同仁解决类似问题提供参考和借鉴。

中国房地产估价师与房地产经纪人学会副会长兼秘书长 柴强

2015 年 2 月 24 日

序言 2

聂竹青先生作为《价格领地》的主编，一再邀请我为他的编著写点东西，我是有点心虚的，但是难得聂主编邀请，盛情难却，聊作对评估行业尽点力。

虽然本书只是个论文集，但编著者以实用为宗旨，收录的论著大都源于评估实务，有的能让同行确切知道解决问题的办法；有的可让读者获知思考问题的方向；有的能为我们提供可借为参考的具体指引……编著者孜孜以求、努力探寻企业价值评估、不动产估价以及其他资产评估的新理论、新方法与新技术，包括在信息技术迅猛发展的背景下创新的评估实践等，实属难得！

作为咨询性民营企业的老板且身兼广东省政协委员的聂主编，能在汹涌澎湃的商海大潮中奋力搏击之余挤出时间静下心来研究专业技术、思考思考行业未来发展，尤为难得！我也有过类似的体验，要想编辑或撰写好文稿，常常是要放弃休息时间！假如要问聂主编究竟为了什么？我想，他的回答应该就是"责任"二字，"责任"。不同的人有不同的感受，对他而言，我理解是因为他对评估事业有爱，所以，在成长！"人生无物比多情，江水不深山不重。"，既然爱上了又怎么能把心收起？

中国土地估价师与土地登记代理人协会副会长

广东省不动产登记与估价专业人员协会会长　　谢戈力

在经济学中，任何商品的价格都是由商品的价值决定的，一般来说，商品的价格多少就代表了它包含了多少价值，但在经济学中又倡导另一种思想——供求关系决定商品价格，结合两者，我们可以认为价格包含了其价值（内在价值），同时又反映了供求关系。

某国企控股公司老总曾问过这样的问题："为什么我们有些企业按你们评估师评估的价值挂牌交易，却卖不出去，导致我们必须再次折价挂牌？为什么我们某些企业采取公开竞价拍卖，最后成交的价格却远远高于你们的评估价？"如果明白了上述道理，那这个问题不难回答。这也是我们把本书的题目定为《价格领地》的初衷。

毫无疑问，评估师仅就商品或资产的价值发表意见，而无法对该商品或资产的供求关系发表意见。买卖双方认清了资产自身的价值，同时又充分考虑到了供求关系（其中又包含了稀缺性、流动性等要素），才使双方最终达成交易的价格。

本书着重在于探讨商品或资产的内在价值，主要涉及企业价值、房地产土地价值及无形资产价值等诸多方面，其主要内容均来自于评估师们长期的理论与实践。对业内人士来说，系统归纳总结业内需要共同研讨的理论问题，此书不无裨益，而对于业外人士尤其是企业家们在认清自己的资产价值或在交易时确定自己的资产价值也有好处。

本书的主编聂竹青先生曾经是一位诗人。诗人是需要激情的，而估价则是需要理性的，我充分理解这种从激情到理性的华丽转身的艰难，祝福他，祝福每一位作者，同时也祝福每一位为中国的评估事业默默奉献自己的一生的评估师！

深圳市资产评估协会会长 王毅

特别鸣谢

★ ★ ★ ★ ★

谨以此向深圳市资产评估协会及王毅会长对本书出版
给予的鼎力支持与帮助表示由衷的感谢！

目 录

企业价值评估篇

房 地 产 评 估 篇

其他资产评估篇

管理篇

企业价值评估篇

第一章
基于商誉减值测试中
对 DCF 模型检测相关问题研究

刘岩 王毅 李伟

在商誉减值测试估算"资产预计未来现金流量的现值"时，经常会采用 DCF 模型。近几年来，在商誉减值测试中运用 DCF 模型已经取得了长足的进步，但总体水平还有待提高，特别是国内外一些最新研究成果未及时被吸收和采纳。为此，本文从商誉及其价值构成要素、商誉减值测试目的、商誉减值测试方法、DCF 模型、DCF 模型相关问题检测研究、综合应用六个方面进行阐述。对 DCF 模型的检测研究一般借助于 EXCEL 及专业软件，拟在吸收金融、管理和财务学、营销学等最新成果的基础上对收益法 DCF 模型进行完善，包括但不限于：生命曲线分析、灰色 GM（1.1）模型、可持续增长率模型、马尔可夫分析、风险分析、阿塔曼模型、熵值分析、投入资本报酬率（ROIC）对折现率的牵制、收益法加暂未产生收益的无形资产期权模型。

一、商誉及其价值构成要素

1. 商誉的内涵界定

商誉是指能在未来期间为企业经营带来超额利润的潜在经济价值，或一家企业预期的获利能力超过可辨认资产正常获利能力（如社会平均投资回报率）的资本化价值。商誉是企业整体价值的组成部分。在企业合并时，它是购买企业投资成本超过被合并企业净资产公允价值的差额。

关于商誉的本质，比较权威的观点当属美国当代著名会计理论学家亨德里克森在其专著《会计理论》中介绍的三个论点，即好感价值论、超额收益论和总计价账户论。这三个论点称作商誉的"三元论"。"三元论"分别从不同侧面描述了商誉的本质。

好感价值论是从资产的角度定义商誉的，但它仅列举商誉的种种特质而难以解决其计价问题。另外，这一观点笼统地认为商誉是一种未入账的无形资源是不够妥当的，因为按照现行惯例只是自创商誉不入账，而外购商誉（合并商誉）则入账。

超额收益论是一个比较流行的观点。阎德玉（1997）曾指出："超额收益论的科学性在于：该观点把握了商誉作为资产的基本条件——经济资源、获利潜力、货币计量三要素。不足之处在于：该观点对商誉科学定性后，相关理论研究没有跟上，加之其他两个观点同时作用的干扰，使得商誉定性理论本身缺乏根系理论的支持，对商誉会计实务指导作用显得软弱乏力。"此外，商誉一定会产生超额收益，但企业的"超额收益"是多种因素作用的结果，必须剔除一切非正常的和营业外的因素，以免歪曲商誉的价值。

总计价账户论是从方法论的角度说明商誉的计量方法，而不是定义商誉。企业总体价值的估计误差、单项资产的高估或低估，都会被挤到商誉中，因此，商誉容易成为一个"调节阀"，承受着一切主观因素的影响。时至今日，关于商誉内涵及本质的探讨从未停止过，但始终没有达成共识，出现此现象的一个重要原因是不同的学者从不同的角度（层面）来理解商誉并沿着各自的思路界定商誉。

从价值层面理解，商誉可以用来表示企业未来超额盈利能力的估计值，确切地说，商誉可以被定义为某一特定企业所能赚取的超额盈利的资本化价值，即从计量的角度解释了商誉对企业价值增值的驱动作用。从商誉形成层面理解，商誉是企业各项资产要素协同效应的结果，企业作为一个动态开放的、完成特定目标的组织系统，其各部分相互关联、相互作用，因此，其整体资产价值可能大于单项资产价值合计，这种差额即表现为商誉。但当企业亏损时，或企业收益水平低于本行业平均获利水平时，商誉也可有负值。财务报告模式主要反映企业的管理当局受托责任履行，而不与企业价值评估挂钩的情况，商誉的出现正是为了弥补财务报告计量模式的缺陷。从外在形式层面，商誉是由多种未入账无形资产构成的无形资源，例如企业高超的管理能力、良好的社会关系、有利的位置、优秀的雇员及已经建立起来的顾客网络等。这些未入账的无形资源具有价值性、稀缺性、不完全可模仿性和不完全可替代性的特点，依附于企业整体资产而存在。

　　商誉是一种不可确指的无形项目，它不具可辨认性。它不能独立存在，它具有附着性特征，与企业的有形资产和企业的环境紧密相连。它既不能单独转让、出售，也不能以独立的一项资产作为投资，不存在单独的转让价值。它只能依附于企业整体，商誉的价值是通过企业整体收益水平来体现的。

　　按未入账资产理论，商誉是计量了未入账资产的结果。商誉属于自创的无形资产，其开发成本很难从账簿中完整地反映出来。而且它的功用与其开发成本之间的关系也很不确定，没有一个统一的标准。会计上将商誉分为自创商誉和外购商誉。其实，"外购"只是商誉价值得以体现的一种途径，外购商誉本质仍然是卖出去的"自创"。

2. 商誉价值构成要素

　　目前学术界已辨认出的商誉构成要素有：杰出的管理人员、科学的管理制度、融洽的公共关系、优秀的资信级别、良好的社会形象、专营专卖权、独特的生产技术、优秀的地理位置，等等。其中专营专卖权，即特许经营权已经成为一项可独立存在的确指性无形资产；独特的生产技术，即专有技术，也成为企业可确指的无形资产；优越的地理位置可以依据土地或土地使用权的价格反映。上述三个构成要素可以确指，应加以剔除。实际构成商誉价值的主要要素为"产品服务质量、企业文化、制度文化、品牌信誉、团队合力、历史厚重感等几个方面"。

二、商誉减值测试目的

一般会计理论将商誉分为两部分：自创商誉和合并商誉。自创商誉是指企业在长期的生产经营过程中，由企业自身创立和积累起来的能够为企业带来超额收益的无形资源。合并商誉是指企业合并过程中产生的，合并企业所支付的超过被合并企业可辨认净资产价值的部分。

1. 合并商誉的初始确认

《企业会计准则第 20 号 —— 企业合并》规定：同一控制下企业合并，合并方取得的净资产账面价值与支付的合并对价账面价值（或发行股份面值总额）的差额，应当调整资本公积，资本公积不足冲减的，调整留存收益；非同一控制下企业合并，购买方对合并成本大于合并中取得的被购买方可辨认净资产公允价值差额，应当确认为商誉。《企业会计准则第 33 号 —— 合并财务报表》中规定：母公司对子公司的长期股权投资与母公司在子公司所有者权益中所享有的份额应当相互抵销，同时抵销相应的长期股权投资减值准备；在购买日，母公司对子公司的长期股权投资与母公司在子公司所有者权益中所享有的份额的差额，应当在商誉项目列示。

我国目前对同一控制下的企业合并采用的是权益结合法，非同一控制下的企业合并采用的是购买法。权益结合法下的商誉，是作为一项权益的抵销项目，即将合并过程中合并企业支付的超过被合并企业可辨认净资产公允价值的部分计入资本公积；目前的操作会增加企业的利润，提高净资产回报率，从而降低企业编制的合并财务报表信息的相关性。而在购买法下，企业把商誉确认为一项独立的资产，并且按照《新企业会计准则》的规定必须进行减值测试，这样可以使合并财务报表反映的会计信息更加可靠。

2. 合并商誉的后续计量

《新企业会计准则》采用了国际上通行的减值测试法，而没有考虑对商誉的摊销。按照《企业会计准则第 8 号 —— 资产减值》规定，企业合并形成的商誉，无论是否存在减值迹象，每年都应当进行减值测试，并且至少应在年度终了时进行测试；一经确认的资产减值损失，不得在以后会计期间转回。由于商誉不可辨认的特征，其本身难以产生独立的现金流，所以商誉须与其相关的资产组或资产组组合相结合进行减值测试。其中，资产组是指企业可以认定的最小资产组合，其产生的现金流入应当基本上独立于其他资产或资产组产生的现金流入。同时，这些相关的资产组或资产组组合应当是能够从企业合并的协同效应中受益的资产组或资产组组合，但不应当大于按照《企业会计准则第 35 号——分部报告》所确定的报告分部。这种会计处理方法有其合理性，主要体现在：每年年度终了对商誉进行的减值测试可以较好地反映商誉的实际情况，为报表使用者提供了现存商誉价值和企业资产价值的真实信息；已确认的资产减值损失不得转回，可以防止企业利用计提减值准备进行利润操控。

综上，我国目前对非同一控制下的企业合并产生的合并商誉每年年度终了应对商誉进行的减值测试，以便于较好地反映商誉的实际情况，为报表使用者提供了现存商誉价值和企业资产价值的真实信息。

三、商誉减值测试方法

1. 商誉减值测试方法概述

企业在会计年末对包含商誉的相关资产组或者资产组组合进行减值测试，如果发现包含商誉的资产组或者资产组组合发生减值迹象，应当按照以下步骤处理：首先，对不包含商誉的资产组或者资产组组合进行减值测试，计算可收回金额，并与相关的资产组或者资产组组合账面价值相比较，确认相应的资产减值损失；然后，再对包含所分摊商誉的资产组或者资产组组合进行减值测试，比较这些资产组或者资产组组合（包含所分摊的商誉的账面价值部分）与其可收回金额，如果相关的资产组或者资产组组合的可收回金额低于其账面价值，应确认为商誉减值，但需要注意的是，确认的资产组或者资产组组合的商誉减值损失不应当超过其分摊的金额。对于超出的部分应归属于该资产组或者资产组组合的减值损失。但是由于对相关的资产组或者资产组组合的确认的执行难度较大，可能产生对商誉进行重新分配并在新的基础上进行减值测试，会增大工作量，而且结果也未必准确。同时，怎样合理地将商誉分摊到相关的资产组或者资产组组合，在《新企业会计准则》中并没有详细具体的指导，因此商誉减值测试有一定的难度。

根据《资产减值准则》的规定，资产减值测试应当估计可回收金额，然后将所估计的资产可收回金额与其账面价值比较，以确定商誉是否发生减值。资产可收回金额的估计，应该根据其公允价值减去处置费用后的净额与资产预计未来现金流量的现值两者之间较高者确定。

2.《以财务报告为目的的评估指南》介绍

为财务报告确定公允价值、资产预计未来现金流量的现值等需求，中国资产评估协会于 2007 年发布了《以财务报告为目的的评估指南》。对该指南中涉及商誉的主要条款介绍如下：

2.1 注册资产评估师应当提醒委托方根据会计准则的相关要求，合理确定评估基准日。评估基准日可以是资产负债表日、购买日、减值测试日、首次执行日等。

2.2 注册资产评估师应当知晓，在执行会计准则规定的包括商誉在内的各类资产减值测试涉及的评估业务时，对应的评估对象可能是单项资产，也可能是资产组或资产组组合。其中，固定资产减值测试一般以资产组的形式出现；商誉减值测试主要以资产组或资产组组合出现。

2.3 在符合会计准则计量属性规定的条件时，会计准则下的公允价值一般等同于《资产评估准则》下的市场价值；会计准则涉及的重置成本或净重置成本、可变现净值或公允价值减去处置费用的净额、现值或资产预计未来现金流量的现值等计量属性，可以理解为相对应的评估价值类型。

2.4 注册资产评估师协助企业进行资产减值测试，应当关注评估对象在减值测试日的可回收价值、资产预计未来现金流量的现值以及公允价值减去处置费用的净额之间的联系和区别。

（1）注册资产评估师应当知晓可回收价值等于资产预计未来现金流量的现值或公允价值减去处置费用的净额孰高者。在已确信资产预计未来现金流量的现值或公允价值减去处置费用的净额其中任何一项数值已超过所对应的账面价值，并通过减值测试的前提下，可以不必计算另一项数值。

（2）注册资产评估师在协助计算资产预计未来现金流量的现值时，应当知晓对资产预计未来现金流量的预测是基于特定实体现有管理模式下可能实现的收益。预测一般只考虑单项资产或资产组内主要资产项目在简单维护下的剩余经济年限，即不考虑单项资产或资产组内主要资产项目的改良或重置；资产组内资产项目于预测期末的变现净值应当纳入资产预计未来现金流量的现值的计算。

（3）注册资产评估师在协助计算公允价值减去处置费用的净额时，应当知晓会计准则允许直接以公平交易中销售协议价格，或与评估对象相同或相类似资产在其活跃市场上反映的价格，作为计算公允价值的依据。

当不存在相关活跃市场或缺乏相关市场信息时，注册资产评估师可以根据企业以市场参与者的身份，对单项资产或资产组的运营作出合理性决策，并适当地考虑相关资产或资产组内资产的有效配置、改良或重置的前提下提交的预测资料，参照企业价值评估的基本思路和方法，分析和计算单项资产或资产组的公允价值。

注册资产评估师计算公允价值减去处置费用的净额时，应当根据会计准则的具体要求合理估算相关处置费用。

2.5 注册资产评估师运用收益法进行以财务报告为目的的评估，根据评估对象的特点和应用条件，可以采用现金流量折现法、增量收益折现法、节省许可费折现法、多期超额收益折现法等具体评估方法。

2.6 会计准则规定的资产减值测试不适用成本法。

3. 商誉减值测试步骤

3.1 确认资产组及相关负债以及所要测试的商誉的资产组；

3.2 确认资产组中资产没有减值（如确认资产组中资产存在减值，应先做资产减值测试），负债的账面价值是公允价值；

3.3 对资产组和相关负债形成的权益资产估算其未来预计现金流的现值；

3.4 如果第（3）步结论高于资产组账面值，则结束测试，否则转入第（5）步；

3.5 估算资产组的整体可变现净值扣除相关负债后价值 A；

3.6 估算资产组整体可变现净值扣除相关负债后的净资产价值 B，如果 B 高于资产组账面值，不存在减值，则结束测试，否则转入第（7）步；

3.7 估算资产组中资产"拆整卖零"的可变现净值扣除负债后的净资产价值 C，如果 C 高于资产组账面值，不存在减值，则结束测试，否则转入第（8）步；

3.8 估算判断商誉存在减值，减值额为：

含商誉资产组账面净值－ Max(A,B,C)

四、DCF 模型

1.DCF 模型概述

减值测试中对"资产预计未来现金流量的现值"的测算常用的为现金流折现法估值模型 DCF（Discounted Cash Flow，简称 DCF 模型）。DCF 模型属于绝对估值法，是将一项资产在未来所能产生的自由现金流，根据合理的折现率，得到该项资产在目前的价值。DCF 模型分为：

1.1 企业自由现金流折现模型

通过计算未来企业自由现金流量，并按照加权平均资本成本进行折现得到的企业整体价值，再减去债务价值后得到的股东权益价值。企业自由现金流量计算公式为：

企业自由现金流量＝税后净利润＋折旧与摊销＋利息费用（扣除税务影响后）－资本性支出－净营运资金变动

此种评估企业价值的方法又称"间接法"。

1.2 权益自由现金流折现模型

通过计算未来股东权益自由现金流量，并按照权益资本成本进行折现得到的股东权益价值。权益自由现金流量计算公式为：

权益自由现金流量＝税后净利润＋折旧与摊销－资本性支出－净营运资金变动＋付息债务的增加及减少

此种评估企业价值的方法又称"直接法"。

两种模型方法比较如下：

名称	评估价值内涵	对应的现金流量	适用的折现率
间接法	企业整体价值	企业自由现金流量	加权平均资本成本
直接法	股东全部权益价值	权益自由现金流量	权益资本成本

2 .DCF 模型的适用条件

2.1 投资者在投资某个企业时所支付的价格不会超过该企业（或与该企业相当且具有同等风险程度的同类企业）未来预期收益折算成的现值；

2.2 能够对企业未来收益进行合理预测；

2.3 能够对与企业未来收益的风险程度相对应的收益率进行合理估算。

3. DCF 模型的估值过程

3.1 根据进行减值测试的资产组或资产组组合相关条件，在与委托方和相关当事方协商并获得有关信息的基础上，对资产组或资产组组合历史财务报表进行必要的分析和调整，以合理反映资产组或资产组组合的财务状况和盈利能力；

3.2 行业分析及资产组或资产组组合分析等；

3.3 确定收益预测期；

3.4 对资产组或资产组组合未来收益进行预测；

3.5 对折旧、待摊费用、资本性支出及营运资金变动等进行预测；

3.6 对未来付息债务的增加及减少进行预测（直接法需要）；

3.7 确定折现率；

3.8 对未来收益折现确定资产组或资产组组合未来收益现值。

五、DCF 模型相关问题检测研究

近几年来，在商誉减值测试中运用 DCF 模型已经取得了长足的进步，但总体水平依然不高，特别是国内外一些最新研究成果未及时被吸收和采纳。我们经过潜心研究，拟在吸收金融、管理和财务学、营销学等最新成果的基础上从下列方面对 DCF 模型进行完善：

1. 生命曲线分析

生命曲线分析是利用收集到的产品销售量的数据，组成一组时间序列拟合某种成长曲线，对产品市场生命周期进行分析预测的方法。生命曲线预测法比一般直线趋势有着更广泛的应用，因为它可以反映出现象的相对发展变化程序。典型生命周期曲线图如下：

典型产品周期曲线

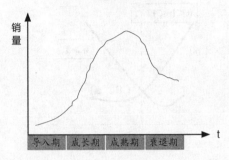

常用的生命曲线是指修正曲线、龚柏兹曲线、罗吉斯曲线。利用这三种曲线可描述产品市场生命周期的不同阶段，从而揭示产品生命周期销售时何时由某一阶段向另一阶段转变，预测产品的时常需求潜量、最大销售量以及达到饱和状态的时间等。增长曲线的预测方法有三和法、三点法、最小二乘法等。

三和法是将整个增长的时间序列分为三个相等的时间周期，并对每一个时间周期的数据求和后，再估计参数。它适用于"S"形的模型。

三点法是用在观察数据不全的情况下（企业历史数据），假定曲线通过已知的相邻的三个点（必要条件）测算预测模型。

在商誉减值测试时，根据历史年度产品销售量或销售额的具体数据，组成一组时间序列拟合某种成长曲线，对该产品的市场生命周期进行分析预测，进而合理预测其未来销售量或销售额。

1.1 曲线模型介绍

（1）简单指数增长曲线模型

简单指数型增长曲线模型为：

$$y_t = ab^t \tag{1}$$

上式中：a，b——参数

$\quad\quad\quad t$——时间序列

$\quad\quad\quad y_t$——经济目标值

如图所示：

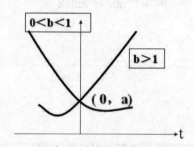

将（1）取对数，有：

$$\lg y_t = \lg a + t \lg b \qquad (2)$$
$$\alpha = \lg a, \quad \beta = \lg b$$
$$\lg y_t = \alpha + \beta t \qquad (3)$$

由（3）可知：①其曲线方程为一条直线。

②为一阶差分为一常数。即：

$$\lg y_t - \lg y_{t-1} = \alpha + \beta t - \alpha - \beta(t-1) = \beta = \lg b$$

结论：当时间序列 y_t 的环比指数大体相等，或时间序列的对数一阶差分近似为一常数；可用简单指数曲线来拟合实际曲线。可配合指数曲线预测模型来进行预测。

（2）修正指数增长曲线模型

其模型为：

$$y_t = k + ab^t$$

∵其一阶差分为：

$$y'_t = y_t - y_{t-1} = (k + ab^t) - (k + ab^{t-1}) = ab^{t-1}(b-1)$$

∴一阶差分环比为：

$$\frac{y'_t}{y'_{t-1}} = \frac{ab^{t-1}(b-1)}{ab^{t-2}(b-1)} = b$$

该曲线模型适合于初期增长（或减少）速度较快，随后增长（或减少）速度比较缓慢，最后趋向某一正常数极限的经济变量。

结论：当时间序列 y_t 一阶差分的环比指数大体相等时，可用修正指数曲线来拟合实际曲线。

修正曲线模型的几种类型图：

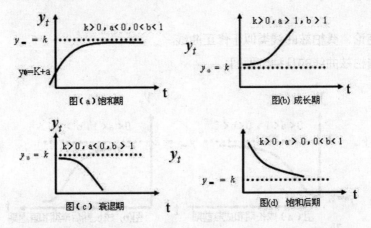

（3）龚柏兹曲线

该曲线是一条 S 形曲线，它反映某些经济变量由开始增长缓慢，随后增长加快，达到一定程度后，增长率再逐渐减慢，最终达到饱和状态的过程。因此，对于具有这种发展趋势的预测对象，可以选择用龚柏兹曲线进行描述。

其模型为：

$$y_t = ka^{b^t} \tag{4}$$

$$\because y_t' = y_t - y_{t-1}$$

$$y_t' = ka^{b^t} - ka^{b^{t-1}}$$

$$\frac{y_t'}{y_{t-1}'} = \frac{ka^{b^t} - ka^{b^{t-1}}}{ka^{b^{t-1}} - ka^{b^{t-2}}} = \frac{ka^{b^t}\left(1 - a^{\frac{1}{b}}\right)}{ka^{b^{t-1}}\left(1 - a^{\frac{1}{b^2}}\right)} = \frac{1}{a^{\frac{1}{b}}\left(1 + a^{\frac{1}{b}}\right)} = 常数$$

或由（4）可得：

$$\lg y_t = \lg k + b^t \lg a \tag{5}$$

则有：

$$\lg y_t = k_1 + a_1 b^t \tag{6}$$

结论：龚柏兹曲线类似于修正曲线。

龚柏兹曲线的几种类型图：

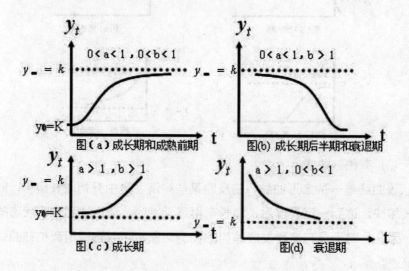

在选择应用龚柏兹曲线时，应该注意考察时间序列各个观测值对数一阶差分的环比大致相等，在此前提下可以采用龚柏兹曲线进行预测。

（4）罗吉斯曲线

其曲线模型：

$$y_t = \frac{1}{k + ab^t} \tag{7}$$

$$\frac{1}{y_t} = k + ab^t \tag{8}$$

式中：k，a，b 为待定参数，由（7）可得一阶、二阶导数为：

$$y_t' = \frac{-ab^t \ln b}{(k + ab^t)^2}$$

$$y_t'' = \frac{-ab^t (\ln b)^2 (k - ab^t)}{(k + ab^t)^3}$$

取 $y_t'' = 0$ 可得曲线的一拐点为：

$$t = \frac{\ln k - \ln a}{\ln b}, \quad y_k = \frac{1}{2k}$$

曲线图：

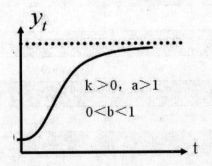

罗吉斯曲线拐点左侧呈上凸趋势，过了该拐点后曲线转变为向下凹趋势。

①当 t = 0 时，有：$y_t = 1/k + a$，则 $y_t = 0$ 和 $y_t = 1/k$ 都是罗吉斯曲线的渐进线。

②当 t →∞时，$y_t \to 1/k$

当 t →−∞时，$y_t \to 0$

罗吉斯曲线形状与龚柏兹曲线形状很相似，它所描述的经济变量的变化规律也是开始缓慢增长，而后逐渐加快，达到拐点后，增长率减缓，最后达到饱和状态。因此，对于具有这种发展趋势的预测对象，可考虑用罗吉斯曲线进行描述、预测。

1.2 实例分析

现以龚柏兹曲线为例，说明在未来销售额预测中如何应用模型进行预测：

某公司第（N − 8）年至 N 年实际销售额如下表所示：

龚柏兹曲线计算表

单位：亿元

年份	时序 t	销售额 y	lgy
N − 8	0	4.94	0.6937
N − 7	1	6.21	0.7931
N − 6	2	7.18	0.8561
∑（lgy）	—	—	2.3429
N − 5	3	7.74	0.8887
N − 4	4	8.38	0.9232
N − 3	5	8.45	0.9269
∑（lgy）	—	—	2.7388
N − 2	6	8.73	0.9410
N − 1	7	9.42	0.9411
N	8	10.24	1.0103
∑（lgy）	—	—	2.9254

（1）将上表资料按时序分为相等的三组，其中每组数值个数 N = 3，然后将各组观测值转化成对数值并将每组观测值的对数值相加，结果见上表。

（2）依据龚柏兹曲线预测模型参数公式计算 k，a，b：

$$b^3 = \frac{\sum(\lg y)_3 - \sum(\lg y)_2}{\sum(\lg y)_2 - \sum(\lg y)_1} = \frac{2.9254 - 2.7388}{2.7388 - 2.3429} = 0.4713$$

则 b = 0.7782

$$\lg a = \left[\sum(\lg y)_2 - \sum(\lg y)_1 \right] \times \frac{b - 1}{(b^n - 1)^2}$$

$$= (2.7388 - 2.3429) \times \frac{0.7782 - 1}{(0.4713 - 1)^2} = -0.3141$$

则 a = 0.4852

$$\lg k = \frac{1}{n}\left[\sum(\lg y)_1 - \frac{b^n - 1}{b - 1} \times \lg a\right]$$

$$= \frac{1}{3}\left[2.3429 - \frac{0.4713 - 1}{0.7782 - 1} \times (-0.3141)\right] = 1.0305$$

则 k = 10.7275

（3）建立龚柏兹曲线预测模型：

$$y_t = ka^{b^t} = 10.7275 \times 0.4852^{0.7782^t}$$

（4）预测（N + 1）年销售额：

$$y_9 = 10.7275 \times 0.4852^{0.7782^9} = 9.9454 \text{ 亿元}$$

同理可利用该模型计算（N + 1）年、（N + 2）年、（N + 3）年、（N + 4）年等年份的预测销售额。实际应用中可借助 EXCEL 或计算机软件辅以计算。

1.3 模型缺陷

该模型一般在历史数据较多，且符合曲线发展趋势才能适用。

2. 灰色 GM（1.1）模型

灰色 GM（1.1）模型主要用于对预测中的不确定进行分析。

灰色系统理论是 1982 年由中国学者邓聚龙教授创立的，该理论主要处理少数据、小样本、信息不完全和经验缺乏的不确定性问题。灰色系统理论通过对"部分"已知信息的生成、开发，提取有价值的信息，实现对系统运行行为、演化规律的正确描述。灰色系统模型对实验观察数据没有特殊的要求，因此应用领域十分广泛。

灰色 GM（1.1）模型是被广泛应用的预测方法之一。在商誉减值测试中，至关重要的问题就是用什么样的途径和方法才能得到确切的未来收益值。传统常用的预测方法有趋势分析法、时间序列法、回归分析法等，当原始时间序列隐含着指数变化规律时，灰色 GM（1.1）模型的预测将是非常成功的。用 DCF 模型时，每一年的预计经济参数是在某个范围内的可能值，因而都是灰数，可以使用灰色数列预测的方法预测财务数据的变化。

　　自 GM（1.1）模型提出以来，许多专家学者对它进行了深入的研究，提出了许多提高 GM（1.1）模型的精度和适应性的改进方法，具有非常重要的理论价值和实践意义。常用的改进方法有原始数据预处理、建立 GM（1.1）新陈代谢模型和背景值构造新方法。

　　GM（1.1）预测算例：

　　下面以 ABC 公司为例，采用模型预测其净利润。

ABC 公司（n－5）年至 n 年合并利润表

单位：千元

项目	（n－5）年度	（n－4）年度	（n－3）年度	（n－2）年度	（n－1）年度	n 年度
净利润	119 912.83	309 181.41	211 471.96	342 911.24	525 854.61	566 999.94

　　ABC 公司（n－5）年至 n 年的历史合并利润表如上表所示。为对该公司企业价值进行评估，以（n＋1）年为起点，根据表中的历史数据，分别采用四种不同的预测模型：GM（1.1）模型（三次残差修正或背景值修正）、一次移动平均（时间间隔 N＝2，带趋势修正）、一次指数平滑（α＝0.99）和线性回归对后六年的利润指标进行预测。（n＋1）年度预测值和误差分析见下表，可见 GM（1.1）模型的预测误差是最小的。

ABC 公司（n＋1）年利润预测模型比较表

预测值和实际值单位：千元

（n＋1）年度	GM（1.1）		一次移动平均		一次指数平滑		线性回归	
实际值	预测值	误差	预测值	误差	预测值	误差	预测值	误差
752 498.48	747 401.08	0.68%	681 045.11	9.50%	566 570.06	24.71%	570 182.26	24.23%

　　为预测（n＋1）至（n＋6）年的净利润，可以采用上述的 GM（1.1）新陈代谢模型，每次以六年预测其后三年的净利润，并将新预测出的三年数据加入数列。可以预测得（n＋1）至（n＋6）年 ABC 公司的净利润如下表：

ABC 公司第（n + 1）至（n + 6）年净利润预测表

单位：千元

年份	n + 1	n + 2	n + 3	n + 4	n + 5	n + 6
N =	1	2	3	4	5	6
预测利润	747 401.07	938 624.57	1 178 772.83	1 498 635.55	1 873 235.09	2 341 469.67

　　上述 GM（1.1）预测算例，第（n + 1）年的预测利润与实际利润误差为 0.68%，是比较成功的一个案例。但是，GM（1.1）同时也遇到拟合预测精度不高的情况。为此，学者们提出了许多改进方法，如残差修正、等维信息、灰微分方程公式修正、背景值重构，并取得了一定的改进效果。在此不再一一介绍。灰色 GM（1.1）模型用于商誉减值测试，一般需借助于计算机软件完成，同时需要较长年度的历史数据，对于经营年份比较短的不适合。

3. 可持续增长率模型

可持续增长率模型，主要防止随意预测。

3.1 可持续增长率的定义及假设

　　可持续增长率是指保持目前经营效率和财务政策不变的条件下公司销售所能增长的最大比率。此处的经营效率指的是销售净利率和资产周转率。财务政策指的是股利支付率和资本结构。

　　可持续增长率的假设条件如下：

　　（1）公司目前的资本结构是目标结构，并且打算继续维持下去；

　　（2）公司目前的股利支付率是目标支付率，并且打算继续维持下去；

　　（3）不愿意或者不打算增发新股和回购股票，增加债务是唯一的外部筹资来源；

　　（4）公司销售净利率将维持当前水平，并且可以涵盖增加债务的利息；

　　（5）公司资产周转率将维持当前水平。

　　综上所述假设条件成立的情况下，销售的实际增长率与可持续增长率相等。

3.2 可持续增长率的计算公式

可持续增长率＝（销售净利率 × 总资产周转率 × 留存收益率 × 权益乘数）/（1－销售净利率 × 总资产周转率 × 留存收益率 × 权益乘数）

根据该公式的前提假设可以推出如下结论：

资产周转率不变→销售增长率＝总资产增长率

销售净利率不变→销售增长率＝净利增长率

资产负债率不变→总资产增长率＝负债增长率＝股东权益增长率

股利支付率不变→净利增长率＝股利增长率＝留存收益增加额的增长率

即在符合可持续增长率的假设条件下，销售增长率＝总资产增长率＝负债增长率＝股东权益增长率＝净利增长率＝股利增长率＝留存收益增加额的增长率

可持续增长率是保持目前财务比率（包括资产负债率）的增长率，按现有财务结构增加借款，即按留存收益增长的多少安排借款，目的是维持当前的财务杠杆和风险水平。在可持续增长率假定下，财务杠杆水平不变，这样一定的财务杠杆水平反映一定水平的风险，但从外部融资与留存收益融资、销售增长率、财务结构或资金结构等对财务杠杆的影响看，进一步探讨是有必要的。

可持续增长不是说企业增长不可以高于或低于可持续增长率，而是说管理人员必须事先预计并且想办法解决超过可持续增长率之上的增长所导致的财务问题。如果不增发新股，超过部分的资金只有两个解决办法：提高经营效率或改变财务政策。提高经营效率并非总是可行的，改变财务政策是有风险和极限的，因此超常增长只能是暂时的。尽管企业增长时快时慢，但从长期来看，总是受到可持续增长率的制约。

3.3 实际增长率与可持续增长率的关系

（1）如果某一年的经营效率和财务政策与上年相同，在不增发新股的情况下，则实际增长率、上年的可持续增长率以及本年的可持续增长率三者相等。这种增长状态，在资金上可以永远持续发展下去，可称之为平衡增长。当然，外部条件是公司不断增加的产品能为市场接受。

（2）如果某一年的公式中的四个财务比率有一个或多个比率提高，在不增发新股的情况下，则实际增长率就会超过上年的可持续增长率，本年

的可持续增长率也会超过上年的可持续增长率。由此可见，超常增长是"改变"财务比率的结果，而不是持续当前状态的结果。企业不可能每年都提高这四个财务比率，也就不可能使超常增长继续下去。

（3）如果某一年的公式中的四个财务比率有一个或多个比率下降，在不增发新股的情况下，则实际增长率就会低于上年的可持续增长率，本年的可持续增长率也会低于上年的可持续增长率。这是超常增长之后的必然结果，公司对此要事先有所准备。如果不愿意接受这种现实，继续勉强冲刺，现金周转的危机很快就会来临。

（4）如果公司中的四个财务比率已经达到公司的极限，只有通过发行新股增加资金，才能提高销售增长率。

3.4 可持续增长率实例测算

深圳 DEF 公司第（n－5）至 n 年的销售净利率、总资产周转率、留存收益率、权益乘数、通过公式计算的可持续增长率及实际增长率如下表、图：

可持续增长率及实际增长率

项目	（n－5）年	（n－4）年	（n－3）年	（n－2）年	（n－1）年	n 年
销售净利率	4.06%	6.69%	7.17%	1.87%	2.46%	7.41%
总资产周转率	2.12	1.67	1.24	1.81	1.18	1.07
留存收益率	100%	100%	100%	100%	100%	100%
权益乘数	3.84	3.53	4.86	3.03	3.89	3.35
可持续增长率	49.34%	64.67%	76.46%	11.46%	12.66%	36.33%
实际增长率		87.54%	28.87%	154.16%	11.04%	94.17%

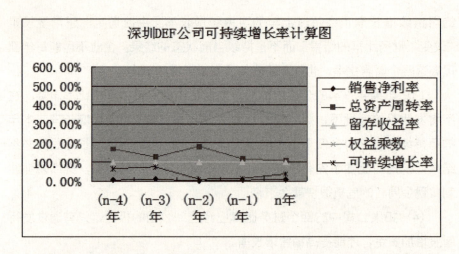

从图中可看出可持续增长率的发展趋势，先发展较快，后有两年发展较慢，到第 n 年发展速度有提高。

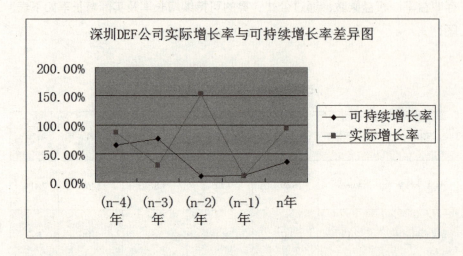

从图中可知，深圳 DEF 公司第（n－4）年、（n－2）年、n 年实际增长率均比可持续增长率高。经对深圳 DEF 公司进行分析：

（1）从（n－5）年至 n 年资产负债率都在发生变化，在第 n 年股本也发生了变化。

（2）第（n－2）、（n－1）年销售净利率大幅下降，主要是受所得税的影响。第（n－5）至（n－3）年免所得税。

（3）（n－4）年与前一年（n－5）年相比，股本并没有发生变化，但资本结构发生了变化，四个财务比率中销售净利率提高了64%，导致该年实际增长率超过上年的持续增长率，本年的可持续增长率也超过上年的持续增长率。

（4）公司已经过了一个超速发展的阶段，在维持第 n 年的财务政策及经营效率下未来的发展会受到可持续增长率的影响。

3.5DCF 模型中如何运用可持续增长率

在采用 DCF 模型进行商誉减值测试中，建议计算可持续增长率，防止随意预测。如预测的未来收益增长率高于或低于可持续增长率，必须结合企业发展情况、各项财务比率、付息债务的增加及减少等项分析其合理性。

3.6 可持续增长率模型缺陷

可持续增长率模型主要适合资本结构比较稳定的企业，对处于起步阶段或可预见资本结构变化较大的企业不适合。

4. 马尔可夫分析

马尔可夫（1856—1922），苏联数学家，切比雪夫的学生，在概率论、数论、函数逼近论和微分方程等方面卓有成就。

马尔可夫是彼得堡数学学派的代表人物。以数论和概率论方面的工作著称。他的主要著作有《概率演算》等。在数论方面，他研究了连分数和二次不定式理论，解决了许多难题。在概率论中，他发展了矩法，扩大了大数律和中心极限定理的应用范围。马尔可夫最重要的工作是在 1906—1912 年间，提出并研究了一种能用数学分析方法研究自然过程的一般图式 —— 马尔可夫链。同时开创了对一种无后效性的随机过程 —— 马尔可夫过程的研究。马尔可夫经多次观察试验发现，一个系统的状态转换过程中第 n 次转换获得的状态常决定于前一次（第 n − 1 次）试验的结果。马尔可夫进行深入研究后指出：对于一个系统，由一个状态转至另一个状态的转换过程中，存在着转移概率，并且这种转移概率可以依据其紧接的前一种状态推算出来，与该系统的原始状态和此次转移前的马尔可夫过程无关。目前，马尔可夫链理论与方法已经被广泛应用于自然科学、工程技术和公用事业中。

4.1 马尔可夫链介绍

马尔可夫链因安德烈·马尔可夫得名，是数学中具有马尔可夫性质的离散时间随机过程。时间和状态都是离散的马尔可夫过程称为马尔可夫链，

简记为 $X_n = X_{(n)}$，n = 0，1，2…

马尔可夫链是随机变量 X_1，X_2，X_3…的一个数列。这些变量的范围，即它们所有可能取值的集合，被称为"状态空间"，而 X_n 的值则是在时间 n 的状态。如果 X_{n+1} 对于过去状态的条件概率分布仅是 X_n 的一个函数，则

$$P(X_{n+1} = x | X_0, X_1, X_2, \cdots, X_n) = P(X_{n+1} = x | X_n)$$

这里 x 为过程中的某个状态。上面这个恒等式可以被看作是马尔可夫性质。

马尔可夫在 1906 年首先做出了这类过程。而将此一般化到可数无限状态空间是由柯尔莫果洛夫在 1936 年给出的。

马尔可夫分析是一种基于状态概率的分析、预测和决策方法，通过马尔可夫链，根据事件的目前或以往状况概率预测其将来各个时刻（或时期）变动状况或未来稳定状态下的分布概率。

4.2 马尔可夫链用于经济预测

马尔可夫链用于经济预测，其基本过程为：

（1）构造状态并确定相应的状态概率；

（2）建立状态转移概率矩阵；

（3）运用转移矩阵进行初步市场预测及平衡状态分析。

在采用 DCF 模型进行商誉减值测试时，可采用马尔可夫链进行未来市场占有率、产品销售价格的预测等。

5. 风险分析

采用 DCF 模型进行商誉减值测试中，关键之一在于对收益额的预测，预测的收益额误差越大，对最终股权评估值影响就越大。风险与决策分析可采用 @RISK 软件，该软件使用蒙特卡罗模拟执行风险分析，在 Microsoft Excel 电子表格中显示众多可能结果，并告诉这些结果发生的概率等。

5.1 模型介绍

在实际应用 DCF 模型时，首先，使用 @RISK 概率分布函数替换预测未来年度的收入或成本项，概率分布函数包括 Normal（正态）、Unifom（均匀）等，这些 @RISK 函数只代表预测项出现的不同可能值的范围，而不是

讲此预测项只表示一个单一的值。接下来，选择输出项，就是未来某个预测项或几个预测项在不同可能值的范围对最终值（输出项）的影响结果，这个最终输出项可以是经营利润、息税前利润、未来经营收益折现值之和、股东权益评估值，等等。其次，进行运行模拟，@RISK 通过蒙特卡罗进行数千次的重新计算，从输入的 @RISK 函数中进行随机抽样，替换原有值，并记录生成结果，采用图表和报表方式说明此过程。最后，理解未来收益（收入、成本）预测项的变化对最终结果的影响范围，进一步理解风险。模拟的结果反映出可能结果（如股东全部权益）的完整范围，包括出现的概率、最大值、最小值、平均值、标准差等，为商誉减值测试提供更为科学合理的决策支持。

5.2 实例测算

现通过深圳 CD 公司股东部分权益评估进行说明：基准日为 2012 年 6 月 30 日，通过测算股东部分权益为 1 210 万元。假设 2013、2014、2015、2016、2017 年未来收入预测非某一固定值，而是服从正态分布（以该年收入为均值），通过 @RISK 软件进行风险分析，对最终股东部分权益评估值的测算如下图：

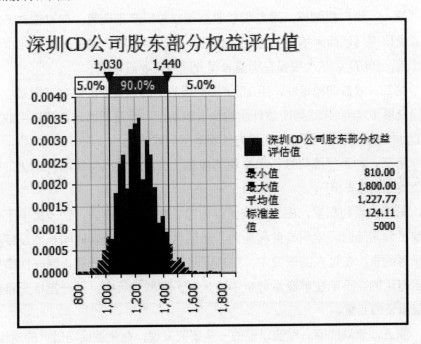

从上图可看出，深圳 CD 公司股东部分权益评估值 90% 的概率在 1 030

万 -1 440 万元之间。

5.3 模型缺陷

对未来收益预测的均值及服从的分布函数等，仍然来源于主观判断。如果对未来收益预测、分布函数及参数的判断等不合理，那通过 @RISK 软件进行模拟后的概率分布也不合理。

6. 阿塔曼模型

6.1 模型介绍

这 7 个指标分别表示企业目前的盈利性、收益的风险、利息的障碍、长期的盈利性、流动性和规模等特征。阿塔曼模型，也称为 Z 值模型（Altman's Z–Score model），是阿塔曼教授在 1968 年分析了美国破产企业和非破产企业的 22 个会计变量和 22 个非会计变量，从中选取了衡量变现能力、盈利能力、财务杠杆效率、偿还能力、流动性等 5 个关键指标，建立了 Z 值模型，Z 值模型是用来预测企业是否面临破产的模型。后于 2000 年对该模型进行了修正，采用 7 个指标作为企业失败和成功的变量，指标如下：

第一，资产报酬率，用息税前收益除以总资产来衡量。在过去许多的多变量研究［包括阿塔曼（1968，1973）］及最主要的单变量研究中（参见比弗，1967），这个变量在衡量公司业绩时是非常有用的。

第二，收益的稳定性，用 10 年资产报酬率的标准差的倒数来衡量。由围绕变量 10 年变化趋势所估计出的标准差给出。商业风险通常都是用收益的波动性来衡量的，而这一衡量方法是非常有效的。

第三，利息保障倍数，即息税前收益 / 总利息支出（包括资本化的租赁负债的利息支出）。

第四，盈利积累，由公司的留存收益 / 总资产来衡量。这一比率不仅反映了公司随时间累积的盈利能力，还包含了公司的经营时间长短及红利政策等因素。在过去的研究中，包括阿塔曼（1968）的研究，这一比率是相当有用的。不论在单变量分析中还是在多变量分析中，这一指标无疑都是最重要的变量。

第五，流动比率。尽管以前的一些研究发现，在预测公司破产的时候，流动比率并没有其他的一些流动性指标那么有效，但是发现它比其他指标

（如营运资本／总资产比率），包含更多的信息。

第六，资本化率。用 5 年的股票平均市场值／总长期资本来度量，即普通股价值除以总资本，分子和分母中的普通股价值都是用其 5 年的平均市场价值来衡量。分母中还包括了优先股的清偿价值、长期债务和资本化的租赁。

第七，资产规模，由公司的总资产来衡量。这一变量跟其他变量一样，也是根据最新的财务报告变化进行调整的。

6.2 模型应用

该模型目前主要银行系统使用，用于对贷款企业的评价。可借助软件进行测算。

在进行商誉减值测试时，可用该模型预测企业未来破产的可能性。如企业未来存在破产的可能，商誉减值测试则不适用预计资产组未来预计现金流的现值，应采用资产组的整体可变现净值扣除相关负债后价值与资产组账面价值进行比较，以确定商誉是否存在减值。

7. 熵值分析

7.1 基本原理

在信息论中，熵是对不确定性的一种度量。信息量越大，不确定性就越小，熵也就越小；信息量越小，不确定性越大，熵也越大。熵定律被爱因斯坦称为整个科学的首要法则。根据熵的特性，我们可以通过计算熵值来判断一个事件的随机性及无序程度，也可以用熵值来判断某个指标的离散程度，指标的离散程度越大，该指标对综合评价的影响越大。

7.2 熵值法一般步骤

（1）选取 n 家公司，m 个指标（由主成分分析法得出），则 X_{ij} 为第 i 个公司的第 j 个指标的数值（i ＝ 1, 2, …, n; j ＝ 1, 2, …, m）。

（2）数据的非负数化处理。由于熵值法计算采用的是各公司的某一指标值占同一指标值总和的比重，因此不存在量纲的影响，不需要标准化处理。但由于数据中有负数，因此需要对数据进行非负化处理，此外，为了避免求熵值时对数的无意义，还需要将数据进行平移。

7.3 熵值法分析应用

具体可利用熵值权的模糊综合评判法应用在上市股份公司资信评价中。

可选择以下四类 15 个指标构建指标体系：

第一类：反映上市公司资金实力的指标体系			
1	负债总额对股东权益的比率	2	举债经营比率
3	已获利息保障倍数	4	流动比率
第二类：反映上市公司经济效益的指标体系			
1	利润增长率	2	投资报酬率
3	每股净收益	4	市盈率
第三类：反映上市公司信用的指标体系			
1	流动资金贷款偿还率	2	贷款承付率
第四类：反映上市公司发展前景的指标体系			
1	新增能力	2	项目地位
3	市场预测	4	竞争能力
5	预期股利支付能力		

指标设置后，需采集指标，如有不同量纲，需进行无量纲化处理。计算指标的熵值、差异性系数、熵值权的模糊综合评价结果、总系统的综合评价结果，根据综合评价结果，对上市公司进行评价。

传统上进行商誉减值测试时，对资产组或资产组合的经营评价体系中，指标的权重均未主观赋权，带有很大的主观性和随机性，通过熵权法进行指标的客观赋权（通过计算指标熵值、差异性系数等确定），解决了主观赋权的问题，使评价指标更加符合实际情况，使权重更具科学性和精确性。

8. 投入资本报酬率（ROIC）对折现率的牵制

8.1 投入资本报酬率（ROIC）概念

ROIC：Return on Invested Capital 投入资本金回报率，也称投入资本回报率、投资资本回报率。资本回报率（Return on Invested Capital）是指投出和 / 或使用资金与相关回报（回报通常表现为获取的利息和 / 或分得利润）之比例。用于衡量投出资金的使用效果。

资本回报率通常用来直观地评估一个公司的价值创造能力。相对较高 ROIC 值，往往被视作公司强健或者管理有方的有力证据。但是，必须注意：资本回报率值高，也可能是管理不善的表现，比如过分强调营收，忽略成长机会，牺牲长期价值。

资本回报依据常识被大体定义为企业运用资本获得收入扣除合同性成本费用后形成的剩余，在此基础上报告进一步把资本回报分解为资本所有者收益（即利润）和社会收益（即相关政府税收）两个部分。

投入资本回报率 ROIC 的计算公式：

$$ROIC = NOPLAT（收益）\div IC（投入资本）$$

分母：投入资本的定义

（1）总负债和权益资本，即简单地把总资产作为基数，反映一个公司从所有受托资产中得到的报酬率。有时需要对总资产基数做一些调整，分为以下三种类型的调整：

①非生产性资产调整：将非生产性资产剔除在外，如闲置设备、在建设施、过剩设备、过剩存货、过剩现金和递延费用；

②无形资产调整；

③累计折旧调整：将可折旧资产的累计折旧额加回。

（2）长期负债加权益资本，也称长期资本总额。也需剔除非经营性资产。

计算会计期间的投入资本，通常是计算一个期间的平均投入资本，最常见的是用（年初＋年末）÷2。

分子：收益的定义

如果投入资本＝付息债务＋权益资本，则收益应该为息前收益。

如果投入资本包括了合并公司的资产（合并资产负债表），收益则应该包括公司（母公司与子公司）的全部收益（损失）。

如果分母中包括了少数股权的收益（损失），分子也应加回；如果分母中不包括，则分子也不需要加回。

8.2 附加经济价值（EVA）概念

EVA 是英文 Economic Value Added 的缩写，一般译为附加经济价值。它是全面衡量企业生产经营真正盈利或创造价值的一个指标或一种方法。

所谓"全面"和"真正"是指与传统会计核算的利润相对比而言的。会计上计算的企业最终利润是指税后利润，而附加经济价值原理则认为，税后利润并没全面、真正反映企业生产经营的最终盈利或价值，因为它没有考虑资本成本或资本费用。所谓附加经济价值是指从税后利润中扣除资本成本或资本费用后的余额，它的一般计算公式是：

附加经济价值＝税后利润－资本费用

其中：税后利润＝营业利润－所得税额

资本费用＝总资本 × 平均资本费用率

其中：平均资本费用率＝资本或股本费用率 × 资本构成率＋负债费用率 × 负债构成率

上式中的平均资本费用率是以资本（或股本）费用率和负债费用率为基数、以资本构成率和负债构成率为权数的一个加权平均数，即采用 WACC 计算的加权平均资本成本。

该公式亦可表示为：

EVA ＝投入资本 ×（投资报酬率－综合资本成本率）

＝投入资本 ×（$ROIC - WACC$）

8.3 投入资本报酬率（ROIC）对折现率的牵制

从 EVA ＝投入资本 ×（ROIC － WACC）可知，企业经营需要附加经济价值，那 ROIC 就应该大于 WACC。

在进行商誉减值测试时，无论采用企业自由现金流还是股权现金流，均可计算出企业的加权平均资本成本（WACC）。从理论上说，企业要发展，要给股东创造收益，加权平均资本成本应小于投入资本报酬率，即企业实际的投入资本报酬率（ROIC）对商誉减值测试时采用的折现率有牵制作用。

8.4 模型缺陷

通过对上市公司近 5 年投入资本报酬率（ROIC）的研究，发现分行业上市公司投入资本报酬率（ROIC）平均值偏低，为 5.9327%。具体见下表：

2008—2012 年 A 股上市公司行业平均投入资本报酬率测算表

板块名称	投入资本回报率（整体法）[报告期] 2008 年报 单位 / %	投入资本回报率（整体法）[报告期] 2009 年报 单位 / %	投入资本回报率（整体法）[报告期] 2010 年报 单位 / %	投入资本回报率（整体法）[报告期] 2011 年报 单位 / %	投入资本回报率（整体法）[报告期] 2012 年报 单位 / %
农、林、牧、渔业	5.0807	4.3939	5.5307	4.8548	2.9280
采掘业	11.9141	10.7347	12.4236	11.4408	8.9332
制造业	4.8085	5.7295	7.6441	6.8343	4.3712
电力、煤气及水的生产	−0.0876	2.8069	2.6988	1.9924	3.0979
建筑业	4.3784	5.8776	5.6815	5.3231	3.9763
交通运输、仓储业	3.0421	2.9836	8.3428	4.5391	3.6263
信息技术业	13.9298	6.3600	5.4654	4.7191	3.3404
批发和零售贸易	7.2978	7.1316	7.2200	7.1319	4.7017
金融、保险业	4.0722	6.1456	4.1570	2.8683	2.7628
房地产业	5.5391	6.8273	6.7603	6.5248	6.2748
社会服务业	6.2575	7.3051	8.1318	8.0508	7.8497
传播与文化产业	1.9141	6.3260	10.0292	10.0669	9.7568
综合类	4.8266	5.4974	5.6426	4.7356	4.1016
平均	5.6133	6.0092	6.9021	6.0832	5.0554
2008—2012 年平均	5.9327				

数据来源：同花顺 iFinD

而目前一般 WACC 计算的加权平均资本成本在 10% 左右。WACC 大于 ROIC。分析原因，主要是由于我国证券市场欠完善，多数行业投入资本报酬率偏低。所以虽然投入资本报酬率（ROIC）对折现率存在一定的牵制作用，但在实际应用时，也并非所有企业都有效，需具体情况具体分析。

9. 收益法加暂未产生收益的无形资产期权模型

期权属于金融衍生产品的范畴，它与期货、掉期等共同组成当今社会上主要的金融衍生产品。期权是一种选择权，期权持有者拥有在约定期限以约定价格（或称敲定价格）向期权提供者购买或售出某种资产（标的资产）的权利，而且期权持有者可以选择执行或不执行这种权利。

9.1 期权的相关术语

到期日（Expiry Date）：期权合约有效的行使时限或者说是期权终止的日期；

标的资产（Underlying Asset）：每一个期权合约都对应一标的资产，标的资产可以是股票、股票指数、期货合约甚至是一些实物资产或开发项目等，对应不同的标的资产就形成不同的期权，对应股票就形成股票期权、对应股票指数就形成指数期权、对应实物资产就形成实物期权；

行权价格（Strike Price or Exercise Price）：约定的期权行权时标的资产的价格；

期权价格（Option Price）：为购买期权合约支付的对价；

结算日（Settlement Date）：收到合约对价款的日期。

9.2 期权的分类

买入资产的权力对应的期权称之买入期权，又称看涨期权（Call Option），它实际是一种赋予持有者"买入"标的资产权力的合约；

卖出资产的权力对应的期权称之为卖出期权，又称看跌期权（Put Option），它实际是一种赋予持有者"卖出"标的资产权力的合约。

对应不同期权的执行期限，期权可以分为：

欧式期权（European Option）：只能在期满日执行的期权；

美式期权（American Option）：可以在期满日之前任何一天执行的期权。

期权还可以分为：金融期权、实物期权。

9.3 期权定价的 Black-Scholes 模型

由于期权对应于一种或有资产，因此其价值不能采用传统的资产评估方法（DCF）进行评估。

Fisher Black 和 Myron Scholes 首先提出了一种估算期权的方法 —— Black-Scholes 模型（B-S 模型）。

除此之外，期权还可以采用以下方法估算：二项式定价模型方法、风险中性定价方法。

期权定价存在多种方法中，B-S 模型较为常用。

Black-Scholes 模型是建立在以下假设基础上的：

（1）股票价格是一个随机变量服从对数正态分布；

$$f(X) = e^{\left(\frac{1}{\sqrt{2\pi}}\int_{-\infty}^{dx} e^{-\frac{x^2}{2}}dx\right)}$$

（2）在期权有效期内，无风险利率是恒定的；

（3）市场无摩擦，即不存在税收和交易成本，所有证券完全可分割；

（4）该期权是欧式期权，即在期权到期前不可实施；

（5）不存在无风险套利机会；

（6）证券交易是持续的；

（7）投资者能够以无风险利率借贷。

期权定价的 Black-Scholes 模型一般分为两类：

第一类：不含分红派息的 B-S 模型：所谓不含分红派息的 B-S 模型就是在估算股票期权价值时，认为标的股票在期权到期日之前这段时间内没有分红派息，或者说不考虑分红派息。

①不含分红派息的买期权 C（Call Option）

$$C_0 = SN(d_1) - Xe^{-rT}N(d_2)$$

上式中：C_0—— 不含分红派息买期权（看涨期权）

　　　　X—— 期权执行价

　　　　S—— 标的资产现实价格

r—— 连续复利计算的无风险收益率

T—— 期权到期时间

$N()$—— 标准正态密度函数

d_1，d_2——Black-Scholes 模型的两个参数

$$d_1 = \frac{\ln\left(\frac{S}{X}\right) + \left(r + \frac{\sigma^2}{2}\right)}{\sigma\sqrt{T}}, \quad d_2 = d_1 - \sigma\sqrt{T}$$

上式中：X—— 期权执行价

S—— 标的资产现实价格

r—— 连续复利计算的无风险收益率

T—— 期权到期时间

σ—— 股票波动率

②不含分红派息的卖期权 P_0（看跌期权）

$$P_0 = Xe^{-rT}N(-d_2) - SN(-d_1)$$

第二类：含分红派息的 B-S 模型：所谓含分红派息的 B-S 模型就是在估算股票期权价值时，需要考虑标的股票在期权到期日之前这段时间内进行的分红派息对期权价值的影响。

①含分红派息的买期权 C（看涨期权）

$$C_1 = Se^{-\delta T}N(d_1) - Xe^{-rT}N(d_2)$$

上式中：C_1—— 含分红派息的买期权（买期权、看涨期权）

X—— 期权执行价

S—— 标的资产现实价格

r—— 连续复利计算的无风险收益率

T—— 期权限制时间

δ—— 连续复利计算的股息率

$N()$—— 标准正态密度函数

d_1，d_2——Black-Scholes 模型的两个参数

$$d_1 = \frac{\ln\left(\frac{S}{X}\right) + \left(r - \delta + \frac{\sigma^2}{2}\right)}{\sigma\sqrt{T}}, \quad d_2 = d_1 - \sigma\sqrt{T}$$

上式中：X——期权执行价

S——标的资产现实价格

r——连续复利计算的无风险收益率

T——期权到期时间

σ——股票波动率

δ——连续复利计算的股息率

②含分红派息卖期权 P_1（看跌期权）

$$P_1 = Xe^{-rT}N(-d_2) - Se^{-\delta T}N(-d_1)$$

9.4 实物期权

（1）实物期权的定义：是指附着于企业整体资产或者单项资产上的非人为设计的选择权，即指现实中存在的发展或者增长机会、收缩或者退出机会等。拥有或者控制相应企业或者资产的个人或者组织在未来可以执行这种选择权，并且预期通过执行这种选择权能带来经济利益。

（2）实物期权分类：

①发展或增长型看涨期权；

②收缩或退出或转换使用目的的看跌期权。

（3）或有资产：目前尚没有形成确定性的资产，但将来可能形成资产，是否能形成资产不确定性较大。通常存在的或有资产包括：正在处于申请阶段的专利；虽然已经是专利，但要实现产业化尚需较长发展，目前不确定性较大的专利，如处于研制阶段的医药新产品；处于建设初期的在建工程。

（4）对于实物期权和或有资产，其共性就是未来能创造的收益不确定性较高，目前不能准确地估计其投资回报率，也就是不能准确地估算其折现率，因此对于这类"资产"不能简单地采用传统的收益法（DCF）方法评

估其价值，需要考虑采用期权定价的方法评估其价值。

（5）实物期权中的"标的资产"：

①实物期权实际操作中确定标的资产是十分关键的。

②标的资产即实物期权所对应的基础资产：

看涨期权，其标的资产是当前资产带来的潜在业务或者项目所形成的资产；

看跌期权，其标的资产是实物期权所依附的当前资产。

③波动率是标的资产收益率（回报率）的标准差。

9.5 期权应用

在进行商誉减值测试时，如果资产组有暂未产生收益的无形资产，可采用"收益法加暂未产生收益的无形资产期权模型"进行测算。首先采用 DCF 模型对资产组现有获利能力所产生的预期现金流进行折现，评估出现有基础上获利能力的价值；然后，用期权定价法对暂未产生收益的无形资产潜在的获利机会的价值进行估算，评估出潜在获利机会的价值；两者相加即得出资产组预计未来现金流量的现值。现以实例说明其具体测算：

案例背景情况介绍：MN 公司正在开发一种新生物疫苗 LN 疫苗，目前还没有完成"三期临床"，假设 MN 公司为一个资产组合，需要对该资产组合是否减值进行测试。

评估分析：由于目前该疫苗尚没有完成试制程序，因此该疫苗技术不能按一项确定的疫苗生产技术进行评估。该疫苗制造技术目前只能按或有资产进行评估。先采用收益法评估 MN 公司未来现金流量的现值，再加上该项或有资产的价值。

决定采用 B-S 模型估算 LN 疫苗制造技术：根据分析这是一个进一步开发的期权，因此属于看涨期权，可以选择不含红利的看涨期权 B-S 模型：

$$C_0 = SN(d_1) - Xe^{-rT}N(d_2)$$

B-S 模型中各参数估算：

S：原含义是标的资产的现实价格，现是新疫苗研制成功后，疫苗制造技术无形资产在基准日所表现的市场价值。S 可以根据相关资料采用许可费节省法估算。

X：原含义为期权执行价，现为 LN 疫苗从目前阶段到研制成功尚需要的全部投入，需要分别按投资年限计算投资的终值。

r：原含义为连续复利计算的无风险收益率，现在可以采用国债到期收益率。

T：原含义为期权到期时间，现可以采用从基准日到 LN 疫苗投资所需要的时间。

σ：原含义是股票波动率，现在应该是 LN 疫苗所能获得回报率的标准差。波动率一般可以采用国内生物制品行业内的全部上市公司的股票波动率的标准差估算。但该部分评估的是技术无形资产，不是企业股权，因此采用生物行业上市公司股票估算波动率不妥，拟采用向专家调查的方式请专家判断依据 LN 疫苗在基准日研制情况分析判断研制成功的概率（可能性），然后通过隐含方式估算波动率。

期权估算见下表：

期权估算模型

金额单位：万元

按期成功完成的概率	50%
标的资产的价格 S	1 415.0
执行价 X 终值	1 020.0
无风险收益率 r	2.72%
期权限制期 T	4
波动率 σ	40.9%
d_1	0.94210468
d_2	0.123723157
N（d_1）	82.7%
N（d_2）	54.9%
买期权 C	670

假设收益法评估 MN 公司未来现金流量的现值为 2 000 万元，LN 疫苗或有资产评估值为 670 万元，则该资产组最终评估值为 2 670 万元。

9.6 模型缺陷

（1）期权定价模型的许多假设条件是对金融资产提出的，对于实物期权的标的资产而言并不完全适合。例如，金融期权定价模型推导的一个前提就是标的资产的价格变动是连续的且遵循几何布朗运动，且价格的波动率大小已知。这对股票等金融资产来说是可以满足的，但对于无形资产的未来收益来说却难满足。再如，期权定价模型的重要基础是无风险套利理论。在交易异常活跃的金融资产市场上，无风险套利机会是可以消除的。而无形资产因其可比拟性差，并不存在一个活跃的交易市场，无风险套利理论在这一市场上难以应用。

（2）期权定价模型由于缺乏历史数据的支持，有效性难以得到检验。在应用期权定价模型进行价值评估时往往需要大量的历史数据作为计量的基础，例如，对波动率大小的确定。由于无形资产的特殊性，这方面的数据往往很少，或者很难取得，因此在计算时由于主观估计的因素很容易造成偏差，难以保证有效性。

六、综合应用

上述生命曲线分析、灰色 GM（1.1）模型、可持续增长率模型、马尔可夫分析、风险分析、阿塔曼模型、熵值分析、投入资本报酬率（ROIC）对折现率的牵制、收益法加暂未产生收益的无形资产期权模型共九项对 DCF 模型的检查研究，由于数据计算量大，一般需借助于 EXCEL、专业软件完成。

通过对上述九项模型的理论及实例研究，各种模型均有适合的条件，同时也存在一定的缺陷。在进行商誉减值测试估算其资产预计未来现金流量的现值时，可根据模型的适用条件及项目的实际情况等进行模型选择，具体为：

1. 对未来的收益预测可采用生命曲线分析模型、马尔可夫分析模型、可持续增长率模型。

2. 对未来收益预测中的不确定分析可采用灰色 GM（1.1）模型、风险分析可借助 @RISK 软件。

3. 对资产组或资产组合的经营评价体系中，指标的权重可采用熵权法进行指标的客观赋权，使评价指标更加符合实际情况，使权重更具科学性和精确性。

4. 对未来净收益进行折现时，可计算其投入资本报酬率（ROIC），并与 WACC 相比较，一般情况，ROIC ＞ WACC。通过投入资本报酬率（ROIC）实现对折现率的牵制。如果计算出 ROIC ＜ WACC，应对历史及预测的经营情况等进行分析，判断其合理性。

5. 如果资产组或资产组合有暂未产生收益的无形资产，可采用收益法加暂未产生收益的无形资产期权模型进行测算，具体采用实物期权模型。

6. 如初步判断资产组或资产组合有破产的迹象，可采用阿塔曼模型预测未来破产的可能性。如未来存在破产的可能，商誉减值测试则不适用预计资产组未来预计现金流的现值，应采用资产组的整体可变现净值扣除相关负债后价值与资产组账面价值进行比较，以确定商誉是否存在减值。

综上本课题研究的九种模型，并非每个项目都适用所有的检测模型，同时条件也受限，根据项目实际情况，若使用其中的一项或多项检测模型，定能使商誉减值测试的过程更加完善，结果更加令人信服。

参考文献：

［1］多米尼克·萨尔瓦多，德里克·瑞杰.统计学与计量经济学［M］.杜艺中，译.上海：复旦大学出版社.

［2］孙文生，杨沏华.经济预测方法［M］.北京：中国农业大学出版社.

［3］迈克尔·J.玛德，詹姆斯·R.海齐纳，史蒂芬·D.海登.财务报告中的估值［M］.李杰，孟祥军，译.大连：大连出版社.

［4］吴尽昭，王永详，覃广平.交互式马尔可夫链［M］.北京：科学出版社.

［5］王少豪.企业价值评估［M］.北京：中国水利水电出版社.

［6］中国资产评估协会.以财务报告为目的的评估指南.

［7］中国资产评估协会.实物期权评估指导意见（试行）.
［8］互联网收集资料

作者单位：
刘岩：深圳清华大学研究院
王毅、李伟：深圳市资产评估协会

第二章
企业价值评估中的 EVA 模型

丘开浪 聂竹青

　　摘　要：随着 EVA 作为一项业绩考核或评价指标在企业（或部门）中越来越广泛的运用，EVA 逐渐被运用于企业价值评估领域。但是，现有的 EVA 评估模型存在着明显不足，特别是不能准确反映预测期各年度的盈亏对企业价值存在的影响。本文从分析现有的 EVA 评估模型的缺陷入手，对 EVA 评估模型进行了修正，介绍了修正后的 EVA 评估模型中各主要参数的确定方法，分析了修正后的 EVA 评估模型与净利润评估模型之间的差异及联系，并通过修正后的 EVA 评估模型运用条件的探讨来揭示其应用前景。

　　关键词：企业价值评估　EVA

一、现有 EVA 评估模型概述

EVA 是 Economic Value Added 的缩写，即经济增加值。它作为一种指标，由美国的 Stern Stewart 咨询公司于 20 世纪 80 年代率先创立，并在 1993 年 9 月的《财富》杂志上完整地表述出来。根据 Stern Stewart 咨询公司的解释，EVA 衡量的是企业资本收益与资本成本之间的差额，即调整后企业税后净利润与全部投入资本（包含权益资本和债权资本）成本之间的差额。计算公式如下：

$$EVA = NOPAT - CAP \times WACC$$
$$= CAP \times (ROIC - WACC)$$

上式中：$NOPAT$——经过调整后的税后净利润

$WACC$——加权平均资本成本

CAP——经过调整后的公司投入资本

$ROIC$——投资资本回报率

Stern Stewart 咨询公司的研究结果认为，如果要从根据会计准则编制的财务报表资料中准确计算 EVA 需要作 164 项调整，在一般条件下，也需要作 5-10 项调整后，才能较为准确地得出 EVA。调整公式具体如下：

CAP ＝债务资本＋权益资本＋约当权益资本

其中：

债务资本＝短期借款＋一年内到期的长期借款＋长期借款＋应付债务＋长期应付款（与融资租赁相关）

约当权益资本＝各项准备＋递延税款贷方余额（－递延税款借方余额）＋累计商誉摊销＋当年投入的技术开发费－（累计营业外收入－累计营业外支出）－累计补贴收入

NOPAT ＝税后净利润＋利息支出 ×（1－税率）＋本年商誉摊销 ×（1－税率）＋递延税项贷方余额的增加（－递延税项借方余额的增加）＋各项准备的增加 ×（1－税率）＋（当年按会计口径摊销的研发费用－按经济增加值口径应摊销的研发费用）×（1－税率）－（营业外收入－营业外支出）×（1－税率）－补贴收入 ×（1－税率）

EVA 创立之初，主要作为企业（或部门）经营业绩考核和评价的指标。相比于会计上的净利润指标，EVA 考虑了权益资本的机会成本，能够较为客观地反映企业的真实经营业绩；相比于经营现金流量指标，EVA 能够对企业各年度经营业绩进行纵向对比。因此，EVA 是一种可以广泛用于企业内部和外部的业绩指标，可以帮助投资者了解目标企业在过去和现在是真正地创造了价值，还是在毁灭价值。

随着 EVA 作为一项业绩考核或评价指标在企业（或部门）中越来越广泛的运用，EVA 逐渐被运用于企业价值评估领域，通过对企业未来的 EVA 进行预测，以衡量企业在预测年度内是否具备价值创造能力，进而对企业价值进行评定估算。近年来，我国有关专家学者对 EVA 评估模型作了大量的研究，资产评估行业也在实践操作中对 EVA 模型进行了一些尝试，并取得了一些成果。现有的 EVA 评估模型具体如下：

$$V = CAP_0 + \sum_{t=1}^{n} \frac{EVA_t}{(1 + WACC)^t} \tag{1}$$

$$= CAP_0 + \sum_{t=1}^{n} \frac{NOPAT_t - CAP_{t-1} \times WACC}{(1 + WACC)^t} \tag{2}$$

上式中：V——企业价值

CAP_0——企业初始投资资本

EVA_t——第 t 年预期的 EVA

$WACC$——加权平均资本成本

$NOPAT_t$——第 t 年的税后净利润

二、现有 EVA 评估模型存在的问题

通过对现有 EVA 评估模型的进一步分析和研究，我们发现，现有 EVA 评估模型存在着以下问题：

1. 预期 EVA 与其折现率的口径不一致

在企业价值评估中，折现率往往非常敏感，折现率的微小差异，可能导致评估结果产生很大影响，因此，对折现率的确定应当科学合理，要特

别注意收益额与计算折现率之间结构与口径上的匹配和协调，以保证评估结果的公正合理。

在计算各期的 EVA 过程中，因为各期的投资资本不仅包括权益投资资本，还包括债权投资资本，应当采用 WACC 作为债权成本和股权投资回报的综合形式，进而计算各期 EVA，在这一过程当中，WACC 与投资资本结构之间是匹配的，口径是一致的。

但是，对预期 EVA 进行折现，折现率不能采用计算 EVA 过程中的 WACC，而应当采用股权投资回报率。根据 EVA 的概念和含义，EVA 反映了能够给股东带来的扣除投资资本成本之后的实际收益，是一种股权收益形式，因此，只能运用股权投资回报率作为折现率。用股权投资回报率作为 EVA 的折现率，使 EVA 与折现率在口径上保持一致。而 WACC 是包含权益投资资本和债权投资资本的总投资资本所需求的回报率，它与 EVA 在口径上并不匹配。

在股权投资回报率大于债权成本率时，采用 WACC 作为 EVA 的折现率将导致评估结果虚高，在股权投资回报率小于债权成本率时，采用 WACC 作为 EVA 的折现率将导致评估结果虚低。

2. 不能准确反映预测期各年度的盈亏对企业价值存在的影响

研究发现，现有 EVA 评估模型不能准确反映预测期各年度的盈亏对企业价值存在的影响，这也是我们有必要对现有 EVA 评估模型进行修正的根本原因。

在现有 EVA 评估模型中，预测期各年度的盈亏只是影响着各年度的 EVA 水平，当年的净利润越大，当年的 EVA 也越大，反之亦然。那么，预测期各年度的盈亏对企业价值存在的影响是否就仅限于此？当年的盈亏除了影响当年的 EVA 水平之外，对该年之后的 EVA 会产生什么影响？如果股东对盈余进行分配，又会对其后年度的 EVA 有什么影响呢？为了更加清晰地认识这些问题，我们在一定假设条件下，借助实例来进行分析说明。

假设企业的债务资本税后加权利息率为 6%，权益资本的合理回报率为 8%，假设各年盈亏不分配，则企业未来 5 年的资本结构及盈利情况举例如表 1：

表1

单位：万元

项目	预测年期					
	0	1	2	3	4	5
总资产	5 000.00	5 050.00	5 518.00	5 999.44	6 495.40	7 007.03
营运负债	400.00	400.00	400.00	400.00	400.00	400.00
债务资本	2 500.00	2 550.00	2 850.00	3 150.00	3 450.00	3 750.00
权益资本	2 100.00	2 100.00	2 268.00	2 449.44	2 645.40	2 857.03
当年税后利息支出		153.00	171.00	189.00	207.00	225.00
当年税后净利润		168.00	181.44	195.96	211.63	228.56

在表 1 基础上，为简便起见，我们对预测期各年 CAP 暂不考虑约当权益资本的调整，且对 NOPAT 只作利息支出项目的调整（除特别说明以外，本文均采用此前提），在此前提下，预测期各年度的 EVA 如表 2：

表2

单位：万元

项目	预测年期				
	1	2	3	4	5
调整后 NOPAT	321.00	352.44	384.96	418.63	453.56
债务资本成本	153.00	171.00	189.00	207.00	225.00
权益资本成本	168.00	181.44	195.96	211.63	228.56
EVA	0.00	0.00	0.00	0.00	0.00

通过表 2 的数据，我们可以看出，在各年 CAP 暂不考虑约当权益资本的调整，且对 NOPAT 只作利息支出项目调整的前提下，企业各预测年度的 EVA 均为零值，这表示企业实际债务资本利息支出与客观债务资本利息支出

水平一致，同时各年度的税后净利润与权益资本合理回报水平一致。也就是说，企业各年度的盈利水平与当年全部投资资本成本相等，企业没有超额创造价值，也没有毁灭价值，企业各年度 EVA 为零值。

假设第 2 年税后净利润增加 10 万元，其余年度的税后净利润水平不变，则预测各年度的 EVA 如表 3：

表 3

单位：万元

项目	预测年期				
	1	2	3	4	5
当年净利润	168.00	191.44	195.96	211.63	228.56
当年税后利息支出	153.00	171.00	189.00	207.00	225.00
调整后 NOPAT	321.00	362.44	384.96	418.63	453.56
债务资本成本	153.00	171.00	189.00	207.00	225.00
权益资本	2 100.00	2 268.00	2 459.44	2 655.40	2 867.03
权益资本成本	168.00	181.44	196.76	212.43	229.36
EVA	0.00	10.00	−0.80	−0.80	−0.80

从表 3 可以看出，如果第 2 年税后净利润增加，而其余年度的税后净利润水平不变，第 3 年以后各年度 EVA 为负值。这说明，如果税后净利润增加，在不进行分配前提下，下一年度的权益资本随之增加，下一年度的权益资本成本也随之增加。

然后，在表 2 基础上，我们假设第 2 年的税后净利润进行全额分配，各年度的总投资资本不变，因利润分配产生的投资资本不足以借款方式进行弥补，其余条件不变，则预测各年度的 EVA 如表 4：

表 4

单位：万元

项目	预测年期				
	1	2	3	4	5
总投资资本	4 650.00	5 118.00	5 599.44	6 095.40	6 607.03
债务资本	2 550.00	2 850.00	3 331.44	3 631.44	3 931.44
股权资本	2 100.00	2 268.00	2 268.00	2 463.96	2 675.59
当年净利润	168.00	181.44	195.96	211.63	228.56
当年税后利息支出	153.00	171.00	199.89	217.89	235.89
调整后 NOPAT	321.00	352.44	395.84	429.52	464.45
债务资本成本	153.00	171.00	199.89	217.89	235.89
权益资本成本	168.00	181.44	181.44	197.12	214.05
EVA	—		14.52	14.52	14.52

从表 4 可以看出，如果对第 2 年的税后净利润进行全额分配，第 3 年以后各年的 EVA 出现正值，这是因为，各年度的总投资资本不变，因利润分配产生的投资资本不足以借款方式进行弥补，而债务资本的利息率比股权回报率低，因而 EVA 出现正值，这也是财务杠杆效应的体现。

通过以上实例，能够较为清晰地了解预测期各年度的盈亏对 EVA 及企业价值产生的影响。在其余各年度净利润保持不变，且股权回报率大于利息率前提下，某预测年度税后净利润的增加或减少，将使得其后各年度的权益资本数额也随之增加或减少，进而使得其后各年度的 EVA 水平下降或上升；与此同时，在相同前提下，某预测年度税后净利润的增加或减少，也将直接对企业价值产生积极或消极影响，即相应地增加或减少企业价值。

以表 3 为例，假设未来第 6 年以后 EVA 水平保持永续不变，以股权回报率作为折现率，按照现有 EVA 评估模型，未来第 2 年增加的 EVA 折现值，与第 3 年以后减少的折现值合计数，刚好相抵。也就是说，根据现有 EVA 评估模型，某预测年度的税后净利润增加，对企业价值并不产生影响，与前述结论相背，也与企业价值内涵明显不符。

另一方面，如果对某预测年度的税后利润进行分配，在各年度的总投资资本不变（因利润分配产生的投资资本不足以债务资本进行弥补）且股权回报率大于利息率前提下，这种利润分配行为将增加其后各年度的 EVA。按照现有 EVA 评估模型，未来是否对利润进行分配，其对企业价值的影响是双重的。在假设进行利润分配前提下，一方面，分配的利润作为股权红利，直接增加着企业价值；另一方面，利润分配行为将降低权益资本占总资本的比率，在利息率小于股权回报率前提下，其后各年度的 EVA 将得以提升，也将增加企业价值。

也就是说，按照现有 EVA 评估模型，未来利润进行分配与否，对企业价值产生着本质的影响，两种条件下的企业价值更是相差甚远，这与企业价值内涵也明显不符。在事实上，预测年限内利润分配与否或利润分配方案的差异，并不会对企业价值产生实质影响。在投资资本总额一定前提下，如果进行利润分配，必然需要更大范围的举债，这虽然在一定范围内存在着财务杠杆效应，但随着负债比率的提高，企业的财务风险也随之提高，财务风险的提升将在很大程度上冲抵财务杠杆效应。

三、EVA 评估模型的修正

根据前面的分析，我们认识到现有 EVA 评估模型存在明显不足，甚至是错误的，有必要进行修正。

1. EVA 对企业价值的影响分析

EVA 是指调整后企业税后净利润与全部投入资本（包含权益资本和债权资本）成本之间的差额，毫无疑问，EVA 本身直接影响着企业价值。EVA 为正值，说明企业的调整后的税后净利润在弥补债权资本成本（利息支出）和权益资本成本（股权回报）之后还有盈余，企业的盈利能力超出了股权回报率，出现了超预期回报，企业价值也相应增加；EVA 为负值，说明企业的调整后的税后净利润不足以弥补债权资本成本（利息支出）和权益资本成本（股权回报），企业的盈利能力低于股权回报率，未达到超预期回报，企业价值也相应减少。

EVA 对企业价值的影响，是通过与预期股权投资回报率这一基准进行比较得以反映和体现的，EVA 对企业价值影响大小与股权投资回报率的取值密切相关。而事实上，企业预期合理回报水平（即按照预期股权回报率计算的税后净利润水平）本身对企业价值的影响更为深远、更加重要，在 EVA 为零时，虽然企业的盈利能力没有超过股权回报率，没有带来超预期回报，但预期合理回报水平本身对企业价值产生着直接影响。

2.EVA 评估模型的修正

如前文所述，现有 EVA 评估模型存在两大不足之处：一是预期 EVA 与其折现率的口径不一致，二是该模型不能准确反映预测期各年度的盈亏对企业价值存在的影响。后者是现有 EVA 评估模型存在不足的重要体现，也是有必要对该模型进行修正的核心反映。

现有 EVA 评估模型不能准确反映预测期各年度的盈亏对企业价值存在的影响，着重体现在两个方面。一方面，该模型无法准确反映预测年度税后净利润的变化对企业价值产生的影响；另一方面，运用该模型，企业在未来预测年限内是否对利润进行分配，以及利润分配方案的差异，会对企业价值产生根本上的影响，这与事实相背离。

具体而言，现有 EVA 评估模型不能准确反映预测期各年度的盈亏对企业价值存在的影响，主要体现在初始权益资本（EC_0）往往无法完全涵盖企业预期合理回报水平对企业价值的贡献。在无限期条件下，EC_0 相当于以 EC_0 为基数计算的股权合理回报水平按股权投资回报率进行折现的合计值，即 $EC_0 =$ （$EC_0 \times$ 股权投资回报率）÷ 股权投资回报率。只有以 EC_0 为基数计算的股权合理回报水平与企业未来每年的盈利水平相等时，现有 EVA 评估模型才可行，但这种前提只存在理论上的可能，或只可能是偶然的巧合。

实际上，以 EC_0 为基数计算的股权合理回报水平与企业未来的盈利水平之间，往往存在着差异，现有的 EVA 评估模型无法考虑到这些差异的影响。现有的 EVA 评估模型，只能反映以 EC_0 为基数计算的股权合理回报水平对企业价值的影响，却不能体现根据权益资本为基数计算的股权合理回报水平对企业价值的影响。企业未来的盈利水平小于以 EC_0 为基数计算的股权合理回报水平时，运用现有的 EVA 评估模型，将使企业价值高估；反之，企业未来的盈利水平大于以 EC_0 为基数计算的股权合理回报水平时，运用现有的 EVA 评估模型，将使企业价值低估。这也说明，对成长型企业，现有 EVA 评估模型的不足愈加明显。

对现有 EVA 评估模型进行修正，即针对其不足之处做出相应修正的过程。应当采用股权投资回报率作为 EVA 的折现率，以实现 EVA 与其折现率之间的口径一致。更为重要的是，修正后的 EVA 评估模型，应当能够准确反映预测期各年度的盈亏对企业价值存在的影响，为实现这一目标，我们可以将预测期各年度的盈亏，视为权益资本的增减行为；各预测年度的留存收益，相当于向股东增发新股获得的资金；各预测年度的亏损，相当于股东权益资本的减少或部分灭失；企业未来的盈利水平大于或小于以 EC_0 为基数计算的股权合理回报水平时，其超出或低于以 EC_0 为基数计算的股权合理回报水平的金额应当直接增加或减少企业价值。

因此，修正后的 EVA 评估模型如下：

$$EV = EC_0 + \sum_{t=1}^{n} \frac{NPAT_t - EC_0 \times K_e}{(1 + K_e)^t} + \sum_{t=1}^{n} \frac{EVA_t}{(1 + K_e)^t} \tag{3}$$

上式中：$NPAT$—— 税后净利润

K_e—— 股权投资回报率

EV—— 股东全部权益价值

EC_0—— 企业初始权益资本

EVA_t—— 第 t 年预期的 EVA

在无限期条件下，EC_0 可以表示如下：

$$EC_0 = \sum_{t=1}^{n} \frac{EC_0 \times K_e}{(1 + K_e)^t} \tag{4}$$

所以，在无限期条件下，（3）可以表示如下：

$$EV = \sum_{t=1}^{n} \frac{NPAT_t}{(1 + K_e)^t} + \sum_{t=1}^{n} \frac{EVA_t}{(1 + K_e)^t} \tag{5}$$

股东全部权益价值与付息债务之和即为企业整体价值，因此，（3）和

（5）可分别转换如下：

$$OV = EC_0 + DEBT_0 + \sum_{t=1}^{n} \frac{NPAT_t - EC_0 \times K_e}{(1+K_e)^t} + \sum_{t=1}^{n} \frac{EVA_t}{(1+K_e)^t} \qquad (6)$$

$$OV = \sum_{t=1}^{n} \frac{NPAT_t}{(1+K_e)^t} + \sum_{t=1}^{n} \frac{EVA_t}{(1+K_e)^t} + DEBT_0 \qquad (7)$$

上式中：OV——企业整体价值

$DEBT_0$——初始债权价值

四、修正后的 EVA 评估模型的运用

修正后的 EVA 评估模型的运用过程，涉及以下关键参数的确定：

1. 折现率的确定

前面已经谈到，EVA 的折现率不能直接采用计算 EVA 过程中的 WACC，而应当根据折现率与收益口径一致的原则，采用股权投资回报率对 EVA 进行折现。基于同样原理，NPAT 不论是否需要扣除 CAP_0 的 K_e，即不论是否将 CAP_0 的 K_e 单独列示，NPAT 均体现为股权收益形式，也应当采用股权投资回报率作为折现率。也就是说，EVA 和 NPAT 的折现率一致，均为股权投资回报率。

在明确了折现率的内在要求后，我们可以通过以下途径确定 EVA 和 NPAT 的折现率：

1.1CAPM 模型

CAPM 即资本资产定价模型，是用来测算权益资本折现率的一种工具，其数学表达式是：

$$R = R_{f1} + (R_m - R_{f2}) \times \beta \times \alpha \qquad (8)$$

上式中：R——EVA 和 NPAT 的折现率

R_{f1}——现行无风险报酬率

R_m—— 市场期望报酬率历史平均值

R_{f2}—— 历史平均无风险报酬率

β—— 被评估企业所在行业权益系统风险系数

α—— 企业特定风险调整系数。

1.2 参考行业平均净资产收益率

随着我国市场经济和证券市场的发展，行业的平均收益率越来越成为衡量行业平均盈利能力的重要指标，因此，行业的平均收益率可以作为确定折现率的重要参考指标。在众多行业平均收益率指标中，我们应当采用行业平均净资产收益率，作为 EVA 折现率的参考，以保证折现率与 EVA 之间的匹配与协调，保证口径的一致。

采用行业平均净资产收益率作为 EVA 的折现率，也存在着不足之处，即行业平均净资产收益率无法体现和反映企业的特定风险（或企业特定的收益水平）。对于收益能力持续明显高于或低于行业平均净资产收益率的企业，如果采用行业平均净资产收益率作为折现率，将无法反映出企业高于或低于行业平均的风险因素。行业平均净资产收益率对折现率的参考作用，会受到行业成熟度和竞争状况的影响，对于发展已较为成熟、竞争较为充分的行业，其行业平均净资产收益率对 EVA 折现率也具有较大的参考价值。

2.EVA 的确定

现有 EVA 评估模型中，计算各年度 EVA 往往采用固定的 WACC，该固定的 WACC 一般根据初始资本结构进行计算。但是，在各预测年度内，债权资本将随着债务新增或偿还而不断变化，权益资本将随着盈利状况而不断变化，而影响约当权益资本增减变动的因素更加繁多，这些因素使得资本结构往往处于不断变化当中，在这种前提下，如果采用根据初始资本结构计算的 WACC，将不能准确反映各年期实际的资本结构。因此，在计算各年期 EVA 时，不主张采用资本总额乘以 WACC 的方式，而应当就不同的资本类型，分别适用其对应的资本成本率，债权资本采用加权平均税后债权资本成本率，权益资本采用股权投资回报率，根据约当权益资本的性质和内涵，约当权益资本亦应当采用股权投资回报率，即各年期 EVA 的计算公式如下：

EVA ＝债权资本 × 加权债权资本成本率 ×（1 －所得税率）＋（权益资本＋约当权益资本)× 股权投资回报率   (9)

3.EC_0 的确定

EC_0 的确定存在两种方法：一是根据账面价值确定，二是按照公允价值确定。

从修正后的 EVA 评估模型的计算公式可以看出，在获利年期为无限年期时，EC_0 不论采用账面价值，还是公允价值，都不会影响企业价值。在获利年期为有限年期时，EC_0 采用账面价值还是公允价值产生的差异，随折现率的增加而减少，随获利年期的延长而降低，当获利年期足够长时，EC_0 采用账面价值还是公允价值产生的差异亦可忽略不计。

但是，当未来预计获利年期很短时，一般应当采用公允价值确定 EC_0，首先确定初始总投资资本的公允价值，然后减去 $DEBT_0$ 的账面价值，最终得到 EC_0 的公允价值。

4.$DEBT_0$ 的确定

在评估企业整体价值时，需要确定 $DEBT_0$，一般情况下，$DEBT_0$ 的账面价值与公允价值一致，因此，$DEBT_0$ 往往根据账面价值进行确定。在这一过程中，还应当避免将非付息债务或营运债务纳入 $DEBT_0$ 当中。

五、修正后的 EVA 评估模型与净利润评估模型的比较

净利润评估模型是指企业价值评估收益法中，以会计净利润为收益口径的评估模型。从（5）和（7）不难看出，修正后的 EVA 评估模型可视为净利润评估模型的优化和派生模型。修正后的 EVA 评估模型的独特之处，在于对各年期净利润进行调整，同时调整各年期的投资资本，然后计算出各年期的 EVA 水平，进而将各年期的 EVA 水平对企业价值的影响做出衡量和反映。因此，我们着重通过对净利润调整项目和投资资本调整的深入分析，对修正后的 EVA 评估模型与净利润评估模型进行综合比较。

1. 针对非经常项目进行的调整

在利润表中，营业外收支和补贴收入等项目属非经常项目，这些项目往往具有较强的偶然性，这些非经常项目因其不确定性和偶然性，并不能稳定地持续地给企业价值带来影响，因此在确定 EVA 时应当对其进行调整。在确定 NOPAT 时，将考虑了税盾因素的营业外收支净额和补贴收入从净利润中进行剔除；在确定约当权益资本时，将累计营业外收支净额和累计补贴收入进行扣除。

通过以上非经常项目的调整，剔除了利润表中的不确定因素和偶然因素，提高了 NOPAT 的可靠程度。

2. 针对管理者操纵利润的调整

针对管理者操纵利润的调整主要涉及各种准备及资产减值、商誉等项目的调整。

2.1 各种准备及资产减值调整

在企业会计核算方式中，对相关资产计提准备金或认定资产减值，均基于会计的稳健原则，在一定程度上能够反映报表日企业各项资产的价值变化情况，能够避免高估当期利润水平，有助于企业股东做出正确的投资决策。但是，受会计报表使用范围的影响，这些会计核算方式本身具有一定的局限性，其遵循的稳健原则与企业价值的影响因素存在着不符之处。其次，各种准备及资产减值的计提和认定，不能真实体现企业当期投入经营的资本总额，也不能真实体现企业当期的经营利润水平。再者，各种准备及资产减值的计提和认定，并非企业当期现金的流出，也并非企业资产的实际减少。此外，企业会计准则中，在我国目前所处的经济环境下，为避免企业操纵损益而做出的规定——已经确认的资产损失不得转回——无法客观公允地反映企业经营利润。

在确定 EVA 过程中，应当对各种准备及资产减值进行调整。在确定 NOPAT 时，将企业当期各种准备及资产减值的增加额，在考虑税盾因素后进行加回，在确定约当权益资本时，将各种准备及资产减值余额进行加回。

通过各种准备及资产减值的调整，使得企业的经营利润更加符合客观情况，企业的投资资本更加准确可靠。

2.2 商誉调整

我国财政部于 2006 年出台《企业会计准则》，没有对商誉作出系统摊销的规定，这种处理方法较之以往准则实现了与国际会计惯例的趋同，更加契合商誉的特点和内涵。因此，在确定 EVA 时，不再需要针对商誉摊销进行调整。但是，《企业会计准则》规定，企业应对商誉进行减值测试，计算确定其减值金额，并计入当期损益，因此，我们仍然需要对商誉的减值进行调整，调整方法与各种准备的调整方法相同。

3. 针对会计政策局限性的调整

针对会计政策局限性的调整涉及递延所得税、研发费用等项目的调整。

3.1 递延所得税调整

企业会计准则规定，当企业资产或负债的账面价值大于其计税基础，从而产生应纳税暂时性差异时，企业应该将其确认为负债，作为递延所得税负债加以处理；当企业资产或负债的账面价值小于其计税基础，从而产生可抵扣暂时性差异时，企业应该将其确认为资产，作为递延所得税资产加以处理。递延所得税产生的根源在于因财务会计与税收法规的区别，而导致按照财务会计方法计算的利润与按照税法计算的应税所得结果之间存在差异。

应纳税暂时性差异的存在，低估了企业实际占用的资本总额，高估了资本盈利能力，在确定 EVA 时应当进行调整。在确定 NOPAT 时，将当年递延所得税负债的增加额作加回处理，在确定约当权益资本时，将递延所得税负债余额作加回处理。可抵扣暂时性差异的存在，高估了企业实际占用的资本总额，低估了资本盈利能力，在确定 EVA 时应当进行调整。在确定 NOPAT 时，将当年递延所得税资产的增加额进行扣除，在确定约当权益资本时，将递延所得税资产余额进行扣除。

通过递延所得税项目的调整，使得企业的投资资本更加切合实际，反映的资本盈利能力更为真实。

3.2 研发费用的调整

根据《企业会计准则》，企业内部研究开发项目研究阶段的支出，应当于发生时计入当期损益；企业内部研究开发项目开发阶段的支出，在满足一定条件时，方可作资本化处理，确认为无形资产。《企业会计准则》的这些规定，遵循了稳健原则，但也可能影响企业经营者的研究开发热情，特别是盈利情况不佳的年份，企业经营者可能通过削减研究支出来提高利润水平。另一方面，企业研发费用往往对企业未来盈利能力起着重要作用，抑或是企业持续经营能力的基础和保证，对企业价值产生着重要的影响。

因此，在确定 EVA 过程中，应当对研发费用进行调整。在确定 NOPAT 时，将研发费用按会计口径摊销的摊销额与按经济增加值口径应摊销额之间的差额，在考虑税盾因素后进行加回，在确定约当权益资本时，将按经济增加值口径进行摊销的研发费用余额进行加回。其中，计算经济增加值口径应摊销额时，一般根据研发费用的客观效用年限或研发费用对应无形资产的经济使用寿命确定其摊销年限，对于无使用寿命限制的无形资产，不进行摊销。

通过研发费用的调整，消除了《企业会计准则》在研发费用方面的局限性，有助于提升企业投资资本和 NOPAT 的合理程度，也更能体现企业价值的内在要求。

4. 针对非客观成本进行的调整

这里所指的非客观成本，主要为企业的融资成本。在不同的融资途径和融资方式前提下，同一企业的融资成本可能存在差异，在确定企业 EVA 时，应当根据企业合理的融资途径和融资方式，确定企业客观的融资成本水平；在特定时期，融资成本还可能出现短期非正常波动，在确定企业 EVA 时，应当剔除这些短期非正常波动因素的影响。

因此，需要对企业的融资成本进行调整。在确定 NOPAT 时，将企业实际税后利息支出进行加回处理，与此同时，将企业付息债务总额乘以合理的加权税后利息率，得出企业的债务资本成本。应当强调的是，在对企业的融资成本进行调整时，调整标的为企业的利息支出，而并非企业的财务费用。

通过融资成本的调整，对企业利润中主要非客观成本进行修正，提高了债务资本成本的准确程度。

通过以上比较，与净利润评估模型相比，修正后的 EVA 评估模型因同时对净利润及投资资本进行了一系列的调整，修正了会计政策对企业价值的影响，而显得更为合理，修正后的 EVA 评估模型能够更为准确地体现企业的内在价值。

六、修正后的 EVA 评估模型运用案例

在表 1 基础上，假设未来第 1 年的研究费用为 100 万元，根据企业会计政策，研究费用全部进入当期损益，研究费用的客观效用期限假设为 4 年，所得税率为 25%，同时假设第 6 年以后保持第 5 年的水平不变，假设获利年限为无限期，则各年度 EVA 计算过程如表 5 所示：

表 5

单位：万元

项目	预测年期				
	1	2	3	4	5
研究费用对应的约当权益资本	75.00	50.00	25.00	—	—
税后净利润	168.00	181.44	195.96	211.63	228.56
＋利息支出 ×(1－税率)	153.00	171.00	189.00	207.00	225.00
＋研发费用对应的 NOPAT 调整额	56.25	－18.75	－18.75	－18.75	—
调整后 NOPAT	377.25	333.69	366.21	399.88	453.56
－债务资本 × 债务资本成本率	153.00	171.00	189.00	207.00	225.00
－（权益资本＋约当权益资本）× 股权投资回报率	174.00	185.44	197.96	211.63	228.56
EVA	50.25	－22.75	－20.75	－18.75	—

上表中：研究费用对应的约当权益资本＝按经济增加值口径的研究费用摊销后余额

研究费用对应的 NOPAT 调整额＝（当年按会计口径摊销的研究费用－按经济增加值口径应摊销的研究费用）×（1－所得税率）

按经济增加值口径应摊销的研究费用＝研究费用 ÷ 客观效用期限

按经济增加值口径的研究费用摊销后余额＝研究费用－累计已摊销额

根据以上条件和参数，采用修正后的 EVA 评估模型评估的企业价值计算如下：

$$EV = \sum_{t=1}^{n} \frac{NPAT_t}{(1+K_e)^t} + \sum_{t=1}^{n} \frac{EVA_t}{(1+K_e)^t}$$

$$= 2\,722.22 - 3.23$$

$$= 2\,718.99 \text{ 万元}$$

采用净利润评估模型评估的企业价值计算如下：

$$EV = \sum_{t=1}^{n} \frac{NPAT_t}{(1+K_e)^t}$$

$$= 2\,722.22 \text{ 万元}$$

采用修正后的 EVA 评估模型评估的企业价值比采用净利润评估模型评估的企业价值低，其主要原因有两点：（1）研究费用对应的约当权益资本增加了第 1—第 3 年投资资本总额；（2）在计算研究费用对应的 NOPAT 调整额时，存在税盾因素。当然，上述两点原因并不一定总使采用修正后的 EVA 评估模型评估的企业价值较低，其还受折现率的影响，当折现率足够高时，采用修正后的 EVA 评估模型评估的企业价值也可能比采用净利润评估模型评估的企业价值高。

本案例中，因研究费用核算方式的差异，对约当权益资本和 NOPAT 进行了相应的调整，反映了修正后 EVA 评估模型与净利润评估模型的差异。但鉴于篇幅限制，本案例假设只有第 1 年存在研究费用，也没有对其他调整事项进行举例，可能还不能全面体现修正后 EVA 评估模型的长处与优势。在评估实践操作中，通过对企业需调整事项更为全面的调整，修正后 EVA 评估模型的优点将更加显现。

七、修正后的 EVA 评估模型的应用前景

修正后的 EVA 评估模型，作为净利润评估模型的派生或优化模型，其应用前景主要取决于修正后的 EVA 评估模型的优点和缺点。

1. 修正后的 EVA 评估模型的优缺点分析

在企业价值评估中，收益法是最重要的一种方法，也是运用最为广泛的一种评估方法。《企业价值评估指导意见（试行）》规定，收益法中的预期收益可以现金流量、各种形式的利润或现金红利等口径表示。在评估实践中，预期收益口径主要包括企业自由现金流量、股权自由现金流量、税后利润、现金红利等。

现金红利口径，受企业利润分配政策和税收因素影响较大，且控股股东并不十分重视现金红利的分配与否，因此现金红利在运用中受到较多的限制。

如果单从现金流量指标上看，因其有效避免了会计利润中的人为操纵因素，考虑了货币的时间价值，其明显优于利润指标，但采用自由现金流口径对企业价值进行评估过程中，其最大难点便是预测企业未来的资本性支出和营运资金变化水平，特别是对于成长型或资产负债结构不甚合理的企业，资本性支出和营运资金的预测难度很大，而资本性支出和营运资金的预测误差对企业价值评估结论影响往往直接而重大，这些实际运用中的困难，降低了自由现金流口径在收益法评估中的准确程度，对自由现金流口径的运用条件提出了更高的要求。

净利润口径的优缺点与自由现金流口径的优缺点之间存在对称的互补关系。因整个收益期限内现金流量净总额与净利润总额相等，同时净利润口径避免了资本性支出和营运资金变化预测困难带来的潜大风险，使得净利润口径仍能够在一定条件和环境下得到合理运用。但与此同时，因受会计利润的人为操纵可能较大，且没有考虑资本性支出和营运资金等因素对企业价值的影响，也使得净利润口径的运用受到了质疑和挑战。

而修正后的 EVA 评估模型，通过对影响企业价值的会计政策进行修正，能够弥补净利润评估模型的不足，比净利润评估模型更加科学、更加合理。当然，为了避免修正后的 EVA 评估模型的局限因素，确保评估结果的客观公允，修正后的 EVA 评估模型的运用一般需同时满足以下两个条件：

1.1 资本性支出较为均衡，或资本性支出的预测存在重大困难和障碍；

1.2 流动资产与流动负债结构较为合理，即营运资产和营运负债同步增减，企业在预测期内无明显的营运资金变化。

同时满足上述两个条件时，修正后的 EVA 评估模型同时集收益法评估中净利润口径和自由现金流口径的优点于一身，无疑是一种科学的企业价值评估模型。

当然，修正后的 EVA 评估模型也存在不足之处，其对股权投资回报率的精度要求更高。通过实证比较发现，修正后的 EVA 评估模型中股权投资回报率的确定精度要求，要比净利润评估模型中的股权投资回报率来得高，同样的股权投资回报率误差，采用修正后的 EVA 评估模型得出的评估结论误差要比采用净利润折现模型得出的评估结论误差大。因此，在采用修正后的 EVA 评估模型进行企业价值评估过程中，应当采用更加科学、更加合理的方法确定股权投资回报率。与此同时，我们还注意到，在修正后的 EVA 评估模型中，按股权投资回报率的同等误差幅度，低估时带来的评估结论误差，要比高估时带来的评估结论误差大。

2. 修正后的 EVA 评估模型的运用前景分析

通过以上分析，在满足一定条件的企业中，修正后的 EVA 评估模型避免了收益法中净利润口径和自由现金流口径的缺点，并具有收益法评估中净利润口径和自由现金流口径的优点，通过强化股权投资回报率的精度要求等措施，修正后的 EVA 评估模型能够更科学公允地评估企业价值，能够在一定程度上有助于实际评估结论的客观公正。因此，修正后的 EVA 评估模型具有广泛的运用前景。当然，EVA 评估模型在我国的评估实践中还不够广泛，其运用过程中的难点和重点问题还有待于在实践中进一步讨论和分析，EVA 评估模型的理论体系也还有待于业界同仁的深入研究和探索。

参考文献：

［1］财政部会计司编写组. 企业会计准则讲解［M］. 北京：人民出版社，2007.

［2］全国注册资产评估师考试用书编写组. 资产评估［M］. 北京：经济科学出版社，2007.

［3］于晓镭，徐兴恩. 新企业会计准则实务指南与讲解［M］. 北京：机械工业出版社，2006.

［4］朱莉.用 EVA——经济增加值法评估价值的分析［J］.财经界，2007 第 9 期：
88-89.

［5］赵建华.经济增加值（EVA）在企业价值评估中的优势［J］.河南社会科学，第
15 卷第 5 期：69-70.

［6］姜洪丽.基于经济增加值的附加市场价值指标与现金流的净现值指标之比较
［J］.财会通讯，2005 年第 4 期：32.

［7］孙德梅，徐涵蕾.DCF 法和 EVA 法对企业价值评估的应用比较［J］.商业研究，
总第 324 期：117-120.

［8］王少豪，刘登清主编.企业价值评估案例［M］.北京：中国财政经济出版社，
2004.

作者单位：
丘开浪：厦门市大学资产评估土地房地产估价有限责任公司
聂竹青：深圳市鹏信资产评估土地房地产估价有限公司

第三章
收益法评估企业价值中企业资本结构探讨

唐宏

摘　要：在企业价值评估实务中，评估师在采用收益法评估目标企业时，可能被要求确定目标企业未来年度的资本结构，而企业的资本结构比例将影响企业整体价值和股东权益价值，如何确定企业资本结构是评估师需要解决的一个问题。

一、《评估准则》中企业资本结构描述

根据《资产评估准则——企业价值》（中评协〔2011〕227 号）第四章评估方法的描述：在采用收益法——现金流量折现法对企业价值进行评估时，注册资产评估师应当根据企业未来经营模式、资本结构、资产使用状况以及未来收益的发展趋势等，恰当选择现金流折现模型。

注册资产评估师应当充分分析被评估企业的资本结构、经营状况、历史业绩、发展前景，考虑宏观和区域经济因素、所在行业现状与发展前景对企业价值的影响，对委托方或者相关当事方提供的企业未来收益预测进行必要的分析、判断和调整，在考虑未来各种可能性及其影响的基础上合理确定评估假设，形成未来收益预测。

注册资产评估师应当对企业收入成本结构、资本结构、资本性支出、投资收益和风险水平等综合分析的基础上，结合宏观政策、行业周期及其他影响企业进入稳定期的因素合理确定预测期。

从以上表述来看，目标企业的资本结构对评估方法的选择、评估假设和预测期都有影响。在确定目标企业资本结构之前，让我们先看看资本结构的相关概念。

二、资本结构的相关概念

资本结构是指企业各种资本的价值构成及其比例。广义的资本结构是指企业全部资本价值的构成及其比例关系。狭义的资本结构是指企业各种长期资本价值的构成及其比例关系，尤其是指长期的股权资本与债权资本的构成及其比例关系。在评估中，我们采用的是狭义的资本结构概念，即长期的股权资本与债权资本的构成及其比例关系。

由于企业价值拥有不同的属性，资本结构随着拥有不同的价值基础，具体分为以下三种：

1. 资本的账面价值结构是指企业资本按历史账面价值基础计量反映的资本结构。

2. 资本的市场价值结构是指企业资本按现实市场价值基础计量反映的

资本结构。

3. 资本的目标价值结构是指企业资本按未来目标价值计量反映的资本结构。

三、实务操作中企业资本结构的确定

在采用现金流量折现法进行企业价值评估时，通常包括企业自由现金流折现模型（投资资本法）和股权自由现金流折现模型（权益法），其折现率的计算一般采用 WACC 模型和 CAPM 模型。

1. 在企业价值评估中采用权益法评估企业的股权价值

无论是权益法还是投资资本法都是计算未来现金流的折现价值作为权益或投资资本的价值。它们的不同在于所要折现的现金流的定义有所不同，以及所折现采用的折现率不同。权益法评估企业股权价值时所要折现的现金流是股权现金流，采用的折现率是股权资本成本。

权益法折现率的计算一般采用资本资产定价模型（CAPM），资本资产定价模型（CAPM）可能是评估师用来计算折现率最常用的模型。当采用此模型估算折现率时，也需要确定企业资本结构，这主要是在贝塔系数转换时需要考虑权益负债比例的问题。

下面先来看资本资产定价模型修正模型的数学公式：

$$E(R:) = R_f + B(RP_m) + RPS + RP_o \tag{1}$$

上式中：$E(R_i)$—— 某证券期望的回报率

R_f—— 在评估基准日无风险证券的回报率

B—— 贝塔系数

RP_m—— 权益风险溢价

RPS—— 规模风险溢价

RP_o—— 公司特殊风险溢价（非系统风险）

在确定 CAPM 模型的时候，目标公司行业的贝塔系数或者参照上市公司的贝塔系数都是用来作为一个原始数据，以便估算封闭持股公司的贝塔系数。然而，如前所述，上市公司的贝塔系数均是有财务杠杆的贝塔系数，即该贝塔系数反映了该公司资本结构中负债的数量。如果上市公司财务杠杆的数量完全不同于被评估公司的情况，且被评估公司的资本结构是不会调整的，则上市公司的贝塔系数必须进行调整，以排除其财务杠杆的影响。这个过程可以通过所谓上市公司贝塔系数"去杠杆"（unlevering）的办法来达到，然后再把"去杠杆"后的贝塔系数通过"恢复杠杆"（relevering）的过程来反映被评估公司的财务杠杆水平。而在恢复杠杆的过程中就需要被评估公司的负债权益权重，这个权重即需要确定企业的资本结构。

2. 采用投资资本法评估企业价值

投资资本法评估企业价值时就是采用估算投资资本现金流，然后用加权平均资本成本（WACC）来折现，结果得出企业的整体价值。此时由于WACC 估算中需要确定权益和负债的市场价值权重，即资本结构。但是这里也有两种情况：

第一种情况是评估师在估算股权成本的时候不采用资本资产定价模型，而可能采用风险累加模型或其他求取折现率的简化模型。

第二种情况就是最普遍的情况，即在用投资资本法评估企业价值的时候，采用资本资产定价模型（CAPM）估算股权资本成本。此时在计算 WACC 的时候肯定需要进行迭代计算，而且不仅贝塔系数转换时的权益负债比需要迭代，WACC 本身的权益负债权重计算也是需要迭代计算的。

一般计算税后 WACC 的基本公式可表达为：

$$WACC = (K_e \times W_e) + [K_d \times (1 - t) \times W_d] \tag{2}$$

上式中：$WACC$——加权平均资本成本

K_e——公司普通权益资本成本

K_d——公司债务资本成本

W_e——权益资本在资本结构中的百分比

W_d——债务资本在资本结构中的百分比

t——公司有效的所得税税率

可以看出，在求取 WACC 中需要先求出权益资本成本、权益资本权重、债务资本成本、债务资本权重以及税率。这里权益资本成本采用资本资产定价模型（CAPM）确定，而债务资本成本根据债务利率水平、利率期限结构和债务的风险也可以确定，都有成熟的计算方法。评估师感到比较困难的就是如何确定权益资本以及债务资本的权重。因为在计算 WACC 中，要求按债务资本和股权资本的市场价值来计算权重。而对于大部分非上市公司，我们无法知道公司权益的市场价值，或者说公司权益的市场价值正是评估师评估的目标。

另一方面，权益成本采用 CAPM 模型计算，其结果也是资本结构比例的函数。这是因为 CAPM 模型中的贝塔系数也是和资本结构的比例息息相关的。

综上所述，在采用收益法进行企业价值评估时，不可避免地需要对目标企业未来的资本结构进行判断和确定，现在比较流行的确定资本结构的方法有：

2.1 通过迭代计算技术确定企业的资本结构；

2.2 选择同行业内经营相对稳定的上市公司的平均资本结构（D/E）作为被评估企业的目标资本结构；

2.3 根据企业账面资本结构确定；

2.4 根据设定的资本结构确定比例。

四、资本结构确定方法的分析

根据评估行业惯用的四种资本结构确定方法，我们分别进行分析。

第一种，采用迭代计算技术确定企业的资本结构，按资本结构价值基础分类，属于市场价值基础。具体方法为：先采用一个估计的债务和权益的价值（如果你感到无法估计，也可以采用账面值作为第一次的估算起点值），代入 WACC 计算公式里计算估计的加权平均资本成本，然后用这个估算的加权平均资本成本代入企业价值评估的计算模型，可以求出第一次估计的企业价值或权益价值。这个价值就是第一次计算的市场价值。在计算出第一次债务和权益的市场价值后，又继续代入 WACC 计算公式测算第二次的资本成本，如此重复再测算第二次的债务与权益的市场价值。接着第三次、第四次迭代计算直至计算结果达到一个收敛的结果，也就是上一次计算和这一次计算结果相同。这个结果就是真正的市场价值了。该方法的前提是公司在其生命期间，其市场价值的资本结构保持恒定，也就是说它的资本结构应该具有自我复原平衡性。该方法比较好地解决了企业价值（股权价值）与资本结构计算中循环问题，但是比较过于理想化，没有考虑企业的融资能力、管理层意愿等因素，是一种理想化资本结构计算过程，求得的企业价值也是一种较为理想化的价值。无法客观地评价企业管理层、融资能力对价值的影响。

该方法对于成长中的企业、其资本结构变化较快的不能适用。

第二种，采用选择同行业内经营相对稳定的上市公司的平均资本结构（D/E）作为被评估企业的目标资本结构。具体为：计算时应结合被评估企业基准日的实际资本结构，剔除与被评估企业资本结构差异过大的上市公司，尽量选择规模、资本结构与被评估企业可比性较高的、已经上市一段时间的企业，并计算其资本结构均值，以此确定被评估企业的目标资本结构。该方法的隐含前提是被评估的是控股股权，这是因为作为控股权的买方，其有权利改变资本结构。而行业平均值代表了这个行业大多数企业资本结构趋于稳定的一个结果。然而，对于这种做法评估界内仍然有些争议。此时应该要了解这个行业平均值是如何得出来的，以及被评估公司能够达到这个行业平均水平是否合理，等等。因为这些对于有充分理由采用行业平均值都是十分重要的。所以评估实践中的很多判断与选择都是根据具体情况分析的结果。虽然基本原则圈定了一个范围，但是评估师还是要着重了解：（1）公司本身的现状；（2）金融市场的现状。以便寻求一些定性的依据。同样，该方法对于成长中的企业、其资本结构变化较快的不能适用，评估结果未考虑企业现在的融资能力和管理层意愿等因素。

第三种，根据企业账面资本结构确定未来的资本结构，即根据企业现有账面数据计算出企业的资本结构作为目标企业预测期和生命期的资本结构。该方法的优点是简单，也能比较好地反映企业的融资能力和管理层意愿。但是我们知道，无论权益还是负债其市场价值总会是正数，而权益的账面值有可能为负数，如果企业的权益账面值为负，采用这个负数作权重岂不出现负的权重，最后 WACC 的值将会是债务成本比例部分减去权益成本部分的值，这样就是不对的，另外我们计算的价值为市场价值，账面价值无法反映客观的市场价值资本结构。所以在按企业账面资本结构确定未来的资本结构的方法比较适用于市场价值与账面价值接近的企业。

第四种，根据设定的资本结构确定比例。该方法比较适用于评估投资价值时，根据委托方和管理层的沟通，按设定比例确定资本结构，运用该方法时需要重点分析企业的融资能力和偿债能力。

五、结论

综上所述，各种资本结构的确定方法各有优劣，在具体应用时应结合企业整体情况选取，如企业经营状况的稳定性和成长性、企业的财务状况和信用等级、企业资产结构、企业投资人和管理当局的态度、行业特征和企业发展周期、经济环境的税务政策和货币政策等因素，在预测期内根据以上因素分析，按不同周期确定目标企业的资本结构，如其资本结构近期无法稳定的情况下，应适当地延长预测期。

总之，在评估目的和价值类型确定的前提下，目标企业的资本结构对评估方法的选择、评估假设和预测期都有着较大影响，应结合经济宏观因素、企业自身状况选取适当的方法将其量化，使评估结果能更加客观。

作者单位：
深圳市鹏信资产评估土地房地产估价有限公司

第四章
企业价值评估中营运资金计算方法选用探讨

程立功

一、营运资金的定义

营运资金（working capital），也叫营运资本。广义的营运资金又称总营运资本，是指一个企业投放在流动资产上的资金，具体包括现金、有价证券、应收账款、存货等占用的资金。狭义的营运资金是指某时点内企业的流动资产与流动负债的差额。营运资金从会计的角度看是指流动资产与流动负债的净额。为可用来偿还支付义务的流动资产，减去支付义务的流动负债的差额。流动资产是指可以在一年内或超过一年的一个营业周期内变现或运用的资产，流动资产具有占用时间短、周转快、易变现等特点。企业拥有较多的流动资产，可在一定程度上降低财务风险。流动资产在资产负债表上主要包括以下项目：货币资金、短期投资、应收票据、应收账款、预付费用和存货。流动负债是指需要在一年或者超过一年的一个营业周期内偿还的债务。流动负债又称短期融资，具有成本低、偿还期短的特点，必须认真进行管理，否则，将使企业承受较大的风险。流动负债主要包括以下项目：短期借款、应付票据、应付账款、应付工资、应付税金及未交利润等。流动资产－流动负债＝营运资金，营运资金越多，说明不能偿还的风险越小。因此，营运资金的多少可以反映偿还短期债务的能力。

二、评估实务中营运资金的计算方法

目前，在评估实务中常见的企业价值评估中营运资金的计算方法基本有两种：模拟资产负债表口径和模拟利润表付现成本口径。

1. 模拟资产负债表口径营运资金的计算方法

营运资金＝经营性流动资产－不含有息负债的经营性流动负债

其中：营运资金中经营性流动资产由货币资金、应收账款、预付账款和存货等 4 个科目构成；经营性流动负债由应付账款、预收账款、应付职工薪酬和应付税费等 4 个科目构成。

各科目未来年度预测如下：

1.1 货币资金：预测年份货币资金按公司的现金保有量进行测算，现金保有量主要是考虑企业为付现而准备的款项，现金保有量按公司每月应支付的付现成本、税金和费用进行测算。

1.2 应收账款：应收账款主要是公司应收的销售货款，按以前年度应收账款占主营业务收入比例进行测算。

1.3 预付账款：预付账款是公司预付的款项，按以前年度预付账款占主营业务成本比例进行测算。

1.4 存货：存货主要是公司尚未销售的库存商品，按以前年度存货占主营业务成本比例的算术平均值进行测算。

1.5 应付账款：应付账款主要是公司应支付的购货款，按以前年度预付账款占主营业务成本比例进行测算。

1.6 预收账款：预收账款是公司预收的款项，按以前年度预收账款占主营业务收入比例进行测算。

1.7 应付职工薪酬：应付职工薪酬主要按以前年度的水平测算。

1.8 应付税费：按当期发生计算。

例 1．下表为某公司历史的资产负债表、利润表，以及公司预测的未来 5 年的收入、成本及相关费用：

资产负债表

单位：万元

项目名称	年份		
	2008 年	2009 年	2010 年
流动资产：			
货币资金	159.82	181.76	392.43
应收账款	1 291.85	1 870.66	2 661.77
预付款项	0.00	0.00	443.89
其他应收款	279.95	62.14	1 068.05
存货	455.60	219.00	258.63
流动资产合计	2 187.22	2 333.56	4 824.77
非流动资产：			
固定资产净额	1 151.47	1 133.50	196.42
非流动资产合计	1 151.47	1 133.50	196.42
资产总计	3 338.69	3 467.06	5 021.19
流动负债：			
短期借款	846.19	806.94	1 558.65
应付账款	286.98	151.30	154.47
预收款项	0.00	0.00	0.00
应交税费	65.03	91.59	88.19
应付股利			1 826.43
其他应付款	248.16	212.11	489.96
流动负债合计	1 446.36	1 261.94	4 117.70
非流动负债合计	0.00	0.00	0.00
负债合计	1 446.36	1 261.94	4 117.70

利润表

单位：万元

项目名称	年份		
	2008 年	2009 年	2010 年
一、营业收入	3 825.03	4 201.50	4 996.94
其中：主营业务收入	3 825.03	4 197.63	4 841.77
其他业务收入		3.87	155.17
减：营业成本	3 026.82	3 075.79	3 576.85
其中：主营业务成本	3 026.82	3 075.79	3 576.85
其他业务成本			
营业税金及附加	50.23	54.02	62.06
营业费用	204.07	286.32	231.65
管理费用	182.48	299.76	397.97
财务费用	46.89	52.51	84.64
资产减值准备			
加：公允价值变动收益			
投资收益			
二、营业利润	314.55	433.10	643.77
加：营业外收入	166.53	2.43	42.82
减：营业外支出	136.04	18.49	4.49
三、利润总额	345.04	417.04	682.11
减：所得税	86.26	104.26	174.94
四、净利润	258.78	312.78	507.17

企业预测的收入成本、费用表

单位：万元

项目	年份				
	2011 年	2012 年	2013 年	2014 年	2015 年
收入	5 810.13	6 972.15	8 366.58	10 039.90	12 047.88
成本	4 355.63	5 344.98	6 626.77	8 122.36	9 938.22
营业税金及附加	24.73	27.66	29.58	32.60	35.86
营业费用	183.11	196.16	197.24	219.20	224.89
管理费用	331.32	349.19	347.33	352.44	331.18
财务费用	72.41	72.41	72.41	72.41	72.41
营业利润	842.93	981.76	1 093.25	1 240.89	1 445.32
加：营业外收入					
减：营业外支出					
利润总额	842.93	981.76	1 093.25	1 240.89	1 445.32
减：所得税	210.73	245.44	273.32	310.22	361.33
净利润	632.20	736.32	819.93	930.67	1 083.99
其中：折旧摊销等	50.03	46.07	41.57	21.68	0.27

采用模拟资产负债表口径计算营运资金如下：

某公司历史年度的流动资产、流动负债及营运资金情况表

单位：万元

序号	项目	历史年度		
		2008 年	2009 年	2010 年
1	货币资金	159.82	181.76	392.43
2	应收账款	1 291.85	1 870.66	2 661.77
3	预付款项	0.00	0.00	443.89
4	其他应收款	279.95	62.14	1 068.05
5	存货	455.60	219.00	258.63
6	流动资产科目期末合计数	2 187.22	2 333.56	4 824.77
7	扣减未纳入营运流动资产的项目	279.95	62.14	1 068.05
8	1. 其他应收款	279.95	62.14	1 068.05
9	纳入营运流动资产范围合计数	1 907.27	2 271.42	3 756.72
10	应付账款	286.98	151.30	154.47
11	应交税费	65.03	91.59	88.19
12	应付股利	–	–	1 826.43
13	其他应付款	248.16	212.11	489.96
14	流动负债科目期末数合计	600.17	455.00	2 559.05
15	扣减未纳入营运流动负债的项目	248.16	212.11	2 316.39
16	1. 应付股利			1 826.43
17	2. 其他应付款	248.16	212.11	489.96
18	纳入营运流动负债范围合计数	352.01	242.89	242.66
19	营运资金	1 555.26	2 028.53	3 514.06
20	营运资金追加额		473.27	1 485.53

则，通过上述方法得到

单位：万元

序号	项目	预测年度				
		2011 年	2012 年	2013 年	2014 年	2015 年
1	货币资金	159.95	182.43	206.45	229.80	244.55
2	应收账款	3 306.96	4 115.03	5 052.45	6 207.10	7 599.89
3	预付款项	555.31	702.79	875.64	1 106.09	1 398.67
4	存货	323.55	409.48	510.19	644.46	814.93
5	流动资产科目期末合计数	4 345.77	5 409.73	6 644.73	8 187.45	10 058.04
6	纳入营运流动资产范围合计数	4 345.77	5 409.73	6 644.73	8 187.45	10 058.04
7	应付账款	193.24	244.57	304.72	384.91	486.73
8	应交税费	26.19	30.98	36.29	40.42	43.41
9	流动负债科目期末合计数	219.43	275.55	341.01	425.33	530.14
10	纳入营运流动负债范围合计数	219.43	275.55	341.01	425.33	530.14
11	营运资金	4 126.34	5 134.18	6 303.72	7 762.12	9 527.90

采用模拟资产负债表口径计算的 2011 年该公司的营运资金为 4 126.34 万元。

2. 模拟利润表付现成本口径营运资金的计算方法

该方法也是银监会《流动资金贷款管理暂行办法》里面对企业营运资金的计算方法。

营运资金量＝上年度销售收入×（1－上年度销售利润率）×（1＋预计销售收入年增长率）/营运资金周转次数

其中：营运资金周转次数＝360/（存货周转天数＋应收账款周转天数－应付账款周转天数＋预付账款周转天数－预收账款周转天数）

周转天数＝360/周转次数

应收账款周转次数＝销售收入/平均应收账款余额

预收账款周转次数＝销售收入/平均预收账款余额

存货周转次数＝销售成本/平均存货余额

预付账款周转次数＝销售成本/平均预付账款余额

应付账款周转次数＝销售成本/平均应付账款余额

上式：营运资金量＝上年度销售收入×（1－上年度销售利润率）×（1＋预计销售收入年增长率）/营运资金周转次数

演变后的公式为：营运资金量＝（预测期销售收入－预测期销售成本－预测期销售税费－预测期销售费用－预测期管理费用－预测期财务费用）/营运资金预测期周转次数

其实质是将全部成本费用作为营运资金，而笔者认为该计算方法应该将已计入成本、费用中的折旧、摊销加回，则：

营运资金量＝（预测期销售收入－预测期销售成本－预测期销售税费－预测期销售费用－预测期管理费用－预测期财务费用＋当期折旧、摊销）/营运资金预测期周转次数

＝付现成本/营业资金预测期周转次数

例 2．同样以例 1 的财务资料为基础，采用模拟利润表付现成本口径计算营运资金：

单位：万元

序号	项目	预测年度				
		2011年	2012年	2013年	2014年	2015年
1	销售收入合计	5 810.13	6 972.15	8 366.58	10 039.90	12 047.88
2	销售成本合计	4 355.63	5 344.98	6 626.77	8 122.36	9 938.22
3	营业费用	183.11	196.16	197.24	219.20	224.89
4	管理费用	331.32	349.19	347.33	352.44	331.18
5	财务费用	72.41	72.41	72.41	72.41	72.41
6	完全成本	4 942.47	5 962.74	7 243.75	8 766.41	10 566.70
7	其中：					
8	折旧	50.03	46.07	41.57	21.68	0.27
9	摊销	0.00	0.00	0.00	0.00	0.00
10	付现成本	4 892.44	5 916.67	7 202.18	8 744.73	10 566.43
11	营运资金	2 658.94	3 215.58	3 914.22	4 752.57	5 742.62

采用模拟利润表付现成本口径计算的 2011 年公司的营运资金为 2 658.94 万元。

由此，可看出：同一企业采用不同的口径计算营运资金，其结果相差较大。首先我们进行分析，根据企业前几年的报表可知：企业基准日年度的流动资产增长额相比企业的收入增加较多，最明显的就是 2010 年比以前年度多了 400 万元的预付款，未来年度的营运资金已有提前使用，致使基准日后预测第一年度企业营运资金增加额减少。

笔者认为，采用模拟利润表付现成本口径计算公司的年度营运资金更能真实地体现公司未来年度发展规划、收入与营运资金的关系，而采用模拟资产负债表口径计算的公司的营运资金受公司回款、付款及库存的影响较大，且公司回款、付款及库存受公司管理人员等诸多人为因素的影响，如：年度末库存数管理人员可根据供应商的销售任务、返点比例大小以及元旦与春节放假间隔时间、供应商单位元旦与春节放假时间长短来考虑，使得每年公司库存量与企业销售收入没有固定的比例区间，同时公司的应收账款、应付账款也受客户的付款情况影响，其数量具有波动性，流动资产或流动负债容易受内外条件的影响，数量的波动往往也会很大。采用模拟利润表付现成本口径计算公司的年度营运资金基本不受外在的人为因素的影响，即使影响也会控制在较小的范围，故，笔者认为，在企业价值评估中采用模拟利润表付现成本口径计算公司的年度营运资金较为合适，这样也会解决采用模拟资产负债表口径计算公司的营运资金时究竟营运资金口径应该包含哪些科目，比如一般情况下（请暂不考虑特殊情形）：是不是只考虑应收票据、预付款项、应收账款、存货；应付票据、应付账款、预收款项？其他如货币资金、其他应收应付、应付工资福利、应交税金、其他流动资产负债等要不要考虑进来，或者什么情况下考虑什么情况下不考虑等一系列的困惑，也会较少与公司财务主管交流沟通剔除资产负债表中异常数据的工作量，因采用的模拟利润表付现成本口径计算公司的年度营运资金中的数据均为已剔除异常数据进行预测的收入、成本、费用。

三、采用模拟利润表付现成本口径计算营运资金时应注意的事项

由于企业基准日年度实际发生的营运资金＝流动资产－流动负债，当采用模拟利润表付现成本口径计算营运资金时，计算口径发生了变化，在计算预测的第一年度营运资金增加额时要予以考虑，是直接按不同口径计算的营运资金相减，还是统一采用模拟利润表付现成本口径计算的营运资金与实际发生的营运资金相减，将其差额作为非经营性资产或负债加回，笔者认为都可。

作者单位：

深圳市鹏信资产评估土地房地产估价有限公司

第五章
收益法评估资产组价值的思考

邓文秀

摘　要：本文主要从资产组的界定、方法选择及评估中注意事项，讲述采用收益法评估过程中出现的许多困惑与矛盾，笔者结合平时的评估工作实践，对由此形成的一些分歧与思考加以小结。

关键词：收益法　资产组　评估

资产组的评估已然不算是一个新的问题了，但是对资产组进行评估，尤其是采用收益法对资产组进行评估依然是我们面临的一大重要课题。

所谓资产组，新的《企业会计准则》（新《企业会计准则第 8 号 —— 资产减值》2006 年发布）中定义为企业可以认定的最小资产组合，其产生的现金流入应当基本上独立于其他资产或者资产组。资产组应当由创造现金流入的相关资产组成。资产组认定的关键因素在于该资产组产生的主要现金流入是否独立于其他资产或者资产组的现金流入。基于这种理念，在资产组的评估操作中，收益法一般成为评估人员的优先选择。然而，从理论到实践的过程，不乏困惑与矛盾。真理越辩越明，笔者结合平时的评估工作实践，对由此形成的一些分歧与思考加以小结，希望可以作为大家讨论的话题，抛砖引玉。

一、资产组的界定问题

《企业会计准则第 8 号 —— 资产减值》应用指南规定：1. 企业的某一生产线、营业网点、业务部门等，如果能够独立于其他部门或者单位等形成收入、产生现金流入，或者其形成的收入和现金流入绝大部分独立于其他部门或者单位，且属于可认定的最小资产组合的，通常应将该生产线、营业网点、业务部门等认定为一个资产组。2. 几项资产的组合生产的产品（或者其他产出）存在活跃市场的，无论这些产品（或者其他产出）是用于对外出售还是仅供企业内部使用，均表明这几项资产的组合能够独立产生现金流入，应当将这些资产的组合认定为资产组。

同时准则还规定：在认定资产组时，应当考虑企业管理层管理生产经营活动的方式（如是按照生产线、业务种类还是按照地区或者区域等）和对资产的持续使用或者处置的决策方式等。比如，企业各生产线都是独立生产、管理和监控的，那么各生产线很可能应当认定为单独的资产组；如果某些机器设备是相互关联、相互依存的，其使用和处置是一体化决策，那么这些机器设备很可能应当认定为一个资产组。

资产组认定的关键因素在于该资产组产生的主要现金流入是否独立于其他资产或者资产组的现金流入，即是否具有独立盈利的能力。"独立盈利能力"是一个在经营性资产内部划分的相对概念，在企业持续经营（对应于会计准则中的"有序交易"范畴）前提下，完全绝对的独立盈利能力是缺乏盈利的主体或空间的，也就是说，脱离了企业其他经营性资产及生产要素的协同作用，资产组在未来盈利方面无法实现彻底的独立。

如前文提到的可以独立生产某种具有活跃市场的产品的"生产线"，如果不具备熟练的操作技术工人、成熟的品牌影响力、有组织的销售渠道、上下统筹的组织管理系统、充足的原材料与资金运作，仍然无法独立地生产产出并形成收益。因此，我们不难初步地得出这样的结论：某一生产线的例子仅仅是区别于不同业务（商品）收益或职能具有"相对独立盈利能力"，而对于企业收益贡献要素中生产设备范畴内的经营性资产（要素）组合的人为划分。对于上述"营业网点"、"业务部门"等例子的情况，我们也可以按照这种分析结论进行推理理解。

资产组的界定源于企业会计准则的规定，对于经营性资产未做出明确的划分与说明，因此在资产评估时对资产组的划分概念应该有个较为清晰的认识。对于非经营性资产（或溢余资产），则表现出较强的服务与盈利的独立性，如不作为主业经营的采用公允价值计量的用于出租的投资性房地产、经营租赁的设备等等，因为可以为企业创造与主业不太相关的收益，因此可以考虑采用收益法进行较为完整的价值评估。而对于经营性资产范畴内的资产组，其收益情况则与企业的整体效益以及经营性资产范畴内的其他资产的贡献息息相关，在独立进行评估时依然无法脱离它在整个业务或企业整体收益中的价值考量。

二、评估方法的选择

从当前的评估理论上讲，评估对象作为具有独立盈利能力的资产组是可以采用收益法进行评估的，这是我们认为可以选择收益法作为本次评估的评估方法之一的理论基础。但是，从评估实践出发，目前除了无形资产具有了较成熟的收益法评估操作思路之外，对于其他的资产或资产组，采用收益法进行评估，仍然缺乏一个较为成熟或者说与已有的其他资产的评估思路之间不会出现自相矛盾的操作模式。与企业价值评估模型不同［目前企业价值评估中多采用自由现金流折现（DCF）方法］，资产组评估采用何种收益模型存在较多争论。以固定资产组举例予以说明。

目前，采用收益法评估固定资产组（如燃气公司的燃气设备、设施及管网等）的操作思路大体分为 DCF 直接法与 DCF 间接法两种（尚无明确定义，故在本文中暂且如此命名以示区别）。

（一）DCF 直接法，即是参照企业价值评估模型（有限年期）对企业未来各年的自由现金流量进行预测，按照资产收益配比原则对流动资产、无形资产、固定资产等各类经营性资产各年的现金流量分成率予以测算，排除流动资产、无形资产等经营性资产的贡献分成，从而得到相对的固定资产未来所产生的自由现金流量，再加上主要固定资产到期变现回收价值，加以折现加计得到固定资产组相对的评估价值。在该方法中，分成率的考虑是随着经营性资产结构（优先选用市场价值口径）的变化而相应发生变化的，折现率的测算则通常包括三种思路：

（1）考虑 WACC（理解为投资整个企业各类资产的平均投资回报率）的公式进行测算：

$$WACC = R_c × （营运资金 / 全部经营性资产）+ R_f × （固定资产 / 全部经营性资产）+ R_i × （无形资产 / 全部经营性资产）$$

上式中：R_c——营运资金（流动资产）的投资回报率

R_f——固定资产的投资回报率

R_i——无形资产的投资回报率

上述公式可以推导为：

$$R_f = （全部经营性资产 / 固定资产）× [WACC - R_c × （营运资金 / 全部经营性资产）- R_i × （无形资产 / 全部经营性资产）]$$

（2）企业固定资产投资一般都是采用部分自由资金加银行借款，按照国家发改委有关规定，自由资金一般应该为 30%，贷款为 70%，因此 R_f 估算可以采用以下方式：

固定资产投资回报率 R_f ＝股权投资回报率 R_e30% ＋ 5 年期贷款利率 ×70%× （1 － T）

注：本思路适用于国有资产评估项目。

（3）经过调整的 WACC （详见下文阐述）

（二）DCF 间接法，即先用 DCF 模型做出企业整体价值（不包含非经营性资产与负债），然后再减去除固定资产组之外的资产价值，以其差额作为固定资产组价值的方法。这样的方法是有其理论依据的，但这样的方法适用的前提条件是除固定资产组价值之外的资产的价值是单独进行估算的。

两种收益法评估方法都是从企业盈利预测的角度通过不同的形式采用 DCF 模型进行的分析测算，这源于资产组本身与企业其他的经营性资产之间天然的不可分割性，但是正因为如此，不论具体采用收益法中的哪种方法评估，都不可避免地带来一些争议：

1. 对于固定资产组评估而言，由于无法有效地消除可能存在的无形资产、营运资金等要素价值的影响，因此，除非我们将资产价值与可能存在的无形资产价值视为资产与业务的组合价值，否则我们不可能通过 DCF 模型途径得到较为完整准确的被评估资产组价值。

2. 收益法中将资产价值与可能存在的无形资产价值视为资产与业务的组合价值的思路，会与成本法中只评估固定资产价值的思路出现差异。更何况，我们很难拿出充分的理由来证明，可能存在的无形资产价值就等于业务价值。

3. 因资产和业务的折现率与权益折现率的不同所导致的最终的资产价值与权益价值存在差异的问题，这是目前评估界尚未达成一致的一个老问题了。业界有人认为，在企业整体评估中采用成本法评估出来的结果从严格意义上说（存货除外）是资产的价值而非股权（权益）价值。那么，换言之，对部分资产组采用收益法评估得出的结果应该是权益价值，从某种意义上说，这与采用成本法评估出来的其他资产价值（资产价值）存在着在价值内涵方面的混乱。

三、收益法评估过程中需要注意的事项

我们需要明确的是收益法在企业价值、投资性房地产、资产减值测试

等评估中的应用存在着一定的联系，但也有区别。

（一）企业价值评估的是企业股东权益价值，其他情况则是企业中的部分资产的价值。在具体操作时，评估企业价值是需要考虑财务费用（利息）和所得税的，而评估单项资产或资产组时则不需要考虑这两项现金流量，同时管理费用、销售费用考虑的内容及范围与企业价值评估或许也存在着差异。

（二）评估单项资产或资产组时，需要考虑营运资金或其他资产的初始投入。比如评估矿业权时在前期需要考虑固定资产和流动资产的投入——建设期的现金流出额。资产组或商誉减值测试评估时需要考虑长期资产以外的营运资金的初始投入及后续投入，毕竟光靠长期资产（资产组一般不包括流动资产，资产组组合除外）是无法运转、无法产生现金流的。而在考虑了长期资产后续投入的情况下，未来的资产结构必然发生变化，折现率相应的变化情况也是需要考虑的。

（三）资产使用结束时可以收回的残值。因为企业价值评估时往往采用永续模型，房地产、矿业权和其他资产组评估时往往是有限年期。

（四）预计未来现金流量的预测是在特定资产组现有管理、运营模式前提下，以资产组当前状况为基础，一般只考虑资产组内主要资产经简单维护在剩余使用寿命内可能实现的未来现金流量，不包括主要资产在将来可能发生的、尚未做出承诺的改良、重置有关的现金流量；对资产组内次要资产则应根据资产组合需要，在主要资产剩余使用寿命内根据次要资产的剩余使用寿命考虑将来可能发生的改良、重置有关的现金流量。

（五）我们可能都碰到过这样的情况，举个比较极端的例子，一家公司目前的主要资产仅有一幢楼宇用于出租，可认为是企业的一项投资性房地产，同时也是企业目前唯一主要的经营性资产，那么如果采用收益法分别对该投资性房地产与该企业整体价值进行评估的话，除去上述考虑因素之外，唯一存在较大不同的正是两者的折现率。根据目前国内的理论认为，固定资产的折现率应当小于企业的 WACC，但是在实际操作中，我们都知道按目前现有的公式测算，两者的差异程度还是相当大的，这并不符合我们可以认知的常识理念。因此，在评估资产组或资产组组合时，个人建议可以借用税前加权资本成本作为资产组的折现率（这是台湾评估界的一致做法，台湾业界认为，单项资产或资产组不可能在无其他资产的协同下产生效益，故其投资报酬率应与企业的投资报酬率一致或相近。笔者认为这种做法虽然不够准确，但较目前大陆业界通行的方法与理念而言，至少不存在自相矛盾的情况）；同时，收益年期应与企业收益年期（个别项目涉及当地的特许经营权）相关，视情况选择有限年期或是永续。

此外，结合日常操作的经验，我们还可以注意到，基于资产组概念的核心因素，对于资产组的界定与划分可以不局限于文中举例所界定的范围，比如说也可以将企业的非流动经营性资产整体确定为资产组；但与此同时我们仍需注意到非流动经营性资产是否附带着相关的非带息负债（这点至关重要）、评估时所采用的基本模型、折现率的测算思路与考量等细节问题。以下是目前一些评估公司在对企业非流动资产组评估的成功案例中对评估基本模型与折现率的实际操作情况。

（1）现金流量折现法模型

B：企业长期资产价值

$$B = P + \sum C_i$$

上式中：P——经营性资产价值

$$P = \sum_{i=1}^{n} \frac{R_i}{(1+r)^i} + \frac{R_n}{r(1+r)^n} - 营运资金期初投入$$

或

$$P = \sum_{i=1}^{n} \frac{R_i}{(1+r)^i} + P_n \times (1+r)^{-n} - 营运资金期初投入$$

上式中：R_i——未来第 i 年的预期收益（企业自由现金流量）

R_n——收益期的预期收益（企业自由现金流量）

r——折现率

n——未来预测收益期

P_n——期末固定资产、无形资产回收值

$\sum C_i$——基准日存在的非经营性、溢余资产的价值

$$C_i = C_1 + C_2 + C_3$$

上式中：C_i——预期收益（自由现金流量）中未体现投资收益的全资、

控股或参股投资价值

C_2——预期收益（自由现金流量）中未计及收益的在建工程价值

C_3——基准日呆滞或闲置设备、房产等资产价值

注：基于上文中对资产组概念的推理分析，本文认为对于基准日存在的非经营性、溢余资产的价值是不应当划定于该资产组范围之内的，在存在重大的非经营性、溢余资产的前提下笼统地将全部非流动性资产界定为一个资产组，笔者认为有待商榷；而将其定义为资产组组合，则是目前较为通行的做法。

（2）折现率

根据《企业会计准则》的规定，以编制财务报告为目的（尤其是以资产减值测试为目的）的评估，计算资产未来现金流量现值时所使用的折现率应当是反映了当前市场货币时间价值和资产特定风险的税前利率。该折现率是企业在购置或投资资产时所要求的必要报酬率。那么，我们在确定折现率时，可以选择的指标主要有：A．该资产的市场利率（注：一般情况下，该利率在我国市场中较难获得）；B．充分考虑资产剩余使用年期期间的货币时间价值及其他相关因素，根据企业加权平均资金成本（WACC）进行适当调整后予以确定的投资报酬率（注：如上文所述，由于在预计资产的未来现金流量时均以税前现金流量作为预测基础，因此此处应将其调整为不含税的投资报酬率）。

四、小结

通过本文上述的阐述，以下谈一谈笔者分析后的浅见，以供大家探讨。

（一）资产组及资产组组合概念的引入是仅针对以编制财务报告为目的的资产评估项目的，确切地说仅适用于合并对价分摊以及商誉减值测试等方面，至少从目前的理论层面来看，并不适用于除此之外的其他评估项目；也就是说，对于资产组及资产组组合的概念界定、评估思路或评估结论尚不能在其他评估项目中使用或引用。

（二）从整体上说，资产组所匹配的贡献率以及贡献价值，确系存在着与其他经营性资产相互包容、难以准确分割的情况，对此一些评估公司在

商誉减值测试的评估中会将资产组界定到一个更加广泛的范围，如上文提到的将企业的非流动经营性资产或经营性资产整体考虑为一项资产组组合等。笔者认为，在现实操作中，将经营性资产整体界定为一项资产组组合考虑（请注意：此时，在上述现金流量折现法模型中对营运资金期初投入的扣减表现）似乎更宜于操作。

（三）谈下细节问题。

1. 从目前资产组、资产组组合划分的目的角度分析，笔者以为资产组评估的价值内涵是非常接近于权益价值的资产价值范畴，那么值得我们思考的是，在排除了非付息债务因素后，资产组采用收益法评估时是否也应当考虑扣减其对应的经营性负债因素呢？这种情况直接关系着企业主要经营业务的延续与扩展问题，人为割裂并不予考虑似乎并不合适，这一点在探讨商誉减值测试评估与企业整体评估（收益法）的过程中表现得尤为突出。另外，众所周知，企业核心经营能力的贡献因素一般包括无形资产、营运资金及固定资产等，其中营运资金被普遍认为是经营性流动资产与经营性流动负债的差额，可见经营性负债与其相应负债的密切相关性。因此，我们认为在商誉减值测试的评估中，将经营性资产整体界定为一项资产组组合时，所谓经营性资产组组合的账面价值应当等于"Σ组内各分项经营性资产的账面价值－相关的经营性负债账面价值"，只有如此，在排除了有息负债与非经营性资产及负债的前提下，商誉减值测试才具备了真正可以比对的对象及范围（即评估对象及范围）。

2. 明确了以上问题，后续的处理就变得更加顺理成章了。

2.1 折现率的选取，采用扣除了所得税影响因素的 WACC。

2.2 由于在现金流测算过程考虑了有息负债的贡献因素，因此在现金流折现测算完后要对有息债务予以扣除。

2.3 现金流量折现法的模型如下：

P：经营性资产价值

$$P = \sum_{i=1}^{n} \frac{R_i}{(1+r)^i} + \frac{R_n}{r(1+r)^n}$$

上式中：R_i——未来第 i 年的预期收益（企业自由现金流量）

R_n——收益期的预期收益（企业自由现金流量）

r—— 折现率

n—— 未来预测收益期

注：由于资产组组合被界定为企业经营性资产整体，故收益期限适用于无限年期，对于营运资金期初投入将不再考虑。

3. 上述情况仅讨论了商誉减值测试评估过程中的操作思路，试图从另一种角度规避在此类评估过程中所遇到的一些问题，以期更为合理地诠释商誉减值测试对评估资产组或资产组组合采用收益法进行评估的技术路线和价值内涵。可是，我们可能同时会不经意地发现，该技术路线似乎又回归到了引进资产组及资产组组合之前的评估思路，但不同的是对经营性资产的界定以及对价值内涵的诠释，从而使得这种操作的理论依据似乎变得更加充分了。

此外，顺便再重申一下有时企业财务简单生硬地按会计科目对资产组或资产组组合的直接划分给评估人员所带来的困扰。在商誉减值测试时，如上文所述，评估人员固然可以在评估对象及评估范围中对资产组或资产组组合进行阐述并提请报告使用者注意，但是，在合并对价分摊的评估中，资产组或资产组组合似乎早已被细分划定，因此，评估人员的纠结也似乎仍将在上述评估方法、思路、价值内涵、参数的选择等貌似纷扰的问题的探讨中延续下去。

参考文献：

[1] 财会〔2006〕3号.企业会计准则第8号——资产减值（2006）及应用指南.

[2] 中评协〔2007〕169号.以财务报告为目的的评估指南（试行）.

[3] 中评协〔2011〕227号.资产评估准则——企业价值.

作者单位：

深圳市鹏信资产评估土地房地产估价有限公司

房地产评估篇

第六章
浅析《深圳市工业楼宇转让管理办法（试行）》及其实施细则对房地产估价的影响

陈平 张宇

摘　要:《深圳市工业楼宇转让管理办法（试行）》及其实施细则的公布和实施，对深圳市工业房地产市场产生了深远的影响，同时，也对工业房地产估价业务拓展、工业房地产估价，特别是工业房地产抵押估价产生了极大的影响。本文依据该政策修改和新增的相关规定，分析了其对房地产估价的影响。

关键词:工业楼宇　转让管理办法　房地产估价　影响

2013 年 1 月 11 日，《深圳市人民政府关于优化空间资源配置促进产业转型升级的意见》正式实施，作为其附属文件的《深圳市工业楼宇转让管理办法（试行）》（以下简称《办法》）也正式施行。为推动《办法》的贯彻实施，深圳市规划和国土资源委员会于同年 12 月 6 日发布了《<深圳市工业楼宇转让管理办法>（试行）实施细则》（以下简称《细则》）。《办法》及《细则》旨在盘活存量工业楼宇资源，规范工业楼宇转让，防止工业楼宇炒作，将对深圳市工业房地产市场产生较大影响，也对工业房地产估价产生了较大的影响。

一、《办法》及《细则》解读

《办法》和《细则》，对工业楼宇转让的适用条件、交易方式、登记发证制度、地价补缴、增值收益分配等方面进行了规范。主要体现在以下几个方面：

1. 适度增大工业楼宇转让范围，并调整登记发证制度

1.1 工业楼宇分割转让情形从原来 7 种，增加到 9 种，增加的情形包括：准备上市的公司为满足上市条件拟购买的工业楼宇，租用工业楼宇从事生产、研发满 5 年的企业购买租用部分（《办法》第四条）。

1.2 改变原 213 号文有关工业楼宇配套设施不得分割转让的规定，明确工业楼宇的配套设施可以根据《物权法》的相关规定进行转让（《办法》第七条）。

1.3 改变过去工业楼宇以宗地为单位核发房地产权利证书的模式，明确工业楼宇可以栋、层、间为单位办理房地产权利证书（《办法》第十三条）。

2. 增加对受让人资格限制、再转让限制和政府优先购买权

1.1《办法》第五条规定："工业楼宇的受让人须是经依法注册登记的企业"，而《细则》进行了完善，明确规定受让人不必是企业的四种情形：①因人民法院、仲裁机构的生效法律文书取得物权的；②因继承、受遗赠取得物权的；③因共有分割取得物权的；④因政府行使优先购买权的。

1.2《办法》第十四条规定：工业楼宇转让后，自工业楼宇完成转移登记之日起 5 年内原则上不得转让。确需在 5 年内转让的，工业楼宇转让的增值收益按增值收益额 100% 的比例上缴。

1.3《办法》第六条指出：依照本办法规定限整体转让的工业楼宇，自用地批准文件生效之日起或土地使用权出让合同签订之日起不满 20 年进行整体转让的，政府在同等条件下享有优先购买权。本办法第四条第二款第（一）、（二）、（三）、（四）、（五）、（六）、（九）项规定的工业楼宇分割转让的，政府在同等条件下可以优先购买。

3. 允许符合规定的工业楼宇自行交易

改变原 213 号文工业楼宇转让必须在市土地房产交易中心公开交易的强制性规定，指出：符合本办法规定可以转让的工业楼宇，可在市政府土地房产交易机构公开交易或自行交易（《办法》第十一条）。

4. 增加缴纳增值收益相关规定

4.1 除城市更新项目中的两种情形和市政府规定的其他情形外，所有工业楼宇转让都应缴纳增值收益，包括初始登记后首次转让。

4.2 增值收益是指转让工业楼宇的交易价格扣减该工业楼宇的登记价及转让方受让该工业楼宇时已缴纳的相关税费后的余额；工业楼宇转让时，已补缴地价的，应同时扣减已补缴的地价。

4.3 增值收益缴交比例：①工业楼宇转让的增值收益额未超过扣减总金额 50% 的部分，按 50% 的比例上缴；②工业楼宇转让的增值收益额超过扣减总金额 50% 的部分，按 60% 的比例上缴；③工业楼宇转让后，自工业楼宇完成转移登记之日起 5 年内再转让的，按 100% 的比例上缴增值收益。

4.4 增值收益的缴纳顺序：在相关部门依法征收房地产转让税费后，工业楼宇转让方依照《办法》及《细则》规定缴纳增值收益。

二、《办法》和《细则》对工业楼宇市场的影响

《办法》和《细则》一方面扩大工业楼宇转让范围，允许自由交易和独立办理产权证，另一方面又增加了对受让人资格限制和再转让限制，同时需缴纳增值收益，其目的在于支持真正有需求的工业企业实现资源快速流转和合理配置，同时防止投机炒房行为。

首先，《办法》规定"除特殊情形外，工业楼宇的受让人必须为企业"。从市场的角度来看，短期内将会挤掉部分的个人投资或投机类需求，个人投资者的市场参与度会有所降温。

其次，为避免因工业楼宇流转市场的放开而引发工业用地炒作、工业楼宇投机买卖等扰乱工业楼宇交易市场的行为，《办法》规定转让方应将一定比例的增值收益上缴政府。缴纳增值收益，使得交易成本上升，投资者预期收益下降，会导致类似住宅"捂盘"、"惜售"或者转嫁交易税费等情况的产生，工业楼宇供给减少。由于供需同时减少，成交量在短期内会大幅萎缩，这从《办法》颁布一年期间，深圳市工业楼宇市场交易几近停滞可见一斑。

目前，工业楼宇价格未出现大规模波动，但价格走势取决于新政策对供给的影响大还是对需求的影响大，工业楼宇价格走势有待后期市场检验。

三、《办法》和《细则》对房地产估价的影响

1. 影响工业楼宇抵押价值

新政出台后，工业楼宇抵押变现受众面变窄、变现税费增加，会导致其抵押净值减小。在进行工业楼宇抵押估价时，估价师必须充分考虑抵押物的法定优先受偿款和变现能力。

1.1 法定优先受偿款的变化

《担保法》第四十七条规定，处分抵押房地产所得金额，依下列顺序分配：（1）支付处分抵押房地产的费用；（2）扣除抵押房地产应缴纳的税款；（3）偿还抵押权人债权本息及支付违约金……按照《细则》第十五条第一

款，"在相关部门依法征收房地产转让相关税费后，工业楼宇转让方应当按照《办法》及本细则的规定缴纳应缴的增值收益。"显然，"增值收益"属于法定优先受偿款，且计算法定优先受偿款时，除了扣除土地增值税等税费外，其余增值部分仍需要按《细则》规定再扣除"增值收益"。

1.2 抵押价值和变现能力受到影响

以工业楼宇作为抵押品，在新政策实施之后，对银行相关抵押资产价值（变现能力）有较大影响，体现在：

（1）工业楼宇转让后，自工业楼宇完成转移登记之日起 5 年内原则上不得转让。确需在 5 年内转让的，工业楼宇转让的增值收益按增值收益额 100% 的比例上缴。一旦在 5 年内出现需要以担保抵押品拍卖变现的，变现受偿价值为原登记价。

（2）抵押品的购买日期超过 5 年的，按照《办法》及《细则》计算，变现受偿价值会降低。

（3）由于受众面变窄、变现税费增加、投资价值降低，抵押品强制变现的时限可能会延长，影响变现价值。

（4）对于抵押物权利人是个人的，已经办理抵押的，这是政策之前形成的，不影响抵押和使用，但抵押权实现，变现能力会受影响。

2. 对城市更新项目工业楼宇价值评估的影响

新政出台后，除两种特殊情形外，城市更新项目工业楼宇首次转让也需要缴纳增值收益，这在一定程度影响开发企业对"工改工"类城市更新项目的积极性。从房地产估价行业来看，城市更新项目涉及的地价测算、价值评估等占估价行业业务量的比重较大。估价师应充分关注《办法》和《细则》中对城市更新项目的特殊规定，在测算时，需对建成后的工业楼宇采取持有或者销售的模式予以区别对待，考虑是否计算转让增值收益。

3. 影响工业楼宇估价业务类型

受政策影响，工业房地产估价业务性质将发生变化，可能导致一部分估价业务流出和另一些新的业务品种的产生。

一些市场参与者为规避税费和转让增值收益，可能更倾向于采取股权转让方式交易工业楼宇，使得工业楼宇相关房地产估价项目转化为资产评估项目，造成房地产估价行业业务的流失。

新政策的实施，也给房地产估价行业带来了新的业务品种，可为客户提供工业楼宇交易政策咨询服务；对于工业房地产开发项目，提供从项目定位、发展策略、物业建议直至规划设计跟踪的开发项目全过程解决方案等服务。

四、结论和建议

《办法》和《细则》的出台既对工业楼宇房地产市场产生影响，也对房地产估价行业产生重大影响。从业务数量和类型来看，近期传统工业房地产估价业务有所减少，但随着政策的推行，工业房地产估价业务的类型将发生变化。从估价技术方法来看，新政出台的最大影响是"工业楼宇转让的增值收益需按比例上缴政府，导致工业楼宇抵押价值和'工改工'类城市更新工业楼宇评估价值受到影响"。估价师在进行抵押价值评估和城市更新项目工业楼宇价值评估时，需充分考虑增值收益部分。

参考文献：

［1］深圳市人民政府办公厅.深圳市工业楼宇转让管理办法.深府办〔2013〕3号.
　　2013-01-23.
［2］深圳市规划和国土资源委员会.《深圳市工业楼宇转让管理办法（试行）》实
　　施细则.2013-12-6.

作者单位：
深圳市同致诚土地房地产估价顾问有限公司

第七章
酒店物业估价中 DCF 的运用及常见问题探讨

费金标 刘玄

前言

    根据国家旅游局监督管理司公布的《2013 年第三季度全国星级饭店统计公报》，截至 2013 年第三季度，全国通过省级旅游行政管理部门审核经营管理数据、仍持续经营的星级饭店共计 12 151 家，较 2012 年同期数量基本持平，仅增加 51 家，但其中，四、五星级酒店的增长分别为 5.96%、8.97%，低星级酒店则基本持平或有不同比例的下跌；与 2010 年同期数量相比，酒店总数量增加 9%，而四、五星级酒店的增长分别为 26.40%、47.84%。

在酒店市场竞争优胜劣汰的过程中，我们可以发现，具有丰富管理经验、成本控制能力的国内、国际酒店集团旗下的高星级酒店正呈现逐渐扩大市场占有的趋势。高星级酒店由于成本投入大、资金回收周期长、集团资金压力较大等特点，相较于低星级酒店更需要通过各种融资渠道筹措资金；同时，由于酒店物业能持续、长期产生相对稳定的现金流，可以形成稳定的还款来源，也逐渐受到各类金融机构的关注与青睐。

无论是以酒店物业作为抵押物进行抵押贷款，还是以酒店物业的各年净利润作为还款来源进行经营性贷款，或是在其他投资、收购等金融活动中需要考量酒店物业的价值，如何公正、合理地评判酒店物业的市场价值，都是各类金融活动中各方面当事人所关注的关键。

一、酒店市场概况

近年来，随着国内经济的迅速发展，基础设施的不断完善，国内旅游和商务旅行快速增长，使国内酒店业以前所未有的速度高速发展：国内高星级酒店建设步伐不断加快，同时希尔顿、喜达屋、洲际、万豪、香格里拉等大量国际饭店集团顶级品牌全面进入国内市场。

目前国内常见的国际酒店管理集团及其旗下品牌包括：

英国洲际酒店管理集团（InterContinental Hotels Group）

英国洲际酒店管理集团成立于 1777 年，在 100 多个国家有酒店 4 600 多座、客房近 70 万间，旗下拥有 9 个品牌，进入国内的主要酒店品牌有洲际酒店及度假村，假日酒店及假日度假酒店、皇冠假日酒店，智选假日及英迪格。

美国圣达特酒店管理集团（CENDANT Corporation）

美国圣达特酒店管理集团成立于 1995 年，拥有酒店近 7 000 座、客房超 50 万间，旗下拥有 9 个品牌，进入国内的主要酒店品牌有豪生、华美达、速 8 及戴斯。

美国万豪酒店管理集团（Marriott International,Inc. Hotels）

美国万豪酒店管理集团成立于 1927 年，在 74 个国家、地区有酒店 3 700 多座、客房近 70 万间，旗下共有 17 个品牌，旗下进入国内的主要酒店品牌有丽思卡尔顿、JW 万豪、万豪、万丽及万怡。

法国雅高国际酒店管理集团（ACCOR）

法国雅高国际酒店管理集团成立于 1967 年，在逾 90 个国家、地区拥有酒店 4 000 多座、客房近 50 万间，旗下拥有 10 多个品牌，进入国内的主要酒店品牌有索菲特、铂尔曼、诺富特、美爵、美居及宜必思。

美国希尔顿酒店管理集团（Hilton Hotels Corporation）

美国希尔顿酒店管理集团成立于 1919 年，在 91 个国家、地区有酒店 4 000 多座，旗下 10 多个不同层次的酒店品牌，进入国内的主要酒店品牌有希尔顿、华尔道夫、康莱德、希尔顿逸林及港丽。

美国喜达屋酒店与度假村集团（Starwood Hotels & Resorts Worldwide）

美国喜达屋酒店与度假村集团于 1996 年完成更名，在逾 100 个国家、地区拥有酒店 1 169 座，旗下 9 个知名品牌，进入国内的主要酒店品牌有瑞吉、威斯汀、豪华精选、福朋、艾美、喜来登、W 酒店及雅乐轩。

美国卡尔森国际酒店集团（Carlson Hotels Worldwide）

美国卡尔森国际酒店集团在 82 个国家、地区拥有 1 700 多家酒店、度假村、餐厅及游轮业务，旗下拥有 5 个知名品牌，进入国内的主要酒店品牌、丽笙及丽亭。

美国凯悦酒店管理集团（Hyatt Corporation）

美国凯悦酒店管理集团成立于 1957 年，在 46 个国家、地区拥有酒店 524 座，旗下 6 个知名品牌，进入国内的主要酒店品牌有凯悦、柏悦及君悦。

其他单一酒店品牌

其他单一酒店品牌的知名酒店管理集团还有香格里拉酒店集团（Shangri-La Hotels and Resorts）、德国凯宾斯基饭店和度假村管理集团（Kempinski Hotel）、悦榕度假酒店集团（Banyan Tree Hotels and Resorts）、美国最佳西方酒店管理集团（Best Western International,Inc）等。

随着大量国际高星级酒店品牌的进入，国内酒店市场竞争日益激烈，越来越多的酒店物业权利人以酒店物业进行抵押贷款寻求进一步的发展，行业并购也频频发生：2003—2007 年间，洲际酒店集团兼并美国腊木酒店式公寓集团、迪拜国际资本公司收购英国旅游饭店公司、黑石集团收购美国希尔顿酒店，2010 年 4 月 6 日上海锦江国际酒店集团以 9 900 万美元的价格将北美最大的独立酒店管理公司 —— 美国洲际酒店和度假村集团 50% 的股份收入囊中，开启了国内酒店集团跨国并购的序幕。

酒店物业抵押贷款业务的兴起和酒店并购热潮的兴起对酒店估价实践产生了重要影响：一方面，国内、国际资本再配置的趋势对酒店估价结果的可靠性和准确性提出了更高的要求；另一方面，由于酒店物业抵押、交易规模的扩大以及国内酒店市场地域差异的复杂性，估价机构需要采用更能反映酒店物业特点和复杂性的估价方法，对酒店物业的价值做出公允的评估。

二、酒店物业评估的特点与方法的选择

1. 酒店物业评估的特点

在评估酒店物业价值的时候，由于主要依靠酒店合理的历史经营数据及未来经营数据来判断酒店的收入、成本、相关支出及税费。其中酒店的经营收入包含了酒店内部设施所带来的收益，不同酒店品牌的客源构成、号召力、消费水平、市场认可及成本控制能力都对酒店物业的收入、支出有不同程度的影响，且上述因素所影响的收益能力一般难以分割单独考量。因此酒店物业的评估不仅仅是传统房地产评估中对土地、建筑物、构筑物及其定着物进行评估，国际上通用的酒店整体价值的评估一般由三个部分组成：房地产（即土地、建筑物及内部设施）、经营者利润和商誉（即品牌价值）。

由于酒店物业的评估是基于物业整体收益能力，考虑在剩余土地使用年限中能按照既定的酒店品牌，每年持续获得一定的收益来计算的，因此在评估物业所有权人所拥有的酒店物业权益的市场价值时，我们一般需要做出下述的假设前提：以现有酒店品牌、用途，以保养维护良好为前提，在整体、正常持续经营条件下，假设可持续经营直至所占用土地使用权之法定终止期日止。

2. 酒店物业评估的常用方法

就酒店物业所占用的土地和建筑物而言，与其他商业性物业一样，可以按照传统的收益法、重置成本法和市场比较法的原理进行估价。但由于酒店物业所独有的一些特点，如用途单一、需要特殊管理经验等，不同管理品牌、经营状况、未来产生净收益的能力与酒店物业的价值密切相关，使得酒店物业的估价在较大程度上难以运用收益法、重置成本法和市场比较法来测算其价值。

同时，酒店市场上高星级酒店整体出租、出售案例极其缺乏，即使偶有成交，其交易详细情况、对成交价格影响较大的经营数据也无法在公开市场途径中获得，更加大了用市场比较法及一般收益法对物业价值评判的难度。

目前国际上常用的酒店估价方法是在 20 世纪 90 年代由英国皇家特许测量师学会（RICS）推荐的收入资本化估价法。

所谓资本化，是指将酒店整体（即上一章节所述的房地产、经营者利润及商誉）视作为产生现金流的实体，根据酒店产生净收益的能力来评估酒店的市场价值。在适用于酒店物业收入资本化的估价方法中，被广泛采用的四种方法包括：单一资本化比率法（Single Capitalization Rate Methodology,SCR）、现金流折现法（Discounted Cash-Flow Analysis,DCF）、同步估价公式法（Simultaneous Valuation Formula,SVF），以及联合投资法（Band of Investment Method,BIM）。

在本篇中，我们将主要讨论现金流折现法（DCF）对由物业所有权人持有、委托酒店经营管理公司进行管理的酒店物业价值的测算运用及测算过程中的常见问题。

3. 现金流折现法（DCF）概述

现金流折现法（DCF）是对酒店未来各年的现金流量及其风险进行预测，然后选择合理的折现率，将未来各年的现金流量折合成估价时点现值的方法，它需要建立在完全市场、酒店合理的历史经营数据及未来经营预测的基础之上，它应用的前提条件是酒店的经营收益是有规律的，并且是可以预测的。

但由于市场是在不停地变动的，且在未来市场变动中的市场因素、政策因素、其他因素均存在较大的变化可能，基于历史统计数据变化的趋势和规律的定性、定量分析难以预测过于长期的市场变化。我们认为，根据充分的酒店历史经营数据，预测未来 5—10 年内的酒店经营变化是可行的，但最长不宜超过 10 年。英国皇家特许测量师学会（RICS）也在 1994 年提出了 10 年预测年期的设定，这一标准也已成为国际上最常用的预测年期取值。

预测年期内的期限我们称之为收益期，按照每个收益年度净现金流量折现计算酒店该部分的现值；预测年份期限之外的剩余收益年限我们称之为归复期，酒店归复期的价值，是以酒店物业按照其收益期最后一年收益能力来计算剩余年期的销售价值，扣除相应的销售费用后再折现其现值的。收益期的累计净现值与归复期的销售净现值共同组成酒店物业的价值。

在使用现金流折现法时需要确定的关键变量分别为：酒店未来各年期内的现金流量和合理的折现率。现金流量需要通过分析酒店收入与成本的构成来最终确定；折现率一般由两部分组成：一部分是当前长期国债利率或存款利率，另一部分是由投资者根据实际市场判断确定的风险报酬率。因此，折现率的大小取决于取得未来现金流量的风险，折现率的大小应与酒店未来现金流量的风险大小成正比。

而酒店未来各年期的现金流量预测，我们将在下面的现金流折现法（DCF）测算过程的章节中详细讨论。

三、现金流折现法（DCF）测算过程

1. 评估资料的收集

由于上述章节所述酒店物业评估的特点，在评估酒店物业时，除了需要获得与其他商业物业评估一致的土地出让合同或土地使用权证、房（地）产证等法定产权资料，各层建筑面积分布，各层业态分布情况介绍外，酒店物业评估还需获得提供：

酒店简介（包含酒店星级、酒店定位、酒店装修情况、总房间数、各类型房间数量、餐饮部门餐位数、会议室配备情况及收费标准、健身房等

配套设施介绍等）、近三年或开业至今之会计报表（包含利润损益表及利润损益表下之管理费用、财务费用、营业费用、营业成本等明细账目，资产负债表）、近三年或开业至今之营业日报表（每月月末汇总报表，含当日及当月各部门收入及支出）、未来五年酒店经营状况预测表、酒店项目可行性研究报告、酒店非自营部分之租约，以及酒店管理协议。

根据上述酒店过往经营资料的整理和提取，可归纳整理并从多个角度互相印证该酒店过往经营年份之实际出租客房数、入住率、平均房价、各营业部门经营收入、各部门成本支出、酒店不可分摊之经营费用（主要包含行政及人事、销售、能源消耗、维修）、酒店管理公司之管理费用（包含基本管理费和奖励管理费）、酒店固定费用（包含营业税及其附加、房产税、土地使用税和保险费用）、固定资产预提占比等相关数据，并以此为依据来建立 DCF 模型进行现金流的测算。而酒店项目可行性研究报告和未来五年经营状况预测表对 DCF 测算中未来收益年度的酒店收入及支出的测算有一定的借鉴、参考意义。

酒店收入、支出的构成以及与所需资料的具体对应关系如下表：

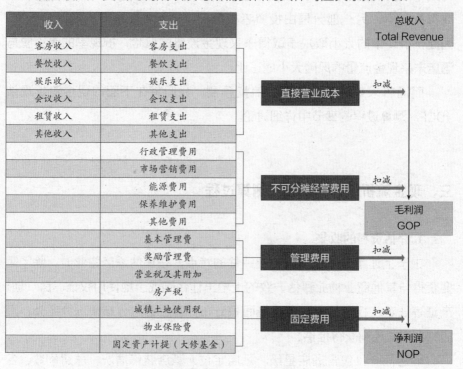

酒店的收入与支出构成

酒店历史经营资料与 DCF 测算的关系

2. 市场调查及资料的核查

虽然在前文我们提到非评估酒店的经营数据从公开市场途径中难以获得，因此在酒店物业的评估中主要是以委托方提供的，经合法会计师事务所审计过的会计报表中的酒店历史经营数据、与其相对应的详细月报表及未来经营预测等作为基础来评估酒店的价值，但基于国内酒店市场的现状，我们仍需通过现场查勘及市场调查对委托方提供的数据进行核查和判断。

现场查勘及市场调查所需要核查的目标与方向如下表：

调查目标	调查目的	调查方向
酒店市场定位	确定酒店类型	酒店星级、建筑情况、城市定位、区域氛围、收入构成、客户群构成
酒店经营时间	确定经营阶段	开业时间、迄今经营时间、上次大修时间、收支占比波动
客房平均入住率、各类房型房价	核定客房部分收益	酒店当天的入住率及房价、同等级客房入住情况、前台房价及房客[*1]
客房档次	确定房价合理性	标准层电梯厅、走道宽、高、各类客房面积、装修、卫浴配套及景观
各餐厅餐位数、上座率、平均消费	核定餐饮部分收益	中、晚餐时点上座率、餐厅档次、自助人均消费及同等级酒店消费
娱乐、会议房间数、消费价格、使用率	核定娱乐、会议收益	房间数及装修情况、价格水平、市场娱乐、会议使用情况、会计报表
租赁面积、楼层、位置及租金	核定租金收益	市场同类商业物业租金情况、租约约定租金及增长、经营业态
客房形式、公共配套及室内配套	核定能源、维护支出	建筑结构、主要用材，周边环境、是否有恒温泳池、24小时不断电设施
酒店入住率趋势、收入增长趋势	模拟收入、入住率递增	酒店开业时间、历史入住率、历史装修情况、历史房价增长情况
酒店开业时间、支出变化趋势	模拟多项支出比例变化	酒店开业时间、历史部门经营成本支出变化、相关财务报表

现场查勘及市场调查主要目标

需要指出的是，在调查客房入住率、房价时，还需考虑酒店所在的市场淡、旺季是否区分明显，若淡、旺季入住率及房价水平有较大差异，还需考虑淡、旺季时间长短及房价差异来判断全年的平均入住率及房价。

3. 现金流折现法（DCF）模型的建立

我们所常用的 DCF 测算模型主要包含 4 个部分，分别是酒店基础数据、酒店经营收入、酒店支出和净值折现测算。

酒店基础数据

包含：酒店可用总房间数，即酒店总客房数与收益年度日数之乘积；客房入住率，一般根据酒店过往实际入住率增长趋势进行预测，需要提出的是入住率增长的规律一般是根据当地实际酒店市场情况，在酒店开始经营 2—3 年内有较高的增长幅度，其后入住率增长幅度将逐渐放缓；实际平均房价，平均房价的增长趋势预测与入住率的增长趋势预测相似，是以酒店过往经营之实际平均房价增长趋势作为依据的。

酒店经营收入

一般包括客房收入、餐饮收入、娱乐收入、会议收入、租赁收入和其他收入等，具体组成部分由评估酒店实际经营业态进行调整。在实际 DCF 测算操作过程中，常用的方法是将酒店可用总房间数、入住率和平均房价相乘得出客房收入，将客房收入按照预测的对总收入的占比来反测出总收入金额，再按照各部门的预测占比分配收入；租赁收入在租赁期内根据实际租赁合同计算，租赁期外可参考市场租金及其增长预测计算。各部门所占比例可依据酒店过往经营情况和未来经营情况预测来进行取值，但餐饮部分收入需根据餐位数、入座率以及人均消费来判断比例是否合适。

酒店支出

包括各部门直接成本支出、酒店不可分摊之经营费用（主要包含行政及人事、销售、能源消耗、维修）、酒店管理公司之管理费用（包含基本管理费和奖励管理费）、酒店固定费用（包含营业税及其附加、房产税、土地使用税和保险费用）和固定资产预提。酒店固定费用（包含营业税及其附加、房产税、土地使用税和保险费用）需要根据酒店所在城市具体缴税标准进行计算。

净值折现

通过收入－支出＝利润的计算过程，可计算得出经营期内各年净利润之净值，即经营期内各年净现金流量，根据不同地区酒店市场可接受的折现率计算折现系数来得出每个预测年度净现金流量的现值。归复期的净现值是通过基于经营期最后一年的收益能力考虑可能实现的销售净值来折现的。

折现率一般由两部分组成：一部分是当前长期国债利率或存款利率，另一部分是由投资者根据实际市场判断确定的风险报酬率。根据我们的历史统计数据，酒店物业常用的折现率一般为 9% ～ 12%。但近年来在部分旅游业较为发达、酒店市场竞争激烈的城市，投资者愿意承受的折现率有一定程度的下降为 8.5% ～ 9%。

折现系数与折现率的关系为：折现系数＝（1 ＋折现率）^ 折现年期

根据上述测算模型的构成，酒店经营期各年净值（净利润）的计算流程可大致示意如下图：

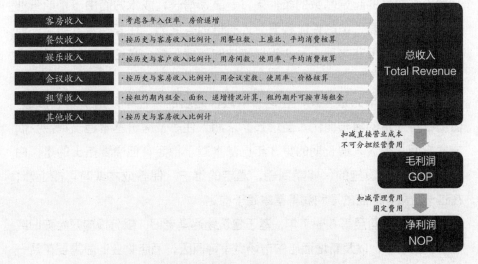

酒店经营期各年净值（净利润）的计算流程

4. 酒店经营阶段的影响及关键参数统计

我们根据近 3 年所完成的大量酒店物业评估工作，初步将酒店类型划分为商务型、公务型、旅游型、娱乐型、便捷 & 民宿客栈共 5 个类型，并将各类酒店、客栈的收入占比进行了统计和分析。我们发现，不同类型酒店的各部门收入占比大相径庭：客房占比最高的酒店类型是便捷 & 民宿客栈，可达 80% ～ 95%；而娱乐型酒店的主要收入来源是餐饮及娱乐，该两项收入占总收入比例高达 50% ～ 80%，客房收入仅占总收入的 20% ～ 30%。商务型及公务型酒店的客房、餐饮收入占比基本相当，但商务型酒店客房收入占比高于餐饮收入，而公务型酒店的餐饮收入占比高于客房收入。其他会议、租赁等收入根据不同酒店的类型及具体情况均有所不同。

同时，我们通过整理与分析各类酒店成本支出中的直接成本、不可分摊之经营费用、管理费用、固定费用在各自相对应的基数的占比，发现酒店的类型对其成本占比的影响并不明显，但是国内酒店品牌与国际酒店品牌的成本控制能力在成本支出占比中有明显的差异。

另外，在过往大量的酒店物业评估工作中，我们发现，无论哪一种类型的酒店，大部分酒店物业从正式营业至收入、支出均趋于稳定的阶段需要 6 ～ 7 年的时间。

其中，刚开始经营的 2 ～ 3 年为酒店的快速增长期，这一阶段入住率及房价在较低的起始基数的条件下，呈高速增长；成本方面由于初期营业收入较低、需要大量的设施购置、人员培训等原因，在开始营业初期呈现较高的占比，但在之后 1 ～ 2 年以较快的速度下降；在这一阶段，酒店净利润率较低，开业头一年或有可能存在亏损。

第 3 ～ 6 年为增长期，在这一阶段，酒店的入住率及房价增长放缓，但仍维持一定的增长比例，至增长期末期入住率及房价基本趋于稳定；而成本方面，在进入增长期的第 3 年已基本趋于稳定，但需要指出的是，由于部分构件及设施的保修期到期，酒店的维护、保养成本或有可能上涨；在这一阶段，酒店的净利润率基本趋于稳定。

当酒店经营至第 6 ～ 7 年，基于建筑物逐渐老旧、部分设施开始陈旧或低于市场水平，以及新增酒店的市场竞争等原因，酒店物业一般需要花费一定的时间成本及资金对酒店本身进行修缮、升级，这一阶段我们称之为大修期。在这个阶段，由于酒店的修缮对酒店住宿、餐饮的体验有一定的影响，可提供住宿、餐饮的空间也在一定程度上被压缩，一般考虑入住率及房价维持不变，或有微小幅度上升或下降。需要指出的是，酒店在大修期间的修缮、升级费用并不是在大修期内一次性支付的，该部分的费用是在酒店经营期内每年通过固定资产计提（大修基金）的名目进行预提，在大修期内支付的。因此大修期内酒店修缮、升级并不会导致净利润率大幅下降。

第8～10年为稳定期，在这一阶段，酒店被市场认可度高，经营收入、支出基本稳定。在刚结束修缮、升级的头一年，酒店在住宿、餐饮的体验及配套设施的配置上均有了较大幅度提升，入住率和房价可考虑有类似于增长期的递增水平，但之后仍应维持相对稳定的水平。

由于酒店处于不同的经营阶段，其入住率、房价及人均消费的未来递增情况均应做出不同的考量，因此在评估酒店物业时，判断评估酒店处于哪一个经营阶段也是非常重要的。我们对一般酒店物业在不同的经营阶段的关键数据及结果指标整理、归纳如下表：

	一般起始比例	快速增长期（头3年）	增长期（3-6年）	大修期（6-7年）	稳定期（8-10年）
房价递增率	-	5% - 10%	3% - 5%	0% - 1%	1% - 2%*1
入住率	30%-50%	期末达50% - 60%	期末至60% -70%	维持不变	稳定在65% - 85%*2
客房直接经营成本	15% - 20%	20%-15% 递减		12%-20%	
餐饮直接经营成本	60% -80%	80% - 60% 递减		40%-60%	
娱乐、会议直接成本	30% - 50%	30% - 50%		30%-50%	
各不可分担费用成本	与直接成本类似，酒店经营初期所占收入比例均较高，快速增长期3年内逐步下降，增长期起基本维持稳定的占比水平*5				
毛利润率	-	20% - 30%		40% - 50%	
净利润率	-	5% - 15%		25% -35%*3	
资本化率	-	-	-		9% - 9.5%
折现率	-	8% - 9%	8.5% - 9%	9% - 9.5%	9% - 9.5%*4

关键参数及结果指标数据统计

四、测算过程中应注意的问题

1. 测算收入应注意的问题

1.1 客房入住率＝实际出租房间 / 可使用房间总数

需注意其中"可使用房间总数"应按全部房间数计算，若委托方提供的数据中已扣减维修房、自用房后的剩余数量计算入住率，则应将该部分数量加回再确认实际入住率。

1.2 酒店类型对实际房价的影响

确定酒店类型后，需注意酒店实际平均房价与挂牌平均房价的折扣关系，一般旅游团入住较多的旅游型酒店，实际房价的折扣水平较低。

1.3 住宿、餐饮的重复计算

需注意客房价格中是否已含早餐费用，若已包含，在餐饮收入中需注意是否已剥离酒店住宿的早餐收入，以免重复计算。

1.4 租赁收入是否计入酒店整体收益

若由酒店管理方统一管理收取租金，则统一计入酒店总体收入，按酒店整体经营计算支出；若租赁收入直接归为酒店业主方，则按商业物业单独计算，并根据租赁物业是否在评估范围内考虑是否累计其价值。

1.5 收益期与归复期的收益率

收益期期末的整体递增率（入住率增长率 × 房价增长率）应不低于归复期递增率。

1.6 其他

注意闰年天数的影响、经营期内是否将增加或减少客房数量、营业面积的影响。

2. 测算支出应注意的问题

2.1 行政费用不与总收入占比挂钩

考虑到行政管理人员的增减不会随着酒店营业额的增减同比发生变化，因此行政管理费用不按酒店总收入固定比例扣减，一般参考营业 3 年后稳定行政费用额度，按每年 5% ～ 8% 比例递增，可参考历史行政费用变化情况；若酒店经营一定时期后增加客房数量，由于行政管理人员不会随之有明显变化，因此并不随客房收益的增长有明显变化，但在增加客房数量当年可考虑较前期更多递增。

2.2 保养维护成本的变动

大部分的支出成本是随着酒店经营收入的递增在逐年递减或维持稳定比例的，但由于酒店开业的前 3 ～ 5 年，酒店部分构件及配套设施仍处于保修期内，在保修期限截止的第二年，应考虑保养维护成本的增加。

2.3 归复期销售费用

在归复期模拟酒店物业净转销的过程中，应考虑 1% ～ 2% 的销售费用。

3. 测算折现应注意的问题

3.1 折现率的确定

除了前文提到的用酒店物业评估中常用的风险累加法（折现率＝无风险报酬率＋行业风险报酬率＋经营风险报酬率＋财务风险报酬率＋其他风险报酬率）来计算折现率外，本篇另外介绍用来计算企业评估中折现率的加权平均资本成本模型，用于探讨该模型用于确定酒店折现率的可行性。

加权平均资本成本模型（Weighted Average Cost of Capital,WACC）在酒店评估中的运用，可假设酒店物业作为独立的可持续产生净现金收益的企业实体作为前提，以酒店的所有者权益和长期负债所构成的投资资本，以及投资资本所需求的回报率，经加权平均计算来获得酒店评估所需折现率的模型。加权平均资本成本用来确定具有平均风险投资项目所要求的折现率更客观，更易获得相关数据的支持，因此酒店利润损益表及资产负债表是十分重要的。

WACC 在酒店物业评估的运用中，公式如下：

折现率＝长期负债所占投资资本的比重 × 长期负债成本（利息率）＋所有者权益占投资资本的比重 × 净资产投资要求的回报率（资本成本）

其中，净资产投资要求的回报率＝无风险报酬率＋风险报酬率

3.2 酒店价值的再次折现

通过酒店经营期净现值累加值＋归复期的净现值＝酒店价值，需要指出的是，这里所得出的酒店价值是基于于估价时点酒店已开业正常经营的基础上的，若酒店还未开业或即将开业，计算得出的酒店价值仅是折现至开业时点的价值，还需将该价值再次折现至估价时点。

3.3 归复期销售费用

在归复期模拟酒店物业净转销的过程中，应考虑 1% ~ 2% 的销售费用。

4. 酒店评估中的几个误区

4.1 酒店单价一定高于周边住宅价格

周边住宅价格为现在时点的销售价格，是一次性回收现金的过程，酒店评估单价反映的是酒店长期整体持有经营、净现金收入折现的过程，两者并不适于直接比较，酒店于估价时点的单价未必高于同期周边住宅价格。

如果周边住宅价格低于酒店单价幅度巨大，则从一定程度反映该区域、城市经济发展及消费水平不高，或需重新评估酒店房价、入住率及相关参数取值是否合适。

4.2 酒店评估总值一定高于酒店总投资

由于新开业酒店未来预期不明朗，评估参数取值需相对谨慎；开业一定年期酒店若经营不善，导致经营收益、利润率较低，也可能导致酒店评

估价值低于酒店总投资。但考虑到酒店建造成本及房地产固有价值，在建酒店物业完工后整体经营价值、预开业酒店、新开业酒店评估价值一般不应低于正常酒店建造成本总额（非总投资，不含财务费用等）。正常酒店建造成本也不应包含酒店业主方因偏好投入的大量对酒店经营、收益无明显增长影响的装修、装饰品、建筑材料的资金投入。

4.3 酒店建造成本与同栋建筑物中的办公物业成本一致

高星级酒店的土建、排水、装修成本一般均高于同等级办公物业的成本。其中，装修部分是由于办公物业装修一般为公共部位装修，而酒店为所有部位全方位装修，且需包含软装、电器、厨卫、门禁等，因此即使处于同一栋建筑内，酒店的总建造成本也比办公物业更高。而因为装修材料的不同，同星级酒店的装修成本差异也很大，具体成本应参考酒店业主方提供的成本预算或决算等造价资料，并根据市场客观水平进行核定。

五、总结

由于酒店物业评估对入住率、客房价格的变化趋势及各部门收入、各项支出的情况对酒店过往经营情况变化趋势有较大的依赖性，同时在取值过程中有较大的主观性，因此更需对市场趋势的变化预判有充足的市场调查、经济数据支持。而酒店物业市场转让少且成交信息不透明，没有太多的可参考项目互相印证，需要长期项目积累；同时由于酒店物业一次性投资大、投资回收期长、经营风险较大、转让变现能力弱的特点，在评估酒店物业时更需由估价师及估价机构谨慎处理。

作者单位：

深圳市戴德梁行土地房地产评估有限公司

第八章
基于 HBase 的房地产评估大数据整合策略

聂竹青 陈智明 陈义明

　　摘　要：针对房地产评估基础数据信息化程度不高、不全、欠准以及实际评估中基础数据使用不够和重要评估参数由经验主观确定的现状，为了加强估价行业公信力，提出了房地产评估大数据的概念；从多年的评估实际出发，分析了房地产大数据的范围和收集方式；在分析传统数据库存储和处理技术缺陷的基础上，提出了基于 HBase 分布式数据库的房地产大数据存储策略。方案的实施对基于大数据挖掘的科学、高效评估具有重要的促进作用。

　　关键词：大数据　房地产　HBase　数据存储

前言

随着互联网技术的出现，无线传感器网络和各种智能手持终端的快速普及，人们产生数据的规模和速度越来越快，出现了数据的爆炸性增长。美国信息经济学的著名学者哈尔·范里安（Hal Varian）对数据和信息的产生速度进行了研究：他估算 2000 年新产生的数据量为 1000P 到 2000P（P 是数据的计量单位，1P = 1024T，1T = 1024G），但到 2010 年，仅仅全球企业一年新存储的数据量就超过了 7000P，而全球消费者新存储的数据量约为 6000P。人类进入了大数据时代[7]。

大数据在科学、商业乃至政治等领域的应用已经得到了广泛的认可，人们正在从基因组大数据揭示生命的奥秘，从商业、社交等大数据获得竞争力，从民意大数据准确地预测到了美国的获选总统。2012 年，美国政府花费 2 亿多美元启动了"大数据发展研究计划"，大数据上升到国家的发展战略。大数据是下一个阶段社会发展的"石油"和"金矿"。无论是个人、企业还是国家，谁能更好地抓住数据、理解数据、分析数据，谁就能在下一波的竞争中脱颖而出。

房地产是人们生产、生活必需的物质资料，涉及国土、规划、房产交易和评估等重要的数据。改革开放 30 多年来，我国的房地产经历了一个快速发展的时期，规模不断扩大，交易异常活跃，房地产评估事业得到了迅猛发展，相关的数据量也急剧膨胀。然而，这些数据相互孤立，整合困难，根本没有得到合理的利用。如房地产评估中，估价师很难用到准确的交易数据，市场比较法评估时只能从以往自己类似的案例中选取比较对象，一些重要的评估参数的确定都是估价师脑海中的经验数据，很少以数据说话。评估结果公信力不够，严重影响估价师的社会形象和地位，影响房地产市场的正常发展。

国内外一些研究机构或公司已经开始整合和利用房地产评估数据，试图实现自动和批量评估[1,3-6]。他们都基于关系数据模型建模，使用传统关系数据库管理系统。对于表示地理信息的空间数据，采用连接数据库的 GIS 地理信息系统开发引擎，将空间数据存入关系数据库中，甚至有的直接使用文件存储图片。传统关系数据库的存储方式有如下问题：

1. 传统关系型数据库大多集中存储，即使是分布存储，也有非常严格的限制，不利于存储容量的大规模扩充。

2. 尽管关系型数据库可以通过阵列和存储网络扩充容量，但对这些存储的访问仍然是集中的，不能利用分布式计算能力，成为数据分析的瓶颈。

一、大数据技术

按照百度百科的观点，大数据（big data），或称巨量资料，指的是所涉及的资料量规模巨大到无法通过目前主流软件工具，在合理时间内撷取、管理、处理，并整理成为帮助企业经营决策等积极目的的信息。

大数据的特点体现在 4 个"V"，或者说四个层面：

第一，数据体量巨大（Volume）。从 TB 级别跃升到 PB 级别。

第二，数据类型繁多（Variety）。像网络日志、视频、图片、地理位置信息，等等。

第三，价值密度低，商业价值高（Veracity）。以视频为例，连续不间断监控过程中，可能有用的数据仅仅有一两秒。

第四，处理速度快（Velocity）。实时分析，立竿见影，而不是事后见效，批量式处理。

最后这一点和传统的数据挖掘技术有着本质的不同。

大数据技术的战略意义不在于掌握庞大的数据信息，而在于对这些含有意义的数据进行专业化处理。如果采用传统的关系数据库存储和计算方式，这些数据将会花费过多时间和金钱。大数据分析常和云计算联系到一起，因为实时的大型数据集分析需要像 MapReduce 一样的框架来向数十、数百甚至数千的电脑分配工作，需要将数据存在先进的分布式数据库如 HBase 中。正在广泛尝试使用的大数据存储和分析平台是基于 hadoop 的开源软件栈，它的体系结构如图 1 所示。

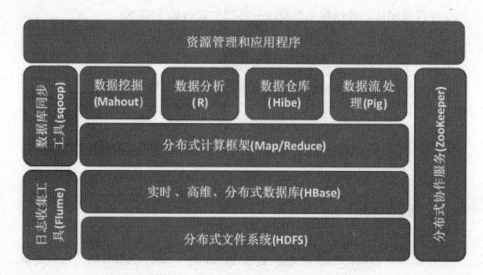

图1 基于 hadoop 的大数据平台体系结构

Figure 1 big data architecture based-on hadoop

HDFS（Hadoop Distributed File System），即分布式文件系统，是整个大数据平台的基础和核心。HDFS 有高容错性的特点，可以部署在价格低廉的硬件设备上。能够按照实际需求很方便扩充文件系统的存储容量。它提供高吞吐量来访问应用程序的数据，适合那些有超大规模数据集的应用程序，是大数据存储和处理的基础[10]。

MapReduce 基于 HDFS 文件系统，采用"分而治之"的思想，把对大规模数据集的操作，分发给一个主节点管理下的各分节点共同并行完成，接着通过整合各分节点的中间结果，得到最终的结果。简单地说，MapReduce 就是"任务的分散与结果的汇总"。

HBase（Hadoop Database），是一个高可靠性、高性能、可伸缩的分布式存储系统，利用该技术可在廉价 PC Server 上搭建起大规模结构化存储集群。它是 Google Bigtable 的开源实现，使用 HDFS 作为文件存储系统，利用 MapReduce 来处理 HBase 中的海量数据。HBase 的表可以想象成一个大的映射关系，每一行都有一个可排序的主键和任意多的列，同一张表里面的每一行数据都可以有截然不同的列，数据是稀疏存储的。列名字的格式是 <family>: <label>，均由字符串组成，每张表有一个固定的 family 集合，但 label 值是可以自由添加改变的。所有数据库的更新都有一个时间戳标记，每次更新都是一个新的版本，HBase 会根据设定的值保留一定数量的版本。可以选择获取最近的版本，或者一次获取所有版本。HBase 的概念视图如表 1 所示 [9]：

表 1 HBase 数据的概念视图

Table 1 the concept view of HBase data

行关键字	时间戳	Column family:c1		Column family:c2	
		列	值	列	值
R1	T6	C1:1	Value2-1/1		
	T5	C1:2	Value2-1/2		
	T4			C2:1	Value2-2/1
	T3			C2:2	Value2-2/2
R2	T2	C1:1	Value2-1/1		
	T1			C2:1	Value2-1/1

二、房地产评估大数据

1. 房地产大数据的范围

基于房地产评估数据的特点，同时也受限于评估方法以及数据现状，数据的范围与组织方式也不相同。如加拿大的 Stephen Foster 和 Stanley Hamilton 在构建不列颠哥伦比亚省的评估机构（The British Columbian Assessment Authority of BCAA）时，将数据组织为产权标识数据、土地数据、住宅改进数据、商业改进数据和销售数据，其他所有数据都挂接在财产标识数据下。IAAO 在《Mass Appraisal of Real Property》中将批量评估数据划分为所有权数据、销售数据、收入和支出数据、成本数据、地图数据（地籍图、税务地图）等，并通过数据清单手册来定义属性特征和格式。耿继进等人根据房地产数据的特征、含义及是否含有空间信息，将房地产评估数据组织为房地产属性数据、房地产空间数据、房地产价格数据和房地产评估参数数据 4 大类 [6]。陈杰雷认为房地产估价咨询数据库的数据来源分为 4 部分 [5]：

1.1 中介房源资料信息、交易信息和评估公司的评估报告；

1.2 政府部门，如统计局、房地产行业协会发布的房地产数据，房地产企业土地购置价格、商品房销售均价等；

1.3 各类相关专业机构（如中国经济统计快报、中国房地产统计年鉴）发布的统计数据，如房屋销售价格指数、房屋租赁价格指数、土地交易价格指数等；

1.4 相关网站抓取的数据。

目前，房地产大数据尚没有一个权威的定义，我们认为：房地产评估大数据是有关房地产的位置空间信息、属性信息、交易信息以及其他与房地产相关的政策、经济信息的集合。本文中我们将以房地产空间数据、属性数据、价格数据和评估参数数据为例说明基于 HBase 的数据建模方式。

2. 房地产大数据的获取途径和技术

房地产大数据的范围很广，涉及国土、规划、房管、房产中介、评估公司和物价等部门或公司，根据实际情况，这些数据可以有如下几种收集方式：

2.1 自整：即将自己公司多年积累下来的数据资料信息化；

2.2 外购：从外部如房地产中介公司购买一些交易数据，这些数据可能比房产管理部门的数据更准确；

2.3 外采：组织人员使用一些工具手段实地采集数据，如后面将阐述的房屋位置点或宗地范围就可以利用现在的智能手机终端轻易获取，如果购买数据的代价高于外采，则可以考虑这种方法；

2.4 搜索：很多房地产信息都发布在网络上，特别是一些行业专业网站的信息尤其丰富，可以利用网络爬虫对这些网站进行垂直搜索，使用现代信息检索技术从中提取感兴趣的数据。

随着大数据在全球利用步伐的加快，各种各样的数据开放联盟相继建立，如香港就已经加入了数据开放联盟，如果内地能够尽快地意识到数据开放的重要性，数据获取费用将大幅降低，可利用的数据将更加丰富多样。

3. 大数据整合需要解决的问题

整合来自不同部门、不同数据库的数据，可能会出现如下问题：

数据不一致：同一个概念在不同系统中有不同的术语，或者同一个术语在不同的系统中表示不同的含义，即使同一个术语，数据的表示形式上可能还是不同，如数据单位的问题。解决这个问题需要建立行业数据标准，开发不同数据之间的转换规则，即元数据。

数据异构：大数据的一个特征就是多样性，除了传统的结构化数据外，还有大量的非结构化数据，如声音和图片等。数据的异构特性阻碍了大数据的综合利用。分布式数据库系统 HBase 为异构数据提供了一种统一的存储方式，为大数据的综合、高效利用提供了技术条件。

三、基于 HBase 的房地产大数据存储策略

房地产评估大数据包括：位置空间信息、房地产属性信息、房地产价格信息和房地产评估参数。房地产属性数据是指土地、楼宇和房屋等房地产实体的物理属性，如楼层、朝向、建造年代等房地产特征信息；房地产空间数据是指与房地产空间位置相关的数据，包括基础地理信息、宗地图、楼宇分布图、地形图等；房地产价格数据是评估的重要可比案例来源，包括买卖价格、租赁价格等。房地产评估参数数据是指与评估方法或模型相关的参数配置信息。

空间数据表示房地产位置信息，是直观显示房地产周围环境的重要手段。空间数据通常以图片数据出现，给存储和利用带来挑战。目前的主要方法是采用 SDE 空间数据引擎技术将空间数据存储在关系数据库中。SDE 是在常规数据库管理系统之上添加的用于实现空间数据存储和管理的中间件，用户可以通过 SDE 技术灵活地利用关系数据库存储管理空间数据[2,6]。这种方法需要勾画各个图层的栅格图片，从关系数据库中读写需要经过 SDE 的转换。本文提出一种基于百度地图表示位置信息的方式，并设计 HBase 表结构。

1. 百度地图表示空间数据

百度地图是百度在线网络技术（北京）有限公司开发的地图产品，除了普通地图的常见功能外，还具有许多强大的功能，如查找周围兴趣点旅馆、酒店、银行、超市等和自然环境如水系和道路，路径规划和导航，最新版还有三维地图、实景图片和卫星遥感实物地图[8]。三维地图和卫星地图如图2所示，从图上可以清楚地看到房地产的位置信息和一些重要属性，为评估提供重要线索。

图 2 百度卫星地图和三维地图

Figure 2 the satellite map and three-dimension map of Baidu

因此，对于房地产的位置信息和一些重要属性，我们只需要在百度地图进行准确定位，然后基于定位从卫星或三维地图实地查看或者搜索周围环境，给评估提供重要依据。本文定义两种重要对象 —— 点和区域来描述位置和范围。

点（point）：地面上某个地点在地图上对应地表示，如某栋楼宇的位置。利用智能手机的移动网络或 GPS 定位，很容易获取某地点在地图上的对应点。

区域（area）：地面上某个范围在地图上的对应表示，如商业区和一块宗地。一个区域可以由一个边界上点的集合来表示。区域可以绕着边界运动，获取足够多的点围成。

利用百度地图提供的强大的 javascript 编程接口，可以很容易地在地图上描出点和区域[8]。

2. 基于 HBase 的房地产大数据存储设计

本节将以城市为单位基于 HBase 对房地产数据建模，按照范围由大到小的顺序设计 HBase 的各张表格，对于每张表，主要设计它的行关键字和组成列族。设计表的顺序如图 3 所示：

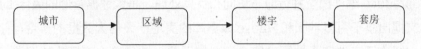

图 3 基于 HBase 的房地产数据建模顺序图

Figure 3 the sequence diagram for real estate data based on HBase

各表的表结构设计如下：

城市：城市 id，属性列族，居住区列族，商业区列族，工业区列族，宗地列族，居民小区列族…

对于每一个区域，建立一张表，如居民小区表结构如下：

居民小区：居民小区 id，区域点集，属性列族，楼宇列族

楼宇：楼宇 id，位置点，属性列族，套房列族

套房：套房 id，属性列族，价格列族，评估参数列族

每张表由固定的列族组成，每个列族可以含任意多个列，是相应元素的一个枚举，如居住区列族枚举所有居住区，每一列表示一个居住区，内容填入居住区表中的居住区 id。在图 3 中，从左到右，左边列族中的列填入右边下级表中的 id。这种设计可以实现如下功能：

2.1 按照从左到右的顺序可以获取一个套房的所有相关信息，查看百度的三维地图和卫星地图，符合人们平时查询房地产信息的习惯；

2.2 由套房的位置点查询其余相关信息，如从百度地图直接选取一个位置的房地产，查询相关信息；

2.3 由于 HBase 的更新实际上是在相应列中插入一条带新时间戳的数据，因此，每张表中都保存了相应对象的历史变更，这些变更很容易查询获取，为房地产相关数据的分析挖掘提供了便利；

2.4 利用百度地图的功能，可以获取某栋楼宇周围的交通、水系和其他

公共设施数据。

3. 前景和展望

百度地图功能日益强大，在每天一定的访问次数内免费使用，它提供灵活、方便的 javascript api，使我们能够开发与空间数据相关的应用，避免了设计 GIS 栅格数据的烦琐工作。HBase 是建立在分布式文件系统上的新型数据库系统，数据分布存储，有很好的容错性和可扩充性，能够使用 mapreduce 编程模型并行分布访问和计算处理，是大数据存储的最佳工具。本文提出基于百度地图和 HBase 数据库的房地产评估大数据的整合存储策略，解决了房地产大数据的整合和存储问题，并且给大规模的数据访问和分析处理开辟了广阔的道路。

参考文献：

［1］陈小祥，赵新平.深圳市房地产信息系统框架研究［J］.计算机应用与软件，2011，28：244 - 246.

［2］车建仁.城市房地产信息数据库设计研究［J］.江西科学，2010，28（5）：681 - 684.

［3］朱斌.房地产信息数据库系统构建与实现：2012 年中国房地产估价师与房地产经纪人学会年会论文集［C］.2012.

［4］丁金礼.房地产市场变化与估价基础数据库建设：2012 年中国房地产估价师与房地产经纪人学会年会论文集［C］.2012.

［5］陈杰雷.房地产估价咨询信息数据库的研究与设计：2012 年中国房地产估价师与房地产经纪人学会年会论文集［C］.2012.

［6］耿继进，张晖.基于 GIS 的房地产批量评估数据库构建研究——以深圳市为例［J］.遥感技术与应用，2012，27：479 - 486.

［7］涂子佩.大数据［M］.桂林：广西师范大学出版社.2012.

［8］百度在线网络技术（北京）有限公司.百度地图 JavaScript API v2.0 开发指南.2013-8-21.

［9］L. George.HBase: the difinitive guide［M］.O'Reilly, 2011-9.

［10］T. White.Hadoop: the difinitive guide［M］.O'Reilly, 2012-5.

作者单位：

聂竹青、陈智明：深圳市鹏信资产评估土地房地产估价有限公司

陈义明：湖南农业大学

第九章
地下空间使用权价值评估探讨

林建漳

　　摘　要： 根据 2007 年出台的《物权法》，地下空间可以设定使用权，也就意味着地下空间权利价值得到了法律承认和保障，也就具备了使用权的权能和价值。本文从专业估价的角度，从地下空间的常见类型、地下空间权利设定、地下空间权的挂牌实例、国外空间权的评估思路、地下空间权的评估实例等方面对地下空间权的价值体现作了比较充分的说明，并提出了自己的见解，具有一定的现实意义。

　　关键词： 地下空间使用权　价值评估

2007 年 10 月 1 日起施行的《物权法》明确提出，可以在土地的地表、地上或者地下分别设立建设用地使用权，这就为空间使用权的设立和估价提供了法律依据，也就意味着不同用途、不同形态的地下空间均可能具备使用权的权能和价值体现。

一、地下空间常见类型

地下空间是指在地球表面以下的天然形成或经人工开发而成的空间。我们讨论的地下空间使用权主要指经人工开发而成的地下空间，其通常分为两类：1. 单建地下空间，指独立开发建设的地下工程；2. 结建地下空间，指结合地面建筑一并开发建设的地下工程。

根据地下空间是否具有收益的特点，我们也可以把地下空间划分为经营性和非经营性（公益性）地下空间。

非经营性地下空间主要有防空设施（防空洞）、交通设施（地下通道、地下轨道交通、地下隧道）、市政公益管线设施、军事工程（地下军事指挥中心、军事光缆、通道、物资储备等）、仓储设施（油库、发电站、变电站、粮库、水坝等公益性设施）。

经营性地下空间包括商业、停车场、办公、仓储和工业、住宅等各种用途的地下场所。其中：

1. 商业用途：分为地下综合体（如商业街、商业城、水下游乐馆等）、通道商场型、节点式地下城。从小类用途主要包括餐饮、休闲娱乐、商场和小店铺、旅馆等。

2. 停车场：包括独立式地下车库和依附地上建筑物的地下室车库，按服务对象可分为面向社会车辆公开服务的社会性停车库和主要为地上建筑物业主和客户配套服务的停车库。

3. 办公用途：作办公用途的地下室通常是出租给地上建筑的物业管理公司，也有部分路段较好的地下室作为快递公司、物流公司等的办公场所。

4. 仓储和工业用途：仓储用途地下室既有市中心区大型百货公司用作货物存储、周转、配送的场所，也有郊区工业企业或物流企业用作原材料和产品存储、周转的场所；工业用途主要是工业企业利用地下室作生产、试验用途。

5. 住宅用途：主要指住宅的地下部分占用的地下或半地下室。

二、地下空间权设立

其实，在 2000 年，国土资源部关于地下建筑物土地确权登记发证有关问题的复函（国土资厅函〔2000〕171 号）就指出"离开地面一定深度单独建造，不能与地上建筑物连为一体的地下建筑物，其土地权利可确定为土地使用权（地下）"。这也就为地下空间权的登记开了绿灯，但是否具有使用权的权能则并不明确。2007 年出台的《物权法》为地下空间权的设立提供了强有力的法律保障，且明确地下空间使用权可以具有使用权的权能和价值体现。据此，我们可以理解地下空间使用权具有以下特点：①可以依法通过出让、租赁、作价出资或入股等有偿方式取得，也可以通过划拨方式取得；②可以与地上使用权包含在一起，也可以单独设定；③签订地下空间使用权设定合同后才能登记。从地下空间登记的面积来看，土地面积确定一般指地下建筑物垂直投影面积。

地下空间权的设立和登记已有实际案例。南京市国土资源局在 2006 年8 月以挂牌方式出让了 3 块包含地下空间权的地块。以鼓楼区湖南路地下商业街项目为例，用地面积：用地总面积为地下 42 290.1 平方米，其中市政配套用地面积 1 596.9 平方米，实际出让面积为地下 40 693.2 平方米；规划用地性质：商业用地；控制指标说明：①地下街的功能定位：商业及停车；②地下主体建筑全长约 1 030 米，地下深度控制在两层以内；根据项目规划设计要点，总建筑面积 49 800 平方米，其中商业建筑面积 43 600 平方米，停车场建筑面积 6 200 平方米，挂牌底价为 1 000 万元。最后成交价为7 700 万元。签订的《国有土地使用权出让合同》与地上国有土地使用权出让合同条款基本一致。

从以上地下空间权出让实例可以看出：①地下空间权与地上空间权可以分开出让；②地下空间权可以参照地上土地使用权，在出让合同里对用途、年期、其他权利没有额外约束；③登记的土地使用权类型明确为"出让国有土地使用权（地下）"。

三、地下空间使用权的价值评估

在设立地下空间使用权并经登记后，就可以进行地下空间使用权价值评估。其主要技术依据仍为《城镇土地分等定级规程》《城镇土地估价规程》《土地利用现状分类》，同时也要根据地下空间的特点在价值影响因素、参数选择和评估方法采取有针对性的分析和测算。

1. 影响因素的选择的差异性。由于地下空间的地质及水文状况、地下深度、垂直区位、地下建筑诸如人防费等优惠措施等因素都对地下空间价值产生影响，同时人流量、面积和容积率等因素对价值影响也很大。地下空间的这些特性都对估价方法中的影响因素的选择、修正体系有重要影响，需要考虑。

2. 参数的选择和取值的差异性。①测算地下空间的经济效益。应特别注重开发项目所在地段的土地价格、地上建筑投资环境和投资收益率、地上空间环境状况对地下空间开发价值和效益的长远影响，更要分析地下空间对地上空间环境改善的效益和战备效益等特殊因素。如对商业用途地下空间估价时，应考虑商业配套设施状况，距离地面道路、地下轨道交通进出口水平、垂直区位等因素。②测算地下空间的开发成本。注意地下空间开发成本与地面地价、建筑物造价的关系。商业性的地下空间开发的成本测算中，有建设费用和地价，而影响地下工程造价的因素主要有政策的影响、建筑物功能设置、工程的管理水平等方面。③容积率的修正。无论地下空间单独出让或与地面上部建筑一起出让，容积率都是重要的修正因素。④确定地下空间权还原利率。可以参考同一地块其地下空间与地上空间同一用途售价与租金的比例关系，参照地上土地还原利率确定。一般认为，地下空间使用权的土地还原利率应该高于地上建设用地使用权的还原利率。

3. 评估方法的确定。从理论上说，根据评估对象可用的空间、权能的大小、市场状况、开发成本以及将来的预期收益，可以采取市场比较法、收益还原法、剩余法、成本逼近法和基准地价系数修正法。而就目前地下空间的开发和利用状况看：

3.1 颁布或可换算地下空间的城镇基准地价，可采用基准地价系数修正法。如：《杭州市人民政府关于积极鼓励盘活存量土地促进土地节约和集约利用的意见（试行）》（杭政 1200522 号）中规定"地下一层土地出让金按市区土地基准地价相对应用途容积率为 2.0 楼面地价的 30% 收取；地下二层的土地出让金按地下一层的标准减半收取；地下三层的土地出让金按地下二层标准减半收取"。

3.2 剩余法（假设开发法）适用于待建的地下空间权评估。其作为首选方法。

3.3 市场比较法在商业用途地下空间评估运用要看地下空间类似交易实例的数量和可比性。目前市场比较案例很少，且各案例之间差异非常大，地价水平之间可比性差，不适合选用市场比较法。

3.4 成本逼近法只对其成本进行估价，没有将其所处地理位置、交通便捷程度等因素对房地产价格的影响考虑在内，商业用途地下空间为收益性建筑，成本逼近法不适合采用。

3.5 收益还原法适用有收益的商业用途地下空间估价。对于已建成使用的地下空间权评估时，收益还原法是首选方法。

基本公式：$P = A/i \times [1 - 1/(1+i)n]$

上式中：P——房地产价值

A——年客观纯收益

i——房地产资本化率

n——收益年期

关键点是客观收益和还原利率的确定。

举例说明：文化广场地下商场价值评估

概况：项目规划地上为公共绿地，地下为商场，地下层高 6 米。现需对地下商场进行出让。该宗地红线外基础设施达到"六通"，红线内达到场地平整状态。

评估方法选择：作为建成后具有收益的地下空间使用权，估价对象规划条件明确，可采用剩余法进行评估。此外，也可考虑采用基准地价系数修正法进行评估。

剩余法运用：

A. 确定不动产总价。因估价对象周围有处于同一供需圈的地下商场出租可比实例，可以采用市场比较法确定所开发不动产出租的纯收益，再采用收益还原法将出租纯收益转化为不动产总价。

若对于同一供需圈内无地下类似物业时，可以选取类似地区地下商城租金与地上商城租金的比例关系，根据评估对象所在区域地上租金，采用市场比较法来确定其客观收益。而对于还原利率，则可以参考同一地块其地下商场与地上商场租金与售价的比例关系，参照地上土地还原利率确定。

B. 确定开发周期和投资进度安排。参照类似不动产的开发过程进行确定。

C. 确定开发成本。建筑成本按照定额确定，按照土建工程一般标准，修建地下工程依深度不同而变化，但基本要高出地面建筑造价几倍。

D. 税费的确定。主要为营业税、城建税、教育附加等税费，应考虑人防费的减免情况。

E. 利润。根据项目土地开发的正常投资利润率确定。

4. 利用史基墨滚动法（Schirmer entwickekten Methods）评估地下空间权价值。

除《城镇土地估价规程》规定的几种评估方法外，国外对地下空间权的评估方法也具有重要的借鉴和参考价值。如德国史基墨滚动法（Schirmer entwickekten Methods），其也能评估各楼层之间的经济价值分配。该方法的原理是将每层楼房的交易价格分别列出，求取其每平方米的价值点数，以之代表各楼层的经济价值。价值点数应视个别价值估算目的、土地位置、用途、建筑物外观等条件，经土地估价委员会加以修正调整，以符合实际情形。

依照史基墨设计的楼层，均为地上1层的经济价值最高，若换算成地上1层为100%效用比率，则各楼层的效用比如表2所示。地上1层的效用远高于其他楼层，其余向上及向下的楼层效用比皆大幅递减，除繁华商业地带的地下1层及地上3层经济价格亦较高之外，其他楼层的差别不大。

表1 史基墨设计的各楼层经济价值表

楼层	混合商业地带		繁华商业地带		办公产地	
	权重	百分比 / %	权重	百分比 / %	权重	百分比 / %
地上5层	11.0	13.04	10.0	8.7	10.0	10.5
地上4层	11.0	13.04	10.0	8.7	10.0	10.5
地上3层	12.0	14.49	15.0	13.0	10.0	10.5
地上2层	12.0	14.49	20.0	17.4	15.0	15.8
地上1层	30.0	36.23	30.0	26.1	30.0	31.6
地下1层	4.0	4.35	25.0	21.8	15.0	15.8
地下2层	4.0	4.35	5.0	4.3	5.0	5.3
合计	84.0	99.99	115.0	100.0	95.0	100.0

表2 史基墨计算的各楼层效用比率

楼层	混合商业地带	繁华商业地带	办公产地
地上5层	35.91	33.33	33.23
地上4层	35.91	33.33	33.23
地上3层	40.06	49.81	33.23
地上2层	40.06	66.67	50.00
地上1层	100.00	100.00	100.00
地下1层	12.15	83.52	50.00
地下2层	12.15	16.48	16.77

作者单位：

厦门市大学资产评估土地房地产估价有限责任公司

第十章
深圳市高层住宅价格与楼层调整体系研究

郑锦前 邱兰

　　摘　要：深圳市住宅市场上，按楼层进行分类，通常可以分为多层、小高层和高层，并且其房地产价格的变化随楼层变化呈现不同的规律。本文主要研究高层住宅，采用单因素回归统计方法，探究其楼层对房地产价格的影响，并尝试得出高层楼层价格修正体系，为房地产楼层修正评估提供参考。

　　关键词：深圳市　住宅　房地产价格　楼层

前言

　　近几年来，随着我国房地产的迅猛发展，房地产抵押、交易、拆迁补偿在社会经济活动中的影响不断扩大，尤其在金融信贷过程中，抵押贷款业务占有相当大的比重，而其中住宅评估占有较大比重。不论是交易评估、抵押贷款评估，还是拆迁补偿评估，评估方法中运用最广泛的是市场比较法，然而市场比较法关键就在于个别因素的修正。在实际评估业务中，对房地产个别因素的修正，主要是凭估价师经验判断打分，主观随意性较大，即使是有经验的估价人员，也难以保证估价结果的客观性、公正性，因此行业内学者和从业人员建议并试图尝试用大量的数据采用定量的方法得到各个别因素的修正值。

　　在众多影响房地产价格个别因素中，楼层因素对房地产价格的影响是非常显著的，尤其是高层住宅，因此本文将对高层住宅楼层因素的修正进行量化探讨分析。

一、高层住宅楼层修正价格模型

　　本文探讨的楼层修正值为每 i 较 i − 1 层楼房价增长的幅度，即楼层层差系数，可以通过对房地产价格进行适当的转化直接求出结果，因此在建立价格模型中，因变量为相对价格，自变量为楼层。下面具体说明变量如何度量：

　　1. 价格的选取及度量

　　楼层的相对价格＝自然层差价格 / 基准价格（基准价格可根据研究人员习惯设定）

　　2. 楼层的选取

　　本研究中为尽可能地减少其他因素对价格的影响，突出自然层差的作用，每个案例均采用同一栋楼同一方位从首层到顶层作为一个样本点数据。

二、数据调查

前文已说明用同一栋楼同一方位从首层到顶层作为一个样本点数据，因此需要调查每栋楼每个朝向从首层到顶层的交易房价情况，即调查每栋楼每个住户交易房价情况，可见本文对数据的要求非常严格，数据的收集是有很大难度的。为了保证研究数据的正确性，本研究数据主要是通过实地调查最后从房地产开发商处获得完整数据的。本次研究共调查 25 个楼盘，每个楼盘选取 1 栋楼交易情况，因此共收集有效案例 100 个。

三、结果分析

每个案例的分析过程是一样的，下面就举例说明案例的分析过程和结果。

该案例属高层住宅，共 24 层，1～3 层为商业，4～23 层为住宅，其中第 24 层仅有 2 户，由于其户型设计特殊及建筑面积较大，单价与其他楼层呈现较大差异，故不作为统计数据录入。经过统计回归分析，结果如表 1、表 2、表 3，散点图拟合如图 1。

表 1 楼层及相对价格表

楼层	4	5	6	7	8	9	10	11	12	13
相对价格	0.0739	0.0885	0.0961	0.1055	0.1178	0.1260	0.1343	0.2197	0.2275	0.2353

楼层	14	15	16	17	18	19	20	21	22	23
相对价格	0.2505	0.2758	0.2858	0.2979	0.3080	0.3181	0.3277	0.3378	0.3554	0.3211

表 2 模型汇总

模型	R	R 方	调整 R 方	标准估计的误差
1	.969a	.940	.937	.0281279

a. 预测变量：（常量）楼层。

表 3 系数 a

模型		非标准化系数		标准系数	t	Sig.
		B	标准误差	试用版		
1	（常量）	−.050	.010		−5.204	.000
2	楼层	.013	.001	.978	20.112	.000

a. 因变量：相对价格

　　从表 1 和表 2 可以看出，楼层与相对价格是显著相关的，并且调整 R
方＝ 0.940，说明模型拟合优度较高，拟合效果较好，即说明本研究函数关
系楼层一个变量就解释了相对价格，基本排除了其他因素对相对价格的影
响。根据表 3，斜率＝ 1.3%，即可求出本案例楼层层差系数为 1.3%，也即
为散点图拟合的直线斜率。

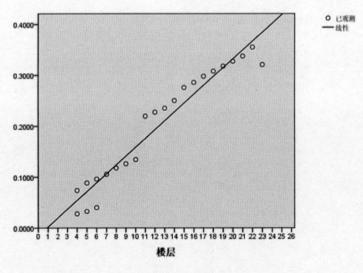

图 1 散点图

　　综合对高层 100 个样本点数据分析，得出样本的层次系数均值约为
0.9%，楼层层差系数变化范围为 0.8% ～ 1.2%。结合深圳市当前高层住宅实
际建议高层住宅楼层修正系数基准值取值为 0.9%，变化范围为 0.8% ～ 1.2%。

四、结论

　　本文通过介绍高层住宅楼层修正的方法，并通过大量的数据调查，定量地分析了高层住宅楼层修正值，得到高层住宅楼层修正系数基准值取值为 0.9%，变化范围为 0.8% ～ 1.2%。希望就定量分析修正体系这一问题与同行共同探讨，并为房地产评估楼层修正提供参考。

作者单位：
深圳市鹏信工程造价咨询有限公司
深圳市鹏信城市经济研究院

第十一章
深圳市现行集体土地征收补偿存在的问题及解决建议

胡军　赵文耿

　　摘　要：在土地征收补偿方面，集体土地补偿价值是依靠政府开会发公文确定补偿标准，用行政命令指挥市场，以此与被征收人达成征收补偿协议，实现低价征地。但在权益意识日益增强的农村集体经济组织及其继受单位和深圳市高昂的地价面前，用传统的征转模式盘活集体土地的思路已然行不通。

　　关键词：征收土地　补偿价值　问题　建议

一、存在问题

1. 补偿价值偏离市场、有失公平

近年来，参与深圳市集体土地征收补偿工作的人都知道，深圳市某区集体土地征收补偿标准为相关"会议纪要"规定的 110 元 / 平方米，该补偿标准最早见于 2009 年某项目的相关会议纪要，即无论是建成区的集体土地，还是园地、山林地等农业用地，均统一打包一口价 110 元 / 平方米，此外，该价格是否包含安置补助费也未明确。虽然我国现行《土地管理法》明确规定，农村集体土地只限于农用或自用，不得转让给非农民主体用于非农建设，尤其对于宅基地的流转，更是严格禁止。但随着深圳改革开放、城市化水平的不断提高，事实上农村集体土地绝大多数通过村集体自建、以租代卖、合作建房等方式流转为建设用地，其市场价值也日益接近国有出让土地的价值水平。更何况在深圳市高昂的地价、地王频出的背景下，加之老百姓自我维权意识的不断提高，笔者认为光靠政府发布公文统一补偿标准，且一实行就是几年不变的政策难以保障公平、公正。

当政府通过征收，将农民集体所有的土地转化为国有后，政府再将其土地使用权有偿转让给开发商时，其土地使用权价格的计算方式是：先进行地价评估，确定标底（或地价底价），然后通过市场竞价方式确定国有土地使用权出让价格。如深圳市某区 2012 年 7 月 4 日成交的某工业用地，出让土地面积为 30 042.42 平方米，成交价为 1 870.62 万元，即 623 元 / 平方米，是 110 元 / 平方米的 5 倍多，如果政府将征收回来的集体土地改变为居住甚至是商业用地，则 110 元 / 平方米的补偿标准与其出让价格更是相差甚远。

2. 补偿范围过窄

根据 2013 年 5 月 1 日开始实行的《深圳市房屋征收与补偿实施办法（试行）》（深圳市人民政府令第 248 号）（以下简称 248 号令）相关规定，目前深圳市集体土地征收补偿范围仅限于对被征收人造成的直接经济损失进行补偿，并不包括由征地行为造成的间接损失，特别是剩余土地和相邻土地的损失、二房东的租赁经营损失和企业遣散员工经费等可以量化的财

产损失和难以量化的附带损失。

从 2004 年开始，深圳市便大范围转地，将农村集体土地转为国有城市化土地，其他历史遗留的农村集体土地也绝大多数通过村集体自建、以租代卖、合作建房等方式流转为建设用地。因此，深圳市现行征地过程涉及的补偿对象不仅仅是村集体和原村民，还包括村集体以租代卖、合作建房等形式存在的继受单位或者外地人。他们在集体土地上建厂房用于生产经营或者出租，有的甚至是承包给二房东，再由二房东进行转租。一旦这些土地面临征收，作为厂房的生产经营者，他们将面临按《劳动法》规定，无条件支付遣散员工的相关费用，而这笔费用在深圳市现行征地补偿政策中是没有体现的。此外，二房东的租赁经营损失和生产经营者因征收行为需重新购买或者租用新场地所增加的额外经济损失也同样得不到政策保障。在龙岗区某项目征收补偿谈判过程中，被征收人拿出了征收前后租赁厂房的合同，证明了前后租赁厂房的租金差额多达 5 元 / 月每平方米，对此征收评估人员也通过市场调查证实了存在租金差额的事实。由此可见，一个 1 万平方米的厂房，若按剩余租期 24 个月计算，承租人未来两年因征收行为需租用新厂房所增加的额外支出是 120 万元，而这笔费用在深圳市现行征收补偿政策中是没有体现的。另外，企业经常提到搬厂过程出现的订单损失和逾期交货的违约赔偿诉求，也是征收补偿工作无法解决的现实问题。

3. 补偿规则由政府单方面制定有失公平

笔者从事征收补偿评估工作将近 7 年，所接触项目的补偿方案几乎都是由征收人单方面制定，被征收人只能在既定的补偿框架内讨价还价，框架外的即便是合理的诉求也因不合规而无法得到相应的补偿。如深圳市执行多年的征收补偿政策中，种植花木的补偿原则都是给予搬迁费补偿。笔者认为是否按搬迁补偿应该尊重被征收人的意见，如果因征收行为的发生，被征收人选择转行或者关门不做生意，这些花木让人家搬往何处。对于房屋室内装修的补偿标准一直以来都是重置成新价，即按实物现实状态进行补偿。但是，从被征收人的角度考虑，房子被征收后，重新购置的房产能装修出原来的成新度么？

二、解决建议

1. 修改征地补偿计算方式，提高补偿标准

政府向农民集体征收土地，是将农民集体土地所有权转移为国有，这实际上是农民集体与国家进行土地所有权交易的行为，农民获得国家的补偿，国家从农民集体那里获得土地所有权。既然是土地所有权的交易行为，那么交易的价格就应与土地的价值相当。那么，政府对农民集体土地的征收，也应当遵循价值规律和经济规律，在实施征地补偿时应先由有资质的评估机构对被征收的土地进行评估，以评估结果为依据来确定征收补偿价格。如条件许可时，还可以以评估结果为依据，再引入市场机制，通过市场竞价方式来确定被征收土地的价格。如此一来，征地补偿的价格会明显提高，即使没有提高，但因其征地补偿的计算方式和程序遵循了经济规律，相对而言是公平的，被征地的农村集体经济组织和农民也就不会有什么怨言。而政府将征收回来的土地使用权进行出让时就不会有什么利润，至少不会有高额利润，因为"高额利润"已经在农民那里。

在现有规划限制和用途管制下，遵循市场经济价值规律，科学合理评估集体土地价值，使其补偿价格与国有出让土地价格在同等条件下具有可比性，对解决当前征地矛盾冲突具有重大意义。

2. 实事求是、统筹兼顾，充分考虑被征收人的合理诉求

征地行为，是国家或者地方政府因某种需要，凭借政府权力将集体土地征收为国家所有的行政行为。从某种意义上讲，是政府的强买行为，被征收人属于弱势被迫的一方，其合理诉求理应得到理解和法律保护。笔者认为只要被征收人提出的诉求是客观存在的，并且是因政府征地行为直接导致的经济损失，征收人就应当给予充分考虑，而不是一切都以政策不支持为理由予以驳回。

近年来，因征地行为引发的矛盾时有发生，群体上访事件屡见不鲜，个别过激自残行为也频频上报。试想，若征收补偿工作能真正做到公平、公正，相信此类问题能得到有效的解决。

在此，笔者呼吁政府从被征收人的角度来考虑补偿问题，在尊重事实

前提下，适度考虑被征收人的合理诉求，适当扩大补偿范围，给予被征收人最大限度的经济补偿。

作者单位：
深圳市鹏信资产评估土地房地产估价有限公司

第十二章
土地发展权价值评估方法探析

伍冠玲

摘　要：土地发展权在发达资本主义国家早已成为一项物权，在我国法律上虽然没有提及，但实际上隐含了土地发展权的存在，在征收征用实践中存在着大量的土地发展权的补偿问题。本文以土地发展权作为研究对象，从土地发展权的产生和特征作了简单的说明，结合国外土地发展权评估方法的介绍和分析，对国内土地发展权的评估方法进行了探讨。

关键词：土地发展权　价格　评估

近年来，随着社会经济的发展、生产力水平的提高、城市化进程的加快，社会对建设用地的需求量越来越大，农地征用变得非常频繁，旧城改造越来越多。然而，目前对征地及国有土地上房地产征收的补偿金额与出让价格相差甚远，作者认为，国有土地上的房地产征收及土地收购价格的补偿，无论是出让土地，还是划拨土地均不包含土地发展权价格，土地收购价格评估只是对原用途的评估，土地收购价格也只是原用途的价格，没有与规划用途或改变用途后的价格联系起来。在经济迅速发展的今天，农地和市地改变用途会产生增值收益，应该把农地和市地发展权考虑到征收补偿中，这样既能丰富土地所有权的权能，也能一定程度上保障被征地农民和被征收人的利益。

一、土地发展权的产生

土地发展权发端于 20 世纪 40 年代的英国，它起源于采矿权可与土地所有权分开而单独出售和支配的构想，当时是为了抑制土地暴利。后来，美国借鉴了土地发展权观念，并将之发挥为土地发展权移转制度和国家购买发展权制度。其目的在于推进土地规划制度的良性运转，以达到保护农地、环境敏感地带、历史古迹和提供开敞空间等公共目的。20 世纪上半叶随着城市化进程的迅速发展，一些主要资本主义国家也相继开始重视土地发展权的问题，对土地发展权做了制度化的规定。

二、土地发展权的涵义和特征

所谓土地发展权，就是指改变现有土地用途求得更大发展机会的权利，即在空间上向纵深方向发展、在使用时变更土地用途的权利。它包括空间建筑权和土地开发权，是一种可以与土地所有权分割而单独处分的产权，并能恰当地反映土地所有权或使用权的行使范围。它既可以与土地所有权合为一体由拥有土地所有权的土地拥有者支配，也可由只拥有土地发展权不拥有土地所有权者支配，它是土地处分权中最重要的权利。

关于土地发展权的概念，国内学术界大致有狭义和广义两种理解。（一）狭义的土地发展权。主张它是土地所有权人将自己拥有的土地变更用途或在土地上兴建建筑改良物（包括建筑物与工事）而获利的权利。（二）广义的土地发展权。广义的土地发展权涉及土地利用和再开发的用途转变和利用强度的提高而获利的权利。土地发展权是指土地变更用途使用和对土地原有集约度的改变之权，土地发展权包括农地发展权和市地发展权。农地发展权是指土地用途由农用地转为建设用地的不同用途使用之权，包括农地发展权——农地变更为非农用地的发展权；未利用地发展权——未利用土地被开发利用的发展权；投入发展权——在农地使用性质不变的情况下扩大投入的发展权和在建设用地上进行建设的发展权；生态用地发展权。市地发展权是指土地原有集约度的改变之权，包括改变土地用途和土地利用强度（包括容积率、开发密度和建筑高度三个指标，主要指容积率）两个方面。

土地发展权作为从土地所有权中分离出来的一项物权，除了具有物权的排他性、支配性、收益性等一般特征外，还具有自身的特点：

第一，抽象性。土地发展权是一种抽象的概念，它是指对土地用途进行变更或者提高土地利用度的权利，不像其他产权存在一个实物性的标志。

第二，潜在性。虽然土地发展权无论在何时何地都已经客观地存在于每一块土地，但是土地发展权的实现是一种对未来土地使用权变更的获利。因此，只有在土地用途能够转变或者土地发展权能够出售的情况下，潜在于土地之上的发展权才能实现。正如周诚教授所言："任何一块农地，都天然地拥有非农开发权，只是农地的用途、位置在客观上决定了它是否可能以及何时实现其非农开发权。"

第三，政策性和工具性。土地发展权的产生是私法公法化和公法私法化的结果。现代社会由于生产力和经济的飞速发展，市场优势地位和垄断日益增多，消费者保护、劳工保护、环境保护、社会保障等社会问题丛生，迫使国家从消极的守夜人转变为积极的干预者。于是作为国家干预的依据和限度的公法规范就日益增多，出现了私法公法化的现象，私法从权利本位向社会本位转变，法国民法上确立的近代民法三项基本原则相应进行了修正：从绝对所有权发展到相对的、社会化的所有权；从契约自由发展到契约正义；从过错责任发展到多种归责原则并存。与此同时，也出现了公法私法化的现象，传统的公法规范中开始运用私法契约去创造具体的法律关系，出现了公法契约、公法上的经营行为，以及以私法方式执行公法任务等现象。就土地权利来讲，私法公法化表现在对土地所有权的限制。也正是由于对土地所有权的限制，彰显了土地用途变更和提高土地利用度的价值，为土地发展权的产生提供了契机。在土地管理方面，公法私法化表现在通过市场机制实现土地管理的公共目的，土地发展权市场的出现正是通过土地发展权移转实现土地用途管制。

我国的土地用途管制制度为土地发展权的创设提供了制度基础。一方面，土地用途管制制度的实施构成了对土地所有权的限制，而对土地所有权的限制为土地发展权的创设提供了契机。另一方面，我国实行严格的土地分区管制和土地规划制度，这就形成了限制发展地区和可发展地区。土地发展权制度的运作需要建立土地发展权市场，土地发展权市场的主体是限制发展地区的土地所有者和可发展地区的土地所有者。限制发展地区和可发展地区的确定为土地发展权市场提供了前提基础。我国传统的土地管理模式为"命令——控制"式，实行严格的土地用途管制制度，现存的农地流失、生态环境恶化等问题便是其运作效果的最好说明。现行土地产权体系的缺陷是土地市场混乱、土地增值利益分配不公的症结所在。以上问题的解决亟须在土地权利体系中引入土地发展权。我国采用物权法定主义，土地发展权作为一项物权，要发挥其功用，必须先在物权法上明确其权利地位。另外，我国建设用地一级市场长期由国家垄断，要建立土地发展权市场恐怕尚需时日。可以先引入土地发展权理念，在农地保护、土地征收中运用土地发展权理念进行利益的公平分配，或者在经济发达地区进行土地发展权移转的试点，待时机成熟时方可在全国范围内推广土地发展权移转制度。

三、土地发展权评估方法探析

土地发展权的价值内涵本质上就是土地用途改变和利用强度的提高带来的土地价值增值。土地价值增值是指由于经济发展的作用和土地投资的改良而形成的地租、地价的上涨。土地价值增值的原因可归结农地非农化过程中农地完全价值及外部性损失收回。农地转为建设用地的土地增值可分为"自然增值"、"人工增值"、"用途转换增值"与"政策增值"四部分,即土地发展权价值(包括农地发展权+市地发展权)=土地增值=自然增值+人工增值+用途转换增值+政策增值。

1. 国外的土地发展权评估方法

农地发展权的本质是土地用途由农业用地转变为建设用地的权利,因此,农地发展权价格的本质是指在农用地转变为建设用地的过程中,在准确评估农用地价格的前提下,由于土地用途变更而引起的价格差异减去土地开发费用后的价格。

国外,土地发展权的价值按变更使用后自然增长的价值计算。在美国,农地发展权的价格等于农地转为建设用地后的价格扣除原农业用途的土地价格的余额。公式如下:

$$P = P_b + P_a + P_c \tag{1}$$

上式中: P——农地发展权价格

P_b——农地转为建设用地的价格

P_a——农地作为农业生产资料的价格

P_c——土地开发成本

美国罗得兰岛州大学丹尼斯教授和杰福利教授结合他人的研究也给出了一个评估农地发展权价格的公式:

$$V_i = \beta_0 X_{i1} \beta_1 exp \left(\sum_{j=2}^{n} \beta_j X_{ij} \right) \tag{2}$$

上式中: V_i——第 i 宗地的发展权价格

X_{i1}——影响第 i 宗地发展权价格的第一个因素即土地面积

X_{ij}——影响第 i 宗地发展权价格的其他因素

这些因素是:宗地所在城镇距州首府所在城市的距离、宗地的临路状况、宗地距最近城镇中心或最近的宗教中心的距离、景观以及时间。

通过对上式两边取自然对数，可求得各要素的相关系数。即用已获得的值即可评估某宗地的发展权价格。

无论用哪一公式评估，农地发展权的价值都是等于农地转为建设用地的全部增值。由于农地发展权属于农地所有者，因此，这一增值自然全部为农地所有者获得。这一增值的分配与市场交易的实际情况相符，即无论是政府还是私人开发商，在向农地所有者购买农地发展权时，农地所有者得到了因让出改为建设用地的机会而失去的全部土地增值。

但这只是土地增值的第一次分配。前文所述的土地增值系由社会经济发展、公共投资、国家规划等诸多非农地所有者因素而引致，因而必须有相当部分在社会与土地所有者之间分割，否则就不公平。对此，各国（地区）通行的做法是开征土地增值税。

2. 国内的土地发展权评估方法探讨

所谓土地发展权，就是指改变现有土地用途求得更大发展机会的权利，即在空间上向纵深方向发展、在使用时变更土地用途的权利。它包括空间建筑权和土地开发权，是一种可以与土地所有权分割而单独处分的产权，并能恰当地反映土地所有权或使用权的行使范围。它既可以与土地所有权合为一体由拥有土地所有权的土地拥有者支配，也可由只拥有土地发展权不拥有土地所有权者支配，它是土地处分权中最重要的权利。我国目前土地征收没有考虑土地发展权，也没有明确提出发展权的概念，但土地发展权事实上是存在的。农民在征地过程中的讨价还价，实际上是农民拥有土地的优先发展权，目前的集体非农用地流转的试点，农民和农村集体经济组织获得了流转收益的绝大部分，实际上也是承认了农民的土地发展权。划拨土地入市后，原使用者有优先购买权，这也是发展权的体现。

2.1 实现农地发展权的途径

在我国，实现农地发展权有两条途径：一是集体农用地依法征转为国有建设用地后，政府以有偿使用的方式将土地供应给用地单位并收取纯收益（如出让金或租金），这部分收益被征地单位和农民不参与分配，但通过这种途径实现农地发展权在用途改变的同时还需农村集体经济组织放弃土地所有权；二是集体农用地依法转为集体建设用地后，集体经济组织将土地以有偿方式提供给建设单位使用，收取纯收益（如租金等），这部分收益基本全部归农村集体经济组织所有，但通过这种途径实现的农地发展权实际上包含了政府投入如市政建设带来的土地增值。综上分析，实现农地发展权的收益必须在农村集体和国家之间进行合理分割，其中，分割给农村集体的农地发展权收益，再加上土地所有权价格，即可用于确定征地区片地价。由于我国法律规定，农村集体一般不得自行将农用地转为建设用地，只能主要用于农用地，从事农业生产。因此，从我国目前经济社会发展水平来看，对于集体农用地的所有权权益，仅通过实际产值贴现来进行测算。集体应得的农地发展权收益测算，可以采取如下两条思路：

思路一：通过国有土地出让纯地租标准量化农地发展权，剥离国家收益后得出集体应得的农地发展权收益。

征地时，土地所有权从集体转移到国家手中，要实现农地发展权，国家不仅要投资建设基础设施和公共建筑，还要保障国土安全，因此被征收后的土地收益应由国家和集体进行分成，将其中属于国家的收益剥离，得出集体收益，加上集体土地所有权价格，用以确定征地区片地价。可以采取如下步骤：第一，测算土地利用总体规划确定的建设用地预留区范围内城市规划确定的工业、商业、居住等各类用地的比例；第二，测算各级别范围内土地的综合纯地租；第三，对综合纯地租进行年期修正；第四，确定国家应得的收益，主要是新增建设用地有偿使用费、出让金中用于农业开发部分、城市建设投入成本等等；第五，从修正后的综合纯地租中扣除国家应得收益，得出集体应得的农地发展权收益。

思路二：通过集体建设用地有偿使用价格量化农地发展权，扣除国家投入得出集体应得的农地发展权收益。

由于农地发展权在城郊已经部分实现，主要体现在集体建设用地的有偿使用，其使用价格可以作为农地发展权量化的标准，但不是农地发展权的全部，这只是在农村集体经济组织手中可以实现的农地发展权。具体可用土地年租金进行贴现，贴现利率可结合实际确定。贴现公式为：$R = a/r$，式中 R 代表贴现值，a 代表年租金，r 代表贴现率。同时，还要考虑国家建设对集体建设用地有偿使用价格的影响进行修正，即从 R 中扣除国家市政基础设施投入即得出集体应得的农地发展权收益。

2.2 评估方法

（1）农地发展权补偿计量法

对于农地发展权补偿，关键是补偿农民应享有的土地增值的损失及土地发展权价值损失：首先应准确测算农转用中的土地增值，其次确定农民对土地增值应分得的比例，即分享系数。而土地增值应为农用地转变为建设用地引起的价格差异减去土地投资者开发费用及利润后的剩余。综上可得下式：

农地发展权补偿值＝农民集体分得比例 ×（建设用地价值－农地价值－土地开发成本）

由于建设用地价值远远大于农地价值，直接决定农地发展权价值的大小，因此农地发展权价值受区位条件的强烈影响。在目前的相关定量计算中，对于研究区的建设用地价值常采用平均值，得到的农地发展权价值单一，也使得不同区位农地的发展权补偿差异无法体现。而那些经济发达乡镇往往水土优良，农地集聚且质量高。相对较高生产成本，当地较多的非农机会，使得农民生产经营积极性不高，比较利益的驱动下耕地保护难度大。所以耕地自然质量、区位条件都较高的区域应该给予更多的补偿。城镇土地分等定级从侧面评价了建设用地价值高低，笔者认为应以类似方法对农地潜在的开发利用价值进行评价，对农地发展权定级，分级别计算发展权价值。

①建设用地价值

建设用地价值随开发用途以及权利状态有多种形式。从开发用途而言，许多学者直接采用工业用地价格，笔者认为城郊农地也有开发为商业、住宅的需求，如现实中的小产权房。另外，一些大城市向着"一个中心多个卫星城"的模式转变，这意味着商业、住宅分布的向外扩散。所以此处建设用地价值应充分考虑用地类型，按照本区域的发展定位（如以工业还是服务业为主）和土地市场实际情况，确定农地开发为不同类型的建设用地的概率，农转非后建设用地价格应按不同用途取加权平均值。从权利状态而言，我国的农用地只有通过土地一级市场才能进行建设开发，故建设用地价值是土地使用权出让价。

②农用地价值

农地市场价值和非市场价值共同构成农地总价值，市场价值是农地的经济生产价值，非市场价值是农地承担的粮食安全价值、生态平衡价值和社会保障价值。因此，农用地价格计算分为三个部分：农用地的经济价值、农用地的社会功能价值和农用地生态功能价值测算。采取不同的测算方法分别计算农用地各部分的价格。最后，将农用地的各部分价值进行合计，就得到了农用地的价格。

A. 经济价值测算

a. 确定主导耕作制度即主要农作物，选用这些主要农作物来计算被征用农地单位面积耕地的纯收益

b. 根据主要农产品单位收益、产量，用单位收益与产量的乘积计算出单位面积耕地的年产值

c. 确定土地还原利率，并将耕地的年产值通过公式 $P = A/r \left[1 - 1/(1 + r)^n \right]$ 计算农地经济价值

上式中：P——农地经济价值

A——单位农地年经济价值收益（此处假设年收益相同）

r——土地还原率

n——得收益的年限

d. 根据征地面积计算所选案例的年经济价值

B. 社会功能价值测算

农用地的社会保障功能价值的测算方法采用安置补助费法，即土地补偿费、安置补助费、青苗和附着物补偿费之和。根据《土地管理法》第四十七条规定和国务院、国土资源部以及省有关文件精神，确定土地补偿费、安置补助费所补偿的以前 3 年平均年产值为基础的补偿倍数。

iii. 农用地生态功能价值测算

对农用地生态价值评估的方法主要有市场价值法、人力资源法、重置成本法、影子工程法和旅行费用法等。本文测算农用地生态功能价值的方法是谢高地等人在 Costanza 等学者估计的各项生态系统服务价值的基础上，假定生态服务功能强度与生物量呈线形关系，提出的适合我国的单位面积生态服务价值。

宗地单位面积的生态功能价值为：$P_2 = V/r$

上式中：P_2——宗地单位面积的生态功能价值

V——宗地单位面积的生态功能年价值

r——还原利率

③两种价值测算中的年期统一

农地发展权价值的年期问题。在我国一级土地市场，建设用地使用、农地以承包经营权获得都是规定了一定年限。由于土地价值主要是由产权期内的预期收益流之和决定，所以建设用地价值、农地市场价值的计算，都与年期有关。而我国建设用地使用权年期住宅为 70 年，而农地承包经营权从 30 年到长久不变。所以计算农地发展权价值时应注意将农地产权年期统一到相应的建设用地。

④确定分享系数

农民集体对农地发展权价值的分享系数。王永慧、严金明在农用地转建设用地的增值收益分配时，采用了国家和农民各占 50% 的比例分配。施组送认为可以借鉴行政划拨土地转让时的利益分配方式来改进征地补偿方式，考虑按国家 60%、农村集体 40% 的比例分享农地发展权收益。笔者认为，征收土地增值税实际上就是国家与土地使用者分享建设用地发展权价值，农地发展权的分享比例可以参考该税税率。该税率为累进税率，即使将四档税金累加，总税金也在土地增值的30%～60%之间。可以此为参考，结合当地的社会经济状况，制定分享比例。

（2）市地发展权评估方法

市地发展权是指土地原有集约度的改变之权，包括改变土地用途和土地利用强度（包括容积率、开发密度和建筑高度三个指标，主要指容积率）两个方面。市地发展权价格实际上就是规划调整补缴的土地出让金。

市地发展权价格＝规划批准改变时的新土地使用条件下土地使用权市场价格－规划批准改变时原土地使用条件下剩余年期土地使用权市场价格

①改变土地用途的市地发展权价格评估方法

有市场比较法、假设开发法、基准地价系数修正法等。

②增加容积率的市地发展权价格评估方法

采用基准地价系数修正法、市场比较法、假设开发法等。

例如，采用基准地价系数修正法主要是以基准地价为基础，运用容积率或楼层修正系数评估市地发展权价格。一定的物业有其特定容率或楼层总数，相对应有一个容积率或楼层修正系数。若增加（或减少）土地利用空间，又会有新的容积率或楼层及相对应修正系数。比较前后修正系数之差，运用基准地价，即可评估出市地发展权价格。计算公式为：

$$P' = P_0 \cdot R \cdot (r_2 - r_1)$$

上式中：p'——市地发展权价格

P_0——基准地价

R——其他修正系数综合数

r_2——增加的容积率或楼层修正系数

r_1——原来的容积率或楼层修正系数

③改变建筑密度的市地发展权价格评估方法

采用假设开发法。

参考文献：

［1］周建春.农地发展权的设定及评估［J］.中国土地，2005（4）.

［2］王顺祥，吴群，黄玲，陈晓熙.基于农地发展权视角的征地区片地价确定研究——以江苏省南通市港闸区为例［J］.中国土地科学，2008（8）.

［3］钟丽萍.将农地发展权引入到征地补偿的初步研究［J］.美佳联评估，2011（2）.

作者单位：

深圳市鹏信工程造价咨询有限公司

第十三章
浅谈深圳市更新用地项目估价

　　摘　要: 从 2004 年 6 月 26 日深圳市人民政府推出《深圳市宝安龙岗两区城市化土地管理办法》,深圳市土地已全部国有化;随着经济的不断发展和人口的大量流入,目前深圳已面临着土地的有效供应紧张,城市更新与产业升级是必然的,因此深圳市人民政府在 2013 年 1 月出台了"1 + 6"文件。土地估价机构面对目前越来越多的城市更新项目用地的评估,参照深圳市规划国土发展研究中心编写的《城市更新项目地价评估操作规程(试行)》,就我们在城市更新项目用地评估中的技术过程进行探讨。

　　关键词: 城市更新　土地评估

一、深圳市城市更新简介

深圳市城市更新的目的在于进一步完善城市功能，优化产业结构，改善人居环境，推进土地、能源、资源的节约集约利用，促进经济和社会可持续发展。

1. 城市更新的概念

城市更新，是指对特定城市建成区（包括旧工业区、旧商业区、旧住宅区、城中村及旧屋村等）内具有以下情形之一的区域，根据城市规划和《深圳市城市更新办法》规定程序进行综合整治、功能改变或者拆除重建的活动：

1.1 城市的基础设施、公共服务设施亟须完善；

1.2 环境恶劣或者存在重大安全隐患；

1.3 现有土地用途、建筑物使用功能或者资源、能源利用明显不符合社会经济发展要求，影响城市规划实施；

1.4 依法或者经市政府批准应当进行城市更新的其他情形。

2. 城市更新的原因

2.1 深圳经济特区成立 30 多年来，经济发展快速，人民生活水平大幅提高，基础设施建设完善，2012 年全市常住人口 1 054.74 万，人们对住房的需求旺盛。

2.2 2020 年，建设用地比例控制在市域面积的 50% 以内，建设用地总规模控制在 97 600 公顷以内，其中城乡建设用地规模控制在 83 700 公顷以内，交通水利及其他土地规模控制在 13 900 公顷以内。城乡建设用地中，城镇工矿用地规模控制在 83 700 公顷以内。到 2020 年人均城镇工矿用地控制在 78 平方米内，在全国特大型城市北京、上海、广州、深圳四城市，深圳的用地指标最低，用地相对紧张。

2.3 面临土地资源的硬约束，深圳实施了城市更新与产业升级并行发展的一系列措施，拓展了产业空间，更新了产业形态，以产业升级作为切入点，带动人口结构、功能配套等要素的全面升级，成为深圳城市更新的重要主题。

3. 城市更新土地评估需要解决的要点

由于城市发展的矛盾，促使深圳要解决土地供应紧缺的问题，而《深圳市城市更新办法》《深圳市城市更新办法实施细则》等政策的出台，较好地解决了城市更新中如何补缴地价的问题。

城市更新包括综合整治、功能改变、拆除重建三类，从三者的基本内涵及操作细则可以看出，土地评估机构可从功能改变及拆除重建两类中涉及土地地价的评估。采用何种估价思路、选取适当的估价方法、合理选取参数是城市更新项目用地评估需要注意的要点，同时要与一般的抵押估价区别开来。

二、土地估价机构的工作范围和要点

1. 工作范围

根据《深圳市城市更新办法》及《深圳市城市更新办法实施细则》规定，城市更新包括综合整治类、功能改变类、拆除重建类三种，其中综合整治类一般不增加建筑面积，确需加建城市基础设施和公共服务设施的，相应的建筑面积部分免收地价。对于功能改变类和拆除重建类的城市更新中原有建筑面积部分，按照基准地价缴纳；对于增加建筑面积部分，以市场地价进行缴纳。故土地评估中仅评估针对市场地价部分土地的土地使用权价值。

2. 评估工作要点

2.1 因城市更新地价评估项目一般土地用途较多，其每种用途都需要测算其楼面价。评估价格为每种用途测算的楼面价与其相对应增加的建筑面积的乘积之和。

2.2 城市更新地价评估项目中一般都涉及保障性住房，在地价评估测算时，增加建筑面积中的保障性住房的面积不计入评估范围，但保障性住房中可分割转让的配套商业需计入评估范围。

2.3 城市更新地价评估项目应按照最高最佳利用原则来确定土地的开发利用方式（特别是商业部分），不得以委托方提供的未经过规划部门审核通过的规划资料为依据。

三、评估中常采用的方法

1. 技术思路

由于城市更新需要评估出宗地内每种用途对应的楼面价，因此首先要获取每种用途对应的规划指标及是否可以出售的信息，然后明确需要评估的剩余年限（拆除重建还是功能改变类的剩余年限不同），最终选取适当的估价方法对各用途对应的土地使用权价值进行测算。

2. 测算方法的选用

根据《城镇土地估价规程》和《城市更新项目地价评估操作规程（试行）》规定的估价方法有收益还原法、市场比较法、成本逼近法、假设开发法、基准地价系数修正法等，并且需要选用两种或两种以上的估价方法。下面就各种测算方法对城市更新用地项目测算是否适宜进行分析。

2.1 市场比较法

根据我们对深圳市招拍挂成交的案例的整理，可以看出：（1）深圳市挂牌出让成交的土地案例一般多为定向出让，有较多的限制条款；（2）宗地对应的每种用途的规划建筑面积及具体的控制性指标信息不完全，对于宗地中的每种用途的楼面价无法剥离出来；（3）在公布的所有案例中，由于大量的为定向出让，拍卖出让案例较少，挂牌成交价格与市场拍卖价格有一定的差异，且比市场拍卖价格偏低。故城市更新地价评估一般难以采用市场比较法进行测算。

2.2 收益还原法

一般地，采用收益还原法测算土地年纯收益有三种方式：第一种为土地直接出租，通过获取土地租金收益扣除土地租赁总费用；第二种为房地出租，通过测算房地产租金收益扣除房地出租中总费用（含管理费、维修费、保险费、税金、房屋折旧）；第三种为企业经营收益扣除经营过程中的各种成本费用。

目前，深圳市较少土地直接出租以获取租金收益的案例，我们在评估工作中主要采用的是第二种方式，即房地出租的方式。在计算房地出租中总费用时，若扣除房屋折旧费，往往最终测算收益结果很有可能会出现负值或价格很低。根据我公司近年来评估的城市更新用地项目，如果在年运营费用中不扣除房屋年折旧费，其测算结果相对较为合理；另外，我们也可以运用各类型房地产所在片区的投资回收期及投资回报率的方式来验证收益还原法测算的结果。因此，可以采用收益法作为城市更新项目用地价格评估的一种方法。

2.3 成本逼近法

成本逼近法是以开发土地所耗费的各项费用之和为主要依据，再加上一定的利润、利息、应缴纳的税金和土地增值收益来推算土地价格的方法。其中土地取得费包括征收农村集体土地和城镇国有土地的土地取得费按拆迁安置费计算。

根据《深圳市宝安龙岗两区城市化土地管理办法》（深府〔2004〕102号文），目前深圳市已完全城市化，已没有农民集体农业用地。

而深圳市征收集体建设用地和国有建设用地的补偿标准相对较低，而目前深圳市土地市场发展较成熟，房地产开发较火热，土地开发后增值收益涨幅较大，运用成本逼近法不能准确地反映其真实的市场价格，故城市更新地价评估不适宜采用成本逼近法。

2.4 假设开发法

目前深圳市的城市更新地价评估大多数为工业用地升级更新为商业、住宅、商务公务、办公和工业科研等类型的项目，一般为拆除重建类的工业区升级改造项目升级改造成住宅、办公、商业等经营性用途的，具有待开发价值，故城市更新地价评估应首选假设开发法。

根据《深圳市工业楼宇转让管理办法（试行）》中第八条规定：非商品性质的工业楼宇，进行整体转让的，应按规定程序报批并按公告基准地价补缴地价；进行分割转让的，还应按市场评估地价标准扣减已缴纳的地价计收应缴纳的地价。以及《深圳市宗地地价测算规则（试行）》第十三条规定：增加建筑面积后商业超出 1 000 平方米以上部分，按照土地使用权剩余期限及产权限制以市场评估地价标准计收地价。增加建筑面积按照土地使用权出让合同约定或经批准可分割销售的，按照土地使用权剩余期限以市场评估地价标准计收地价。因此需要注意《出让合同》或经批准的文件，是否可以分割转让，若可以分割转让可采取市场比较法或收益还原法对建成后物业进行测算。

在测算未来建成后不动产售价时应注意建成后物业是否可售或分割销售，比如商业和科研厂房是只租不售还是可以部分出租和部分出售的情况，住宅、办公和商务公寓为对外出售的情况，只出租部分物业价格应运用收益还原法测算其价格，而对外出售部分物业的价格应运用市场比较法测算其售价。

2.5 基准地价系数修正法

虽然深圳市基准地价为 2013 年 1 月公布，但基准地价主要用途为招拍挂出让土地和补缴地价等政府行为，并且基准地价的价格相对于正常交易的市场价格来比，一般价格都远低于正常的市场价格。但其他评估方法又不适用城市更新地价评估，并且《城镇土地估价规程》中又规定土地评估必须运用两种或两种以上的评估方法，故城市更新地价评估中可选用基准地价系数修正法作为辅助方法。

综上所述，城市更新地价评估中应首选假设开发法，可以选用收益还原法和基准地价系数修正法作为辅助方法来进行验证，然后经综合测算得出估价对象的市场价格。

四、评估工作中需注意的其他事项

1. 关于假设开发法中参数的选取：土地用途应该根据最高最佳利用原则及规划管理部门对该地块的规划，要求分用途对楼面价进行测算，而非产权证上的法定用途进行测算。往往同一宗地上，规划有配套商业、住宅、保障性住房等或其他用途的结合，因此，城市更新项目用地评估时，应考虑单独用途对应的建筑成本、开发利润的选取，而非整体的建筑成本与开发利润。而对其他估价目的的土地使用权价值评估，是将整体的建筑成本、整体开发利润等综合考虑，最终得出的综合地价。

2. 在假设开发测算过程中建筑成本的测算，往往一个宗地中除了计容积率的建筑外，另外有一些不产生收益的建筑以及不计算容积率建筑面积的停车场等，比如社区居委会、警务室、垃圾回收站等，我们需将此类建筑的建筑面积分摊到各用途的建筑中测算其建筑成本。

3. 城市更新地价评估中，若采用基准地价系数修正法作为一种方法，基准地价系数修正法测算的结果占权重最高不得高于 20%。

4. 根据我公司近年来评估城市更新用地项目时的经验，采用收益还原法不扣除房屋折旧时，其评估价值比较接近市场价格。由于我们的估价经验有限，是否扣除房屋折扣对城市更新项目的影响需要大量数据验证。

5. 城市更新地价评估中，三家市场评估机构出具的评估结果相差不得超过 20%（以较小值为基数）。

若出现三家市场机构评估值相互差异超过 ±20%（以较小值为基数），或市场机构评估结果与深圳市规划国土发展研究中心评估结果差异超过 ±20%（以较小值为基数）的情形，由深圳市规划国土发展研究中心组织"城市更新地价评估技术委员会"对深圳市规划国土发展研究中心及三家市场机构的土地估价报告进行审核，报告审核结果须经城市更新地价评估技术委员会成员签字确认。

城市更新地价评估中，假设开发法中的开发商的合理利润率应为成本利润率。

五、估价实例应用

项目情况介绍：位于龙岗区某片区的城市更新单元，根据提供的"深圳市建设用地规划许可证"记载：总用地面积为 51 367.34 平方米，其中建设用地面积为 51 367.34 平方米，建筑容积率≤4.94，建筑覆盖率≤25%，建筑限高为 150 米，建筑面积为 253 800 平方米（其中住宅 238 910 平方米、商业 7 500 平方米、12 班幼儿园 3 200 平方米、社区居委会 200 平方米、社区服务站 200 平方米、社区警务室 50 平方米、物业管理用房 300 平方米、公共厕所 80 平方米、邮政所 150 平方米、垃圾回收站 90 平方米、再生资源回收点 100 平方米、环卫工人作息站 20 平方米），绿地率 ≥ 30%，同时应落实社区体育活动场地 7 500 平方米，机动车泊车位数为 1 953 辆（按照每辆分摊 30 平方米建筑面积计算），公共配套设施应设置在建筑物首层或二层。

根据上述规划条件，可以看出幼儿园、垃圾回收站、再生资源回收点和环卫工人作息站等独立配套建筑合计为 3 410 平方米；地下室和其他不计地价的配套建筑面积为 59 420 平方米（不含体育活动场地）。

	住宅	商业	小计（平方米）
住宅、商业规划建筑面积	238 910	7 500+150+3 000	249 560
住宅、商业比例	95.73%	4.27%	100%
独立配套分摊情况	3 264.48	145.52	3 410
地下室和其他不计地价的配套建筑面积	56 884.25	2 535.75	59 420

估价思路：根据了解，该项目为拆除重建类的更新项目用地评估，根据《深圳市城市更新办法》等，此次宗地应补的地价为增加部分按照市场价格进行补缴地价。故本次估价时按照整体规划，先分别测算出商业及住宅部分的市场评估的楼面单价，并结合原有的"房地产证"及测绘报告的建筑面积，得出各部分增加的建筑面积，从而得出该宗地应补的地价。

估价方法适用性分析：

1. 商业用地估价方法的选择

1.1 估价对象现状有在建工程和空地，具有待开发价值，故本次评估首选假设开发法。

1.2 估价对象属于收益性房地产，未来经营的程度市场化程度较高，未来房地产的价值与收益紧密相连，房地产租金收益较易剥离，故本次评估可选用收益还原法作为另一种评估方法。

1.3 经估价人员市场调查得知，深圳市近 3 年的商业用地成交案例较少，较难收集到可比案例，故本次评估未采用市场比较法；深圳市基准地价为 2006 年公布，距本次评估基准日已过 3 年，并且在此期间深圳市商业用地价格上涨幅度较大，运用基准地价系数修正法测算出的价格已远低于现行市场价格，故本次评估未采用基准地价系数修正法；因估价对象为商业用地，并位于坂田街道繁华区，故本次评估不适宜采用成本逼近法。

2. 住宅用地估价方法的选择

2.1 估价对象现状有在建工程和空地，具有待开发价值，故本次评估首选假设开发法。

2.2 经估价人员查阅深圳市坂田街道的住宅基准地价图得知，估价对象位于基准地价覆盖范围内，故本次评估选用基准地价系数修正法作为另外一种评估方法。

2.3 经估价人员市场调查得知，深圳市近 3 年的纯住宅用地成交案例较少，大都属于有部分商业建筑面积的居住用地，并且经估价人员收集可比案例得知，离估价基准日最近的可比案例是在 2010 年 10 月左右成交，距本次评估基准日时间较长，在此期间深圳市住宅用地地价上涨幅度较大和估价对象的可比性较差，故本次评估未选择市场比较法；因估价对象为住宅用地，并位于坂田街道繁华区，故本次评估不适宜采用成本逼近法。目前深圳市商品房住宅的售价较高，租赁价格相对偏低，运用收益还原法测算的价格偏低，不能准确地反映出其市场价格，故本次评估未采用收益还原法。

以测算商业用地的地价为例：

（1）运用假设开发法进行测算

① 商业物业售价的测算

A. 确定成本中应分摊的配套部分的建筑面积

依据商业和住宅的比例分摊其他配套的建筑面积，经计算得知，幼儿园、垃圾回收站、再生资源回收点和环卫工人作息站等独立配套，商业部分应分摊独立配套的建筑面积为 145.52 平方米，商业部分应分摊地下室和其他不计地价的配套建筑面积为 2 535.75 平方米。

B. 确定其开发利用方式

该宗地的建筑密度为 25%，建设用地面积为 51 367.34 平方米，建筑基底面积为 12 841.84 平方米，该宗地的商业建筑面积为 7 500 平方米，居住小区级文化室的建筑面积为 3 000 平方米，邮政所建筑面积为 150 平方米，本次评估将商业、居住小区级文化室和邮政所设为二层，并且建筑面积均等。第一层均为临街的小商铺。

C. 通过对该区域内周边同类物业销售情况的调查，并考虑到区域内配套设施等因素，同时考虑到项目的开发规模等因素，结合片区未来的发展趋势，运用市场比较法确定房地产的价格。

a. 商业不动产售价的测算

通过应用市场比较法和收益还原法测算出，商业的一层售价为 40 000 元 / 平方米，第二层售价为 20 000 元 / 平方米。

商业综合售价 =（第一层商业建筑面积 × 第一层商业售价 + 第二层商业建筑面积 × 第二层商业售价）÷（第一层建筑面积 + 第二层建筑面积）

= 30 000 元 / 平方米

b. 不动产建成后商品房销售价格和目前的商品房销售价格的分析和预测

本次评估采用的假设开发法（传统）是静态投资测算法，所测算的不动产建成后的预售价格为自估价基准日 3 年后的预测价格；经估价人员市场调查得知，深圳市目前的商品房价格偏高，已出现一定程度的泡沫，但每年有大量的外来人口涌入深圳，其刚性需求较大；目前国家和地方政府出台的政策大多是为了抑制房价。综上所述，估价人员认为深圳市两年后的商品房价格和目前的商品房价格不会出现大的偏差。故不动产建成后的商业均价为 30 000 元 / 平方米。

建成后商业的总售价 =（商业建筑面积 + 居住小区级文化室 + 邮政所）× 商业售价

=（7 500 + 3 000 + 150）×30 000÷10 000 = 31 950 万元（取整至百位）

（2）建筑物开发成本

根据 2012 年《深圳建设工程价格信息》《2012 深圳房地产年鉴》等相关资料公布的有关数据，结合现行建设工程造价的实际情况，在待估宗地上建造标准物业，主体建筑（包括主体内部配建的配套设施）的单位建筑成本为 3 800 元 / 平方米，独立配套建筑的单位建筑成本 2 500 元 / 平方米，则：

拟建商业建筑成本＝主体建筑安装成本 ×（商业建筑面积＋主体配套建筑面积）＋独立配套建筑安装成本 × 独立配套建筑面积

＝［3 800×（10 650＋2 535.75）＋2 500×145.52］÷10 000＝5 046.97（万元）

（3）专业费用

专业费用是指为开发项目进行规划、设计、可行性研究等所发生的费用。按建筑物开发成本的 9% 计，则有：

专业费用＝5 046.97×9%＝454.23（万元）

（4）购地税费

购地税费主要有契税、印花税、登记费等，合计 3.05%，则有：

购地税费＝V×3.05%＝0.0305V（元）

（5）管理费

管理费是指开发企业为管理和组织经营活动而发生的各种费用。按开发成本的 5% 计，则有：

管理费＝（5 046.97＋454.23＋0.0305V）×5%＝275.06＋0.1525%V（万元）

（6）投资利息

以上述建筑物开发成本及地价的合计为基数，结合开发项目的投资规模，设定开发周期为 3 年，利息率按评估基准日执行的 1～3 年（含 3 年）贷款利率 6.15% 计，购地税费率为 3.05%，假设地价是一次性投入，计息期为整个开发周期，假设开发成本费用均匀投入，计息期为开发期的一半，按复利计息，则有：

投资利息＝V×（1＋3.05%）×［（1＋6.15%）3－1］＋（5 046.97＋454.23＋275.06＋0.1525%V）×［（1＋6.15%）1.5－1］

＝0.2022V＋540.97（万元）

（7）销售费用

在销售过程中支出的代理费、广告策划费等，根据本项目的规模，按不动产总价的 3% 交纳，则有：

销售费用＝31 950×3%＝958.5（万元）

（8）房地产销售税费

根据深圳市现行房地产二级市场的税费标准，在销售过程中开发公司支出的销售税费（包括营业税、城建税、教育费附加、地方教育费附加、印花税为转让额的 5.65%），则有：

销售税费 ＝ 31 950×5.65% ＝ 1 805.18（万元）

（9）不动产建成后预征的土地增值税

根据《深圳市地方税务局关于调整我市土地增值税预征率的公告》（深地税告〔2010〕6 号）得知，深圳市从 2010 年 8 月 1 日（征收期）开始调整土地增值税预征率，具体调整如下：普通标准住宅按销售收入 2% 预征，别墅为 4%，其他类型房产为 3%，则有：

不动产建成后预征的土地增值税

＝（7 500 ＋ 3 000 ＋ 150）×30 000×3%÷10 000 ＝ 958.5（万元）

（10）开发商正常利润

根据深圳市近期房地产行业的平均利润率，结合拟建项目的实际情况，估价对象为零星商业，且包含较多的临街商业的分布，其投资利润率水平略高，故取其投资利润率为 40%，则：

开发商正常利润 ＝（地价＋购地税费＋建筑成本＋专业费＋管理费）× 投资利润率

＝（V ＋ 3.05%V ＋ 5 046.97 ＋ 454.23 ＋ 275.06 ＋ 0.1525%V）×40% ＝ 2 310.5 万元＋ 0.4128V

（11）计算宗地总地价

将上述各项代入公式：

V ＝ 31 950 － 5 046.97 － 454.23 － 0.0305V － 275.06 － 0.1525%V － 0.2022V － 540.97 － 958.5 － 1 805.18 － 958.5 － 2 310.5 － 0.4128V

V ＝ 11 512.33（万元）

（12）计算宗地单价

楼面地价＝总地价 ÷ 总建筑面积 ＝ 11 512.33×10 000÷（7 500 ＋ 3 000 ＋ 150）

＝ 10 810 元 / 建筑平方米（取整）。

② 运用收益还原法进行测算

A. 房地产年总收益

根据市场租金情况以及估价对象现状，结合我们的估价经验，最终确定估价对象第一层客观合理综合平均月租金为 155 元 / 平方米。

根据对周边商业分布情况、经营状况和估价对象的楼层、人流量和客户群定位的综合分析，将二楼的租金定为平均月租金 85 元 / 平方米。计算得知，估价对象的一、二层的综合月租金为 120 元 / 平方米，空置率为 5%，押金年收益按 2 个月计算：

房地产年总收益＝房地产年租金收益＋押金年收益

$$= 120×12×（1－5%）+120×（1－5%）×2×3%$$

$$= 1\,368+6.84=1\,374.84（元 / 平方米）$$

B. 年总费用

a. 租赁管理费

按照年租金的 3% 计取，租赁管理费＝1 368×3%＝41.04（元 / 平方米）

b. 房产税

按年租金的 12% 计取，房产税＝1 368×12%＝164.16（元 / 平方米）

c. 营业税及附加

按年租金的 5.6% 计取，营业税及附加＝1 368×5.6%＝76.61（元 / 平方米）

d. 印花税

按年租金的 0.1% 计取，印花税＝1 368×0.1%＝1.37（元 / 平方米）

e. 维修费

按照建筑成本的 2% 计取，建筑成本取 3 800 元 / 平方米

维修费＝3 800×2%＝76（元 / 平方米）

f. 保险费

按建筑成本的 0.2% 计取，建筑成本取 3 800 元 / 平方米

保险费＝3 800×0.2%＝7.6（元 / 平方米）

g. 房屋折旧

建筑物的经济耐用年限为 60 年，土地使用权年限为 70 年，开发周期为 3 年，建筑物建成后的土地剩余年限为 67 年，本次测算假设估价对象在 60 年以后房屋维修状况良好，还可以继续使用，故本次房屋的折旧年限为 67 年。房屋重置成本的测算详看《房屋成本法测算表》。

房屋的年折旧费＝7 538÷67＝112.51（元 / 平方米）

h. 土地使用税

经估价人员查询资料得知，坂田街道的土地使用权价格为 9 元 / 平方

米（土地面积）。

折合建筑面积＝土地使用税 × 土地面积（分摊）÷ 建筑面积（分摊）

＝ 9×2 193.39÷（7 500 ＋ 3 000 ＋ 150）＝ 1.85（元 / 平方米）

i. 合计年总费用

年总费用＝41.04 ＋ 164.16 ＋ 76.61 ＋ 1.37 ＋ 76 ＋ 7.6 ＋ 112.51 ＋ 1.85 ＝ 481.14（元 / 平方米）

C. 房地产年纯收益

房地产年纯收益＝房地产年总收益－房地产年总费用

＝ 1 374.84 － 481.14 ＝ 893.7（元 / 平方米）

D. 房屋纯收益

a. 房屋现值的确定

采用成本法测算出，房屋的重置成本单价为 7 538 元 / 平方米。因本次测算是预测未来房屋建成后的价值，即于估价基准日房屋还未竣工验收，故本次评估房屋的。

b. 房屋还原利率

房屋还原利率按评估基准日时中国人民银行公布的 1 年期存款利率 3%，再加上 5% 的风险因素调整值，按 8% 计。

c. 房屋纯收益

房屋纯收益＝房屋现值 × 房屋还原利率

＝ 7 538×8% ＝ 603.04（元 / 平方米）

E. 土地纯收益

土地纯收益＝房地产纯收益－房屋纯收益

＝ 893.7 － 603.04 ＝ 290.66（元 / 平方米）

F. 土地楼面单价的测算

根据估价对象未来建成后的收益情况预测，本次评估以土地纯收益每年按 1% 递增为前提进行测算，土地还原利率取值比房屋还原利率低 2%，即土地还原利率为 6%。

土地楼面单价＝［290.66÷（6% － 1%）］× {1 －［（1 ＋ 1%）÷（1 ＋ 6%）］（70 － 3）}÷（1 ＋ 6%）3

＝ 4 689（元 / 平方米）

商业部分宗地价格的确定

根据《城镇土地估价规程》要求及估价对象的具体情况，我们分别采用了假设开发法和收益还原法，假设开发法测算的结果为 10 810 元 / 建筑平方米，收益还原法的测算结果为 4 689 元 / 建筑平方米。两种方法测算的结果有较大的差距，但由于假设开发法是根据估价对象周边类似物业的正常售价和开发成本、利润、利息等数据资料测算出来的，理论上能比较准确地反映出估价对象的正常市场价格，但假设开发法以开发为角度考虑土地价值，一般其估价结果较为乐观；而收益还原法是从估价对象未来的租金收益的折现值反映估价对象的价值，其租金收益由于与市场价格之间的平衡处于波动状态，且租金反应一般慢于市场价格的波动，因此收益还原法的估价结果较为谨慎。鉴于两种方法各有侧重，故本次评估取两种方法测算结果的算术平均数，即：

商业用地的楼面地价＝（10 810 ＋ 4 689）÷2 ＝ 7 750（元 / 平方米）（取整至十位）

同理，可测算出住宅的楼面单价＝ 4 900 元 / 平方米

则，根据委托企业提供的"建设用地规划许可证"与原"房地产证"比较，本次共增加建筑面积 143 333.66 平方米，其中商业部分增加了 6 108 建筑平方米，住宅部分增加了 137 027.72 建筑平方米，则：

该宗宗地应补地价＝ 7 750×10 650 ＋ 4 900×238 910 ＝ 125 319.65（万元）

六、小结

1. 就目前深圳市土地市场交易状况，若对于转让、抵押、挂牌等估价目的对项目的市场价值进行评估的，一般皆只能在假设开发法、收益还原法、基准地价系数修正法三种方法中选择。

2. 根据深圳市城市更新的相关政策规定，按照市场价补缴地价的皆为增加建筑面积部分，因此，我们在评估时需要获取具有法定效力的文件，不能是委托企业的假设数据。

3. 由于城市更新项目的用地子用途较多，因此，我们需要分别对各类用途的土地价值进行测算，并注意公共配套部分的成本分摊及各类用途的

价格相互影响，以确定合理的价格。

4.根据深圳市规划国土发展研究中心要求，估价的前提是以熟地条件下的评估。开发商测算实际投入时，还需考虑可能引起的拆迁补偿费及安置补助费等相关费用。

一

参考文献：

[1] 深圳市规划和国土资源委员会.深圳市城市更新办法（深圳市人民政府令第211号）[EB].2009.

[2] 深圳市规划和国土资源委员会.关于印发深圳市城市更新办法实施细则的通知（深府〔2012〕1号）[EB].2012.

[3] 深圳市人民政府.关于优化空间资源配置促进产业转型升级的意见（1＋6文件）[EB].2013.

[4] 深圳市规划国土发展研究中心.城市更新项目地价评估操作规程（试行）[EB].2013.

[5] 深圳市规划国土发展研究中心.深圳市城市更新项目土地估价技术指引（试行）[EB].2013.

作者单位：

深圳市鹏信资产评估土地房地产估价有限公司

第十四章
关于征地拆迁的思考

梁小瑶

　　摘　要: 随着城市建设快速发展，城市框架不断拉大，给地处城郊接合部的农民生活和经济条件带来了新变化、新提高。在征地拆迁中，拆迁工作的每一步都涉及人与人之间的关系，涉及拆迁关系人之间的权利义务，涉及千家万户的切身利益，涉及城市建设的总体布局和城市功能的提高，涉及社会的方方面面。由于目前我国的征收农地、拆建农房制度上和工作中存在着很多漏洞和缺陷，各种矛盾日益显现，严重影响了征地拆迁工作的顺利推进，针对城市建设征地拆迁工作中问题越来越多的现状，结合拆迁经验，具体分析了拆迁问题产生的原因，并提出了拆迁工作的开展思路，以避免干部与群众矛盾激化和上访事件的频频发生，从而使拆迁工作进入良性循环。

　　关键词: 城市建设拆迁补偿　问题与建议

随着城市建设进程的加快，基础设施建设力度加大，旧城改造、棚户区改造、城中村改造等工作的启动，城市建设拆迁工作的数量增加。而随之暴露的问题也越来越多，由此引起的干群矛盾也越来越多，被拆迁户的群发性上访事件也越来越多，成为影响社会和谐的不稳定因素之一。为了配合城市建设进程，必须扫清种种阻碍。以下分析和总结拆迁评估工作中遇到的问题，并提出解决办法。

现状与问题：造成目前征地拆迁难，原因是多方面的，既有政策制度上的，也有工作方法上的，调查发现农村征地拆迁与安置补偿主要存在以下几个方面问题。

1. 产权权属、建筑面积不清。被拆迁房屋土地权属未登记、错误登记、模糊登记、重复登记等现象较为普遍；很少村民房子有办理房产证，其建筑面积只能有测绘人员测量而来，测量数据有波动。

2. 违章建筑大量浮现。"一户一宅"制度不仅是农民实现"居者有其屋"的重要法律命脉，还是限制农民过分圈地，保证宅基地利用节制、稳定的重要工具。但由于农村宅基地管理弱化，造成违建现象严重，近年来在拆迁大量房屋的同时，也涌现了大量的违章建筑。可以说，新产生的违建数量可以与过去几年的拆迁量相提并论。这些违建既有土地违法，也有规划违法，甚至部分地块，户违章建筑率高达 95%。由于违章建筑的建造时间界定困难，导致政策处理难度增大。有在原宅基地上扩建的，有在承包土地上新建的；有将承包地换给他人建房的；更有甚者，提前收到内部拆迁消息，疯狂建房。

3. 房屋性质及用途认定难。过去农村房屋拆迁中以住宅拆迁为主，乱搭建现象较少，相应的住宅与非住宅之间的认定问题也较少。但近年来由于"住宅用房擅自改为工业性或经营性质的房屋，住宅附属用房（农用仓房）、工业性质的房屋擅自改用为住宅性质的房屋，其中甚至还有集体土地改变为国有土地性质的房屋"等改变性质用途用房的大量涌现，在目前国家没有相应的法律规定的情况下，造成拆迁中如何界定房屋性质及用途等问题和矛盾不断积累，使拆迁工作陷入被动。

4. 各自为政的操作弊端在现今拆迁中日益显现。由于各地的经济发展不同，而且拆迁项目所处的地域、环境、位置的不同，所以拆迁没有统一标准可循。因此，除了按国家和政府有明文规定的政策外，各地还另设定或增加补偿标准，所以不同地方有不同的补偿标准。但由于经验不足，方案欠周全，导致被拆迁人之间互相攀比，加剧拆迁难度。

5. 安置房的质量和产权证问题成为拆迁项目新阻点。安置房屋户型不合理和质量问题严重。在近年大量农村房屋拆迁中，安置用房的建造绝大多数是由政府或者拆迁人指定的拆迁单位实施的，由于对拆迁安置房建设的重要性认识不足，致使安置用房在选址、规划、设计、建造等环节上，未作充分的调研、分析和讨论，与被拆迁人的沟通协调工作做得不够，加上房屋建设监管不到位，导致拆迁安置用房建造的户型与群众要求不相符合。小区的档次和房屋的质量也较低劣，群众极不满意。

6. 群众高期望值与政府坚守政策底线之间的矛盾。在拆迁过程中，大部分群众的期望值很高，都希望自己一夜间成为百万富翁，于是与政府讨价还价，迟迟不肯签约。如在确权过程中，一些群众把沿街住宅改成店面，希望政府能按店铺来补偿；一些既成事实的违法建筑，希望政府能按合法建筑来补偿；把猪舍装修成住宅，希望政府能按住宅来补偿。如不能按他们的要求来确权，多数不肯签约，有的甚至相互串联，共同向政府施压。对政府而言，确权和补偿都有规定，不可突破政策的底线，否则会引发连锁反应。

7. 安置房建设滞后与项目快速推进的矛盾。征地拆迁、安置房建设、基础设施配套在项目推进的过程中是互动的，安置房能否及时落实，基础设施配套是否完善，直接影响了拆迁工作的顺利推进。在项目建设中，往往有重项目进度、轻安置建设的现象，有些项目已经开始建设，安置房的用地还没着落。一些拆迁群众眼见为实，不相信图纸，对纸上房屋不踏实，也害怕过长的过渡期会影响生活，客观上也造成了部分被拆迁人拖延时间、滞缓拆迁。

8. 强制拆迁的长周期与项目要求高效率的矛盾。只要有提出法律诉讼的，从裁决到法院强制执行，至少要一年多的时间，使其他拆迁户也觉得"坚持就是胜利"，会把钉子户视作榜样。钉子户欲望无度，贪心不止，个别拆迁户百般阻挠，尤其是一些有社会背景的人，目无政策、目无法律，把集体土地当作私有财产，漫天要价，不达目的誓不罢休，百般阻挠征地拆迁。

思考与建议：每个问题都有它的解决办法，正如每一把锁有其对应的钥匙一样。发现问题，分析讨论，总结一下几个思考与建议的地方。

1．加大法制宣传和教育力度。加大宣传力度，营造拆迁氛围。宣传的声势越大、针对性越强，拆迁的阻力就越小。对中心城市规划区内的农村居民，各级政府和有关部门要运用多种形式加强对城建规划及拆迁法律法规的宣传，教育农民必须服从规划，服从国家拆迁条例，自觉遵纪守法，依法保护自身权益。政府应按规划严格实施建设，职能部门应加强对农村宅基地的审批管理，建立农村人口居住地管理网络，理顺人户分离关系，防止有人多处批地，多头建房，加强对违建、临时搭建的建管，坚决刹住违规占地建房之风。擅自在承包地上建房，改变土地用途的，必须依法收回承包权。坚持规划先行，着力推进农村环境整治、旧村改造、新村建设。

2．逐步完善市场化的拆迁赔偿机制。农房拆迁价格涉及广大农民的切身利益，确定价格应举行由专家学者、有关部门代表、农民代表参加的听证会。价格构成应有一定的材料成本指数弹性。总价格应适当向失地农民倾斜。赔偿政策应适当细化，要考虑合法建筑与违章建筑的区别，严格界定合法与违法，科学制定赔补办法，保护赔足合法的，削减少赔违章的。

3．创新补偿安置机制，确保被征地农民原有生活水平不降低，老有所养。补偿安置要结合实际，可以根据不同情况采取以下方法安置被征地农民。①强化保险安置：经被征地村同意，由农村集体经济组织或被安置人员将部分安置补助费作为养老保障和医疗保险用费，向市社会保险主管部门交纳，按有关规定领取保障金。②鼓励用地单位就业安置，用地单位应优先安置被征地村的失地农民。③慎重使用一次性货币安置。④农村集体经济组织调地安置：通过村内机动地、交回的承包地、流转地及土地开发整理新增加的耕地等，使失地农民继续从事农业生产。具体操作中四种方式可以多选，也可以单选，但单选货币安置要慎重，应结合保险安置进行，防止个别农民老无所养，生活水平下降，成为政府的济困户。

4．规范征地拆迁行为，集约节约用地。政府在审批项目征地拆迁时，应严格征地拆迁程序和手续，严格用途管制，严格规划管理。一方面，严肃查处征地手续不全，补偿安置不到位，利用黑恶势力强拆、恶拆等行为，限定开发时间，超时未开发的，一定要依法收回，防止开发商圈地，牟取暴利，损害人民群众利益。另一方面，严肃查处违反拆迁法律法规，恶意抗法等行为，保护合法征地拆迁。

5．坚守政策底线，坚持公平公正。为切实体现拆迁补偿工作的公平公正，不让老实人吃亏，就必须严格执行政策，坚守政策底线。要"软硬兼施"，对积极配合征地拆迁工作的拆迁户给予奖励、实行越早签约奖励越高方案，但对漫天要价、提不合法和无理要求的钉子户，要选准典型，进行行政强制拆迁。一旦进入行政裁决、行政强迁程序，就严格执行到底，不迁就、不退让。今天严格执行政策，就是为了明天减少钉子户，这个项目与钉子户强硬到底，是为了彻底打破其他群众的跟风心理。

6．坚持安置先行，体现以民为本。要切实从维护群众的角度出发，在项目启动前，事先考虑安排被拆迁群众的安置出路，做到安置先行。加快安置房及配套设施建设，让被拆迁户及时介入，参与设计、建设、管理，让群众吃放心丸。要真心实意帮助村级组织发展壮大集体经济，努力做到与主体项目同步规划、同步报批，消除村干部的思想顾虑，使其能全心全意、全力以赴投入到征地拆迁工作中。

7．强化队伍建设，提高队伍素质。拆迁工作是一项政策性和专业性强、耗时长的工作，要选调善于做群众工作的、有耐心的同志从事拆迁工作；要加大各项工作培训力度，学习征地拆迁补偿安置政策及相关配套政策，不断提高业务素质水平、不断强化拆迁工作人员的事业心和责任心。打造一支抗压强的高素质、精专业的拆迁队伍。

作者单位：
深圳市鹏信资产评估土地房地产估价有限公司云浮分公司

第十五章
坚持房地产估价基本原则
提高房地产估价工作水平

黄新

房地产估价原则是指在房地产估价的反复实践和理论探索中，在认识房地产价格形成和变化客观规律的基础上，总结和提炼出的一些简明扼要的进行房地产估价所应依据的法则和标准，房地产估价原则主要有独立、客观、公正原则，合法原则，最高最佳使用原则，估价时点原则，替代原则，谨慎原则。谨慎原则是仅在房地产抵押估价中应遵循的特殊原则。

　　房地产估价原则可以使不同的估价师对于房地产估价的基本前提具有认识上的一致性，对于同一估价对象在同一估价目的和同一估价时点的评估价值趋于相同或近似。因此，每一位房地产估价师都应当熟悉并正确理解房地产估价原则，一旦正确掌握了房地产估价原则，可以收到事半功倍的效果。

　　现结合多年房地产评估工作的实践，谈谈对房地产估价主要原则的理解。

一、房地产估价独立、客观、公正原则

　　1. 要求房地产估价师站在中立的立场上，评估出对各方当事人来说均是公平合理的价值：独立要求估价师要凭借自己的专业知识、经验和应有的职业道德进行估价，而不受任何单位和个人的非法干预；客观要求估价师要从客观实际出发，反映事物的本来面目进行估价，不带自己的好恶、情感和偏见；公正要求估价师要公平正直地进行估价，不要偏袒相关当事人中的任何一方。

　　2. 该原则的实践要求

　　一是要求估价机构应当是一个不依附于他人、不受他人束缚的独立机构；二是要求房地产估价机构和房地产估价师应当与估价对象、委托人及估价利害人之间没有现实的或潜在的利益关系（除了收取估价费），否则应主动回避；三是要求估价机构和估价师在估价中不应受委托人等外部因素的干扰，不应屈从于外部压力；四是估价师还必须具有良好的职业道德，不能受任何私心杂念的影响。

　　3. 该原则在估价操作层面的要求

　　估价师应进行换位思考，以各方当事人的角色和心态来考虑评估价值；然后估价师再以专家身份来反复、精细地权衡评估价值，得出一个对各方当事人来说均为公平合理的评估价值。

二、房地产估价合法原则

　　合法原则要求房地产估价应以估价对象的合法权益为前提进行。房地

产估价必须以房地产的合法使用为前提，此即合法原则。如在评估时涉及房地产的用途、土地的容积率、覆盖率、建筑高度和建筑风格等，这些都必须符合《城市规划法》《土地管理法》《建筑法》及《税法》等，否则将导致错误的评估。

合法权益包括合法产权、合法使用、合法处分等方面：

1. 在合法产权方面，应以房地产权属证书和有关证件为依据。现行的土地权属证书有"国有土地使用证""集体土地所有证""集体土地使用证""土地他项权利证明书"四种；房屋权属证书有"房屋所有证""房屋共有权证""房屋他项权证"三种；统一的产权证书有"房地产权证""房地产共有权证""房地产他项权证"三种。

2. 在合法使用方面，应以城市规划、土地用途管制等为依据。例如，如果城市规划规定了该宗土地为居住用途，即使从其坐落位置、周围环境等来看，适合用作商业用途，但也必须以居住用途为前提来估价，除非申请变更为商业用途，而且能够获得批准。

3. 在合法处分方面，应以法律、行政法规或合同（如土地使用权出让合同）等允许的处分方式为依据。处分方式包括买卖、租赁、抵押、典当、抵债、赠与等。

三、房地产估价最高最佳使用原则

所谓房地产估价最高最佳使用原则，是指评估房地产价格时，应按房地产在最有效使用情况下所应具有的最佳效用或所能产生的最高收益，来判定其市场价格或所要求的其他评估价格。房地产估价最高最佳使用原则必须符合四个标准：法律上许可、技术上可能、经济上可行、价值最大化。另外，最高最佳使用不是无条件的最高最佳使用，而是在法律（包括法律、行政法规、城市规划、土地使用权出让合同等）许可范围内的最高最佳使用，这也是合法原则的要求。

在评估过程中所以要坚持最高最佳使用原则，主要原因有如下四个方面：

1. 同一房地产用途不同，其价格也不相同。

2. 即使房地产的既定用途合理，但由于种种原因其效用或收益也可能没有充分发挥出来。这样，如果按现有的使用情况进行评估，将导致低估其价格。如某宾馆甲，因经营管理不善，年纯收益为 500 万元，而邻近的且规模与档次相同的另一宾馆乙，其年纯收益则高达 700 万元。若宾馆的资本化率为 10%，则直接按照两个宾馆的实际纯收益估算其价格，分别为5 000 万元和 7 000 万元。因此，直接根据现有的使用情况来评估宾馆甲，将低估其价格约为 2 000 万元，这样的评估显然是不合理的，是难以令人信服和接受的。

3. 当房地产的现状限制其最有效使用时，将造成房地产的价格降低。为了确定其减价额，也要判定其最有效使用情况并与之进行比较。

4. 因社会发展或城市建设的需要，房地产将会改变目前的用途。

房地产估价师在应用最高最佳使用原则进行房地产评估时，必须判定其使用情况是否为最有效状态及其限制有效利用的程度。衡量房地产的使用现状是否为最有效利用主要是根据制约房地产价格的均衡法则、收益递增递减法则、适合法则以及变动法则等进行衡量。

坚持最高最佳使用原则，还要注意下述五种情况：

4.1 认为维持现状持续使用（或经营）仍然妥当时，按维持现状持续使用（或经营）进行评估。

4.2 认为改变用途更为妥当时，应按转换用途后的情况进行评估。

4.3 认为装修改造但不转换用途更为妥当时，应按装修改造后的情况进行评估。

4.4 认为装修改造并转换用途更为妥当时，应按装修改造并转换用途的情形进行评估。

4.5 认为拆除建筑物更为合理时，应按拆除的情形进行评估。

四、房地产估价替代原则

在房地产估价上，无论以何种估价方法为主，在最终估价额的决定上，一般都要有相近或类似的市场交易实例、收益实例及开发实例作为比较参考，这是评估过程中不可缺少的依据。

房地产估价替代原则是以房地产之间存在着某种程度的替代性为基础的，如果替代性较强，则该实例作为评估依据的参考价值就较大。因此，房地产价格在客观上所遵循的替代原则是相关比较原则的基础，而相关比较原则则是替代法则在估价作业上被普遍遵循的保证。在房地产估价上，坚持房地产估价替代原则不仅可提高评估结果的准确性，而且因为它给出了现实依据，是提高评估结果的说服力、可信度和权威性的有效方式。

房地产估价替代原则要求房地产估价结果不得明显偏离类似房地产在同等条件下的正常价格。类似房地产是指与估价对象处在同一供求范围内，并在用途、规模、档次、建筑结构等方面与估价对象相同或相近的房地产。同一供求范围是指与估价对象具有替代关系，价格会相互影响的房地产所处的区域范围。

在实践中对替代原则关于具体的房地产估价要求有如下两个方面：

1. 如果附近有若干相近效用的房地产存在着价格，则可以依据替代原则，由这些相近效用的房地产的价格推算出估价对象的价格。

2. 不能孤立地思考估价对象的价格，要考虑相近效用的房地产的价格数值。如：单就一宗房地产的估价结果来看似乎有道理，但当把它与其他房地产的价格或估价结果同时拿来看时却显得不合理，没有一个合理的价格差。

五、房地产估价的估价时点原则

在估价作业上，必须假定市场情况停止于某一时点，所有评估资料的分析及运用均应以该时点为基准。这就是估价时点原则。估价时点也被称为评估基准日，它是指决定评估对象房地产的估价额所指的具体日期，通常以年、月、日表示。在房地产估价上若不以估价时点为基准日，则因市场的变动会出现很多混乱，如供求状况分析、价格影响因素分析、区域因素分析、个别因素分析以及对房地产的用途是否合理的分析和房地产投资或改造的合理性分析等。因此，坚持估价时点原则不仅是保证估价作业顺利进行的前提，也是在房地产估价上遵循房地产价格的客观法则。

房地产估价的估价时点原则要求房地产估价结果应是估价对象在估价

时点时的客观合理价格或价值。估价时点原则强调的是估价结论具有很强的时间相关性和时效性。相关性：这主要是考虑到资金的时间价值，在不同的时间点上发生的现金流量对其价值影响是不同的。时效性：这主要是考虑到房地产市场价格的波动性，所以估价结果是指估价对象在估价时点的价格，不能将该估价结果作为估价对象在其他时点的价格。

六、房地产估价的谨慎原则

房地产估价的谨慎原则是仅在房地产抵押估价中应遵循的特殊原则。它要求在存在不确定性因素的情况下做出估价相关判断时，应当保持必要的谨慎，充分估计抵押房地产在抵押权实现时可能受到的限制、未来可能发生的风险和损失，不高估假定未设立法定优先受偿权利下的市场价值，不低估房地产估价师知悉的法定优先受偿款。

综上所述，房地产评估师和评估工作人员在房地产评估工作中要认真理解和领会房地产评估各种原则的内涵，必须坚持房地产评估的基本原则，才能不断提高自己的房地产评估工作水平。

作者单位：
深圳市鹏信资产评估土地房地产估价有限公司梅州分公司

第十六章
地役权价值评估的几点心得

胡元龙

　　摘　要：地役权是一种用益物权，是为了提高自己不动产的效益而按照合同约定利用他人不动产的权利。既然在利用他人不动产的过程中能提高自己不动产的效益，就说明地役权是有价值的，在签订合同时必须进行量化，所以地役权是需要的，也可以进行评估的。

　　关键词：地役权　价值　评估

　　随着社会的进步与发展，不断涌现出新的事物，我们在评估中，也会不断遇到新的问题，对我们估价师的要求也越来越高。如，随着《物权法》的颁布实施，许多土地所牵涉的产权形态小于整个权利束，估价师需要对土地的部分权利进行估价。例如，如何评估用益物权中的地役权，就是估价师们面临的一个新课题。

　　要评估地役权，首先就要弄清楚地役权的概念和地役权与相邻关系之间的区别。

　　地役权是一种用益物权，在《物权法》定义中，地役权是为提高自己不动产的效益而按照合同约定利用他人不动产的权利。其含义有三：其一，是为提高自己不动产的效益；其二，是按照合同约定；其三，是利用他人不动产的一种权利。

　　不动产相邻关系，是指两个或者两个以上相邻的不动产所有人或占有人，对各自所有或者占有的土地、房屋、道路、水源、沟渠、管道等不动产在使用、收益时，相互之间应当给予便利或者应当接受限制而发生的权利义务关系。

　　《物权法》中规定，不动产的相邻权利人应当按照有利生产、方便生活、团结互助、公平合理的原则，正确处理相邻关系。具体来说，在相互毗邻的不动产的所有人或者使用人之间，任何一方为了合理行使其所有权或使用权，享有要求其他相邻方提供便利或是接受一定限制的权利。相邻权实质上是对所有权的限制和延伸。

　　地役权与相邻权之间的区别，主要在于，地役权是为提高自己不动产的效益，要按照合同的约定，而相邻权则是为满足自己不动产使用的基本要求，是法律强制性规定的，无须签订合同，如通行权，通风、采光和日照权及取水排水权等，如果一方不提供便利，则另一方无法正常使用自己的不动产。

　　地役权，如果没有签订合同、没有征得供役方的同意，供役方可以拒绝需役方的要求，而相邻关系，则是提供方便一方不可拒绝的，是法律上强制规定的。

　　下面主要就地役权中的通行权与景观权，来阐述一下地役权与相邻关系的区别。

　　比如相邻的 A、B 两宗地，在规划中，A 宗地已有一条道路出入，但相对较绕、不是很方便，如果通过 B 宗地另外开辟一条通道，则 A 宗地不仅出入更为方便，而且能提升 A 宗地上物业的使用价值。在这种情况下，A 宗地必须先征得 B 宗地的同意、签订合同并给予 B 宗地适当补偿，否则，B 宗地可以拒绝。这就是地役权中的通行权问题。

同样，相邻的 A、B 两宗地，如果 A 宗地没有规划出入的道路，其只有通过 B 宗地才能与外界联系，则 B 宗地必须提供方便，也无须签订合同，这就属于相邻关系的范畴。

又如某甲房地产开发公司拍得某市区河畔一块土地，准备以"观景"为理念设计并建造一所高层观景商品住宅楼。但该地块前面有一幢平房加工厂，为了该住宅楼业主能在房间里欣赏河畔风景，双方约定：加工厂在30 年内不得在该土地上兴建三层高以上建筑；作为补偿，甲每年向加工厂支付 20 万元。这就是地役权中的景观权问题。

同样，如果加工厂恰巧在甲公司住宅楼的南面，为了住宅楼业主的通风与采光问题，甲公司可以要求加工厂在改建时，必须保持好与住宅楼的间距，以保证住宅楼底层住户在冬至日拥有不少于 1 小时的日照，这就属于相邻关系的范畴。

在分清了地役权与相邻关系后，那么，地役权的价值如何体现、怎么评估呢？

从地役权的定义可知，地役权的设立，可以提高需役地的效益，直观地看，需役地效益的提升部分，应当就是地役权价值的体现。

从价值的角度看，地役权的设立包含了对供役地使用权的限制，从而在一定程度上会减少供役地的价值，另一方面，地役权的设立能增加需役不动产的效用，从而在一定程度上增加需役不动产的价值，故笔者认为，评估地役权价格时遵循的首要原则应该是贡献原则。因为任何人都不愿为地役权的设立付出高于其所贡献价值的价格，也没有人会愿意在自己的不动产上设立地役权，因为设立地役权而导致的不动产减值时，那么他得到的补偿就低。

仍用上面 A、B 两宗地的例子，设在 B 宗地上另辟通道之前，A 宗地上物业的价值为 P_1，在 B 宗地上开辟通道之后，A 宗地上物业的价值提升到 P_2，又，在 B 宗地上开辟能满足 A 宗地需求的道路，要花费的费用 M_1。B 宗地因开设该道路而造成物业的贬值为 M_2。B 宗地因多开设了一个出入口而增加的日常管理与维护费用为 M_3，则，设立该地役权后，A、B 宗地上物业的净增值为：

$$P = (P_2 - P_1) - (M_1 + M_2 + M_3)，即为该地役权的价值。$$

当然，在实际应用中，我们仅评估出地役权的价值来是不够的，还要涉及一个地役权价值的分配问题。

地役权的设立，需要签订合同，合同中就要涉及地役权价值的分配问题。沿用上例，如果所设立地役权的价值 P，全数补偿给 B，那该地役权的设立相对于 A 来说就没有任何意义了，A 也就不会来寻求设立地役权；同样，如果该地役权的价值全部归 A 所有，则 B 也就会因不愿意做嫁衣裳而拒绝供役，该地役权也就无法设立。只有找到一个平衡点，达到双方共赢，这设立地役权的合同才能签订下来。也就是地役权价值的分配问题。

在该例里，如果新开辟的道路 A、B 两宗地都要使用，则可根据对新辟道路的利用率来分配所设立地役权的价值即净增值部分；如果新开辟的道路 B 宗地利用不上，只有 A 宗地可用，则只能在签订合同时协商解决。一个原则是，相对于 A 宗地来说，其请求设立地役权所付出的代价，应当低于因地役权的设立而给 A 带来的物业净增值；相对于 B 来说，其同意设立地役权所得到的补偿，应当高于因设立地役权而给其造成的价值减损。

下面，我以在评估工作中遇到的一个实例，来阐述一下我对地役权评估的理解。

本次估价对象为深圳观澜湖高尔夫球会有限公司（简称"深圳球会"）A933-0001 号宗地十年（自 2007 年 10 月至 2017 年 9 月止）地役权。深圳球会 A933-0001 号宗地位于深圳市观澜街道高尔夫大道，东近君新路，南有观平路，西临观光路，北临高尔夫大道；委托方（深圳观澜湖房地产开发有限公司）的 A933-0052、A933-0051、A933-0050、A933-0049、A933-0062、A933-0064 共六宗土地位于深圳市宝安区观澜街道高尔夫球场内，宗地上建有观澜湖高尔夫大宅，销售面积 115 682.54 平方米。观澜湖高尔夫大宅穿插围绕各高尔夫球场布置，房屋前后有庭院，在阳台上可坐观世界级高尔夫球赛，视野开阔、景观怡人；业主出入，也穿行于各球场之间，空气清新、环境幽美。得益于观澜湖高尔夫球场，观澜湖高尔夫大宅也就成了身份与地位的象征，其售价也就高于球场外同级别的房屋。所委托评估的，就是深圳球会 A933-0001 号宗地作为供役地、委托方合法拥有的编号分别为 A933-0052、A933-0051、A933-0050、A933-0049、A933-0062、A933-0064 共六宗土地作为需役地所设立的深圳球会 A933-0001 号宗地十年（自 2007 年 10 月至 2017 年 9 月止）地役权的价值。

首先，根据委托方提供的《地役权设立意向书》，确认委托方与深圳球会拟设定如下地役权：

深圳球会以 A933-0001 号宗地为供役地，该宗地上已建成一座 18 洞世界杯高尔夫球场；宗地期限至 2034 年 8 月 14 日。另外，深圳球会的经营期限至 2032 年 7 月 20 日。

委托方以其合法拥有的编号分别为 A933-0052、A933-0051、A933-0050、A933-0049、A933-0062、A933-0064 共六宗土地为需役地，根据其"深圳市房地产预售许可证"，权利人为深圳观澜湖房地产开发有限公司，土地使用年限为 70 年，从 1994 年 11 月 14 日至 2064 年 11 月 13 日止。

我在评估深圳观澜湖别墅地役权价值时，就是依据前述贡献原则，假定在高尔夫球场外有一栋别墅 A，与球场内的某栋别墅 B 无论外形、层高、结构、装修、布局、朝向等完全相同。我们首先运用市场比较法，选用高尔夫球场外的案例，进行比较修正，评估测算出别墅 A 在球场外一定范围内不同位置的价值区间，然后将其与球场内别墅 B 的价格或同类型别墅的销售均价进行对比，得出差价区间（即其增值部分）E；然后求出供役地深圳球会为设立这个地役权而额外付出的费用（如管理费、物料损耗费、人工费等）F；E 与 F 的差值部分，即为设立该地役权的价值，为供役地与需役地所共享，最后运用分配法，按照需役地与供役地深圳球会对所设立地役权的道路、景观等内容的利用率，对 E、F 的差值部分进行分配即得到所设立地役权的价值。设委托方（需役地）对供役道路与景观等内容的利用率为 K，则深圳球会为供役地向需役方土地设定的地役权的价值 P 为：

$$P = K \times (E - F)$$

其中：P—— 设立的地役权价值

E—— 设立地役权后，需役地房地产的价值增加额

F—— 为设立该地役权，供役地额外增加的费用

K—— 为需役地对设立地役权内容的利用率

依据上述技术思路，我们测算出深圳球会 A933-0001 号宗地作为供役地，委托方的 A933-0052、A933-0051、A933-0050、A933-0049、A933-

0062、A933-0064 共六宗土地作为需役地所设立的深圳球会 A933-0001 号宗地地役权的总值为 404 889 000 元～ 485 866 700 元之间。

当然，地役权不仅仅包含通行权、景观权，还包括相邻关系中所涉及的取水权、排水权等，只要不是不利用供役地就不能正常生产生活、而利用供役地却能提升自己不动产的效益的权利，都可以通过签订合同，设立地役权。

必须提醒的是：一、地役权既是用益物权的一种，就应当到相关部门去登记，未经登记的地役权，不得对抗善意第三人；二、地役权不得单独转让、不得单独抵押；三、经登记的地役权，其权利和义务随不动产的转让而转移；四、地役权的设立是有期限的，物权法规定，地役权的期限，不得超过土地承包经营权、建设用地使用权的剩余期限。

以上为本人在这次评估观澜高尔夫球会地役权过程中获得的几点体会，纯属个人观点，在此提出，以期抛砖引玉。

作者单位：
深圳市鹏信资产评估土地房地产估价有限公司

第十七章
收益还原法在酒店物业估价中的应用浅析

李伟杰 韩建立

　　摘　要：作为房地产估价中三大基本方法之一的收益还原法具有较强理论基础，可适用于收益或潜在收益的房地产估价中。但在收益还原法中，如何确定房地产的净收益、房地产成本费用、投资报酬率的确是难点，本文通过分析酒店类物业，尝试对估价中所需的各项参数，主要是报酬率的取值进行研究，并以实际案例探讨收益还原法在酒店类物业的应用。

　　关键词：收益还原法　酒店类物业　报酬率

目前，我国房地产估价市场常用的评估方法有市场比较法、收益还原法、成本法和假设开发法等方法，而假设开发法评估具有收益或潜在收益的房地产中也经常使用收益还原法作为其补充进行测算房地产总价值，所以收益还原法特别适用于具有收益或潜在收益的房地产价格评估中，但是实际应用中由于纯收益以及资本化率等关键参数难以确定，一直应用得不多。随着市场经济的持续发展和估价对象的多样化，酒店类物业有着很大的潜在评估需求，本文结合酒店类物业的行业特征，对净收益、成本费用在实践中所包括的内容进行分析，重点探讨报酬率取值应注意的问题。

一、酒店类物业的定义及实践中操作的难点

本文中的酒店类物业从属于商业地产的一种，通常指提供住宿作为其主要营业收入，同时提供各种餐饮、娱乐、休闲等服务的房地产形式，从经营模式、功能和用途上区别于普通住宅、别墅等房地产形式。主要包括休闲度假村、酒店式公寓、星级酒店等，运营模式一般采用租多售少、只租不售。由于估价对象的独特性，市场上同类型的成交案例不多，难以采用市场比较法进行估价；而作为经营性物业一般地段优越，单从成本途径简单拆分成为土地及酒店重置成本合计往往不能体现其真正价值，因此成本法也仅仅作为参考方法加以应用，选择收益还原法成为评估此种物业类型的最佳方法，但实践中估价人员往往因为不熟悉其运营模式，对净收益、成本费用项目、税费所包含内容以及报酬率取值等存在模糊认识，无法正确运用收益还原法得到相对客观的评估结论。

二、收益还原法修正公式及参数确定

1. 收益还原法基本公式及修正公式

经营酒店类物业的企业受到企业生命周期理论的影响，该理论由美国人伊查克·爱迪斯用 20 多年的时间研究企业如何发展、老化和衰亡并进行了总结，把企业生命周期分为 10 个阶段，即孕育期、婴儿期、学步期、青

春期、壮年期、稳定期、贵族期、官僚化早期、官僚期、死亡。估价中为了简单起见，设定为两个周期，即发展周期及稳定周期，发展周期相当于企业正处于逐步发展阶段，体现在每年收益均较上年有所提升，稳定周期则假设企业处于持续经营中，并且能无年限地经营下去，按照该理论需要对收益还原法最基本的公式进行修订，即：

$$V = \frac{A}{Y}\left[1 - \frac{1}{(1+Y)^n}\right]$$

上式中：V—— 待估物业价格

A—— 未来的净收益

Y—— 报酬率，不为零

n—— 经营年限

测算该类型房地产价格的公式修正为：

$$V = \frac{A_1}{Y-g}\left[1 - \left(\frac{1+g}{1+Y}\right)^t\right] + \frac{A_2}{Y}\left[1 - \frac{1}{(1+Y)^{n-t}}\right]\frac{1}{(1+Y)^t}$$

上式中：A_1—— 未来第一年的净收益

A_2—— 从 t + 1 年开始每年不变的净收益

Y—— 折现率或报酬率，不为零

n—— 收益年限

t—— 净收益递增的年限

g—— 净收益逐年递增的比率

2. 主要参数确定过程及内涵

2.1 净收益的确定

酒店类物业的净收益为客观收益、成本费用、税费、经营利润四方面内容，求取净收益的基本公式：

净收益＝客观收益－成本费用－税费－经营利润

（1）客观收益。酒店的客观收益主要来自客房收益，而其他收益主要来自于餐饮收益、娱乐场所收益及商务服务收益等。其中客房收益包括客房出租收入和作为写字间的客房长期出租收入等，此类收入应结合地方实际经济状况、该地区酒店行业实际平均营业水平及酒店知名度等综合确定空置率水平及租金价格，对于新建酒店（非连锁机构）因缺乏历史经营资料无法直接进行测算，可考虑参考同一地区同规模同消费档次酒店平均偏低水平进行预测，同时对其成长性应进一步分析。

餐饮收益含中西餐厅、冷饮、酒吧、茶座、咖啡厅及客房小酒吧等收入；娱乐场所收益含游泳池、保龄球、室内高尔夫、健身房、卡拉 OK 等收入；商务服务收益含会议、展览、电话、传真、复印、票务等收入；其他收益含洗衣、废品回收，以及为电影院、旅行社、展览馆等行业提供中介服务所取得的佣金等。此类收入一般与客流量有密切联系，但不排除有些地区的饮食习惯，比如在广东某些地区有喝早茶习惯，这部分收入对于比较知名的酒店而言有较大影响，甚至会将品牌延伸至其附属商品上，如酒店自制月饼等，不能简单按照客房收入的一定百分比进行测算，需进行现场调查及年末财务报表分析。

（2）酒店类物业评估中的成本费用。具体包含：①管理费用，指对酒店进行必要管理所需的费用，综合管理费用包括可移动的家具、电器和餐饮娱乐服务设施中可以移动的家具、电器、装饰物的折旧费、维修费、保险费以及营业推广费、培训费、劳动保护费、办公费等其他管理费用；②经营成本，根据酒店财务分类，直接经营成本由餐饮进货成本（如耗用食品、香烟、酒水等），客房周转物品成本，娱乐、会议、健身房、洽谈等周转物品成本，燃料动力、水电费和酒店相关人员薪金组成；③财务费用及不可预见费用，主要是为酒店日常生产经营所需流动资金应支付的银行利息及其他不可预见费用如房产税等费用，估价师可以根据市场调查区域内类似酒店行业的财务费用及不可预见费用来确定估价对象的财务费用及不可预见费用，考虑到实际可能出现股东以本人自有资金借款给酒店经营，应首先对同规模的酒店进行测算，剔除该财务费用对客观收益的影响。

（3）税费。税费应根据估价对象所属地方税务部门在估价时点时的税收项目进行计取，通常在酒店类物业应主要收取营业税、教育费附加、城市维护建设税及企业所得税，对于部分有自营商品的酒店还需要考虑增值税负额影响，不能简单按照一定税率进行测算。

（4）商业利润。一般按照酒店行业的社会平均利润进行计取，对于知名的酒店品牌还需要考虑其高于普通酒店的溢价效益。

2.2 报酬率

以建设部颁发的《房地产估价规范》（以下简称"规范"）5.3.5 规定为准，我国报酬率的确定主要采用安全利率加风险调整值法、市场提取法、投资收益率排序插入法、复合投资收益率法。

（1）市场提取法

需要收集市场上与待评估对象相似的房地产资料，通过收益还原法公式中的价格和净收入等数据，倒推还原率，最后将所有计算而得的还原率取平均值作为其房地产的还原率。

（2）安全利率加风险调整值法

该方法与日本的规定类似。安全利率是指一种接近无风险的投资收益率，我国通常使用同期一年国债年利率或人民银行公布的一年定期存款利率作为安全利率。风险调整值则需要根据待评估对象所在地区的经济发展水平、房地产用途、折旧程度等情况来进行适当的调节。

（3）复合投资收益率法

将购买房地产的抵押贷款收益率与自有资本收益率的加权平均数作为还原利率，其计算公式为：

$$R = M \times R_M + (1 - M) \times R_E$$

上式中：M——为贷款价值比率，等于房地产抵押贷款额占房地产价值的比率

　　　　R_M——抵押贷款的还原利率，即第一年还本付息额与抵押贷款额的比率

　　　　R_E——自有资本的必要收益率

（4）投资收益率排序插入法

该方法首先是要找出相关投资类型的房地产及其收益率，按照风险程度将它们排序，最后将待评估对象与这些投资的风险程度进行比较，并判断和确定出还原利率。

学者王来福提出采用借助由美国学者夏普（William Sharpe）、林特尔（John Lintner）、特里诺（Jack Treynor）和莫辛（Jan Mossin）等人在资产组合理论的基础上发展起来的资本资产定价模型来确定还原利率，其表

达式如下：

$$R = R_f + \beta\ (R_m - R_f)$$

上式中：R_f——无风险利率

R_m——市场投资组合的收益率，用 GNP 的年增长率来代替

β——房地产的 β 值

笔者认为采用修正过的 CAPM 模型来计算房地产的还原利率有其合理性，但应该对 R_m、β 进行修正（R_f 为无风险利率一般作为安全利率，采用的是人民银行公布的一年期定期存款基准利率，无须修正），具体修正原因如下：

R_m 做出了两点修正：1. 因为房地产行业的利润多少，与其区域位置相连程度紧密，不能笼统地选取中国的行业平均利润率，商业地产在地区与地区的差异更是不能忽略的。2. 国民生产总值没有剔除部分国人在海外的生产总值，这里 R_m 选取的是国内生产总值（GDP）的变化率而不是国民生产总值（GNP）的变化率，不够准确。

β 计算应该考虑该地区的房地产利润率与该地区的行业平均利润率的相关系数得出。学者王来福是按照代入已知的 R、R_m、R_f 通过倒算的方式将 β 值计算出来中提到的计算不同，理论上容易实现，但在实际上操作难，因为还原利率对于待评估的房地产来说是未知的。笔者建议用某地区的房地产平均利润率与某地区 GDP 的相关性定义来进行计算，得出的结果将会更为准确，具体步骤为：

1. 统计某地区连续 5 年以上的 GDP 增速及某地区房地产平均利润率；
2. 令某地区房地产平均利润率为 X_i，GDP 增速为 Y_i，计算其相关系数 r；
3. 通过公式求取某地区房地产平均利润率 σ_x、GDP 增速的标准差 σ_y；
4. 最后再用公式计算出 β。

其不同周边环境而导致的还原利率有所区别的情况。

三、结束语

本论文探讨收益还原法在酒店类物业估价中的使用，修正收益还原法基本公式、主要技术参数的选取，并通过厘定净收益各参数的内涵及取值

时应注意的内容，采用修正资本资产定价模型的方法，从实践角度上，解决了仅仅依靠简单运用安全利率加上完全按照主观测算出风险调整值的方法，也解决了市场提取法中酒店类物业成交案例极少的问题，符合条件的成交符合该种类型房地产自身的特点具有较强可操作性。

参考文献：

［1］建设部.GB/T50291-1999 房地产估价规范［S］.北京：中国建筑工业出版社，1999.

［2］单胜道，俞劲炎，叶晓朋等.农业用地评估方法研究［J］.资源科学，2000（1）：45-49.

［3］单胜道.收益还原法及其在林地价格评估中的应用［J］.同济大学学报：自然科学版，2003（11）：1374-1377.

［4］林英彦.不动产估价（第8版）［M］.台北：文笙书局.1995.

［5］李斌.对复合投资收益率法确定资本化率的思考［J］.华中科技大学学报（社会科学版），2004（3）.

［6］王来福.CAPM 在我国收益性房地产估价中的应用研究［J］.东北财经大学学报，2005（4）.

［7］王吓忠.房地产估价资本化率的国内外比较分析及启示［J］.中国资产评估，2003（1）.

［8］姚清.房地产还原利率模型的改进及其实证分析［J］.福建建设科技，2011（6）.

作者单位：

深圳市鹏信资产评估土地房地产估价有限公司广州分公司

第十八章
新型城镇化下房地产估价业务拓展与趋势

聂竹青 喻瑶

摘　要：房地产估价业务是改革开放历史进程中涌现出来的新兴产业，当前它正由传统的估价业务向多元化经营发展。新型城镇化是中央根据国内外形势，适时提出的以城乡统筹、城乡一体、产城互动、节约集约、生态宜居、和谐发展为基本特征的城镇化。本文就当前新型城镇化发展背景下，对国内房地产估价业务的拓展与趋势进行深入研究，并结合新型城镇化下给房地产估价业务带来的机遇与挑战进行分析。

关键词：新型城镇化 房地产 估价业务拓展 趋势

一、前言

城镇化是指农村人口不断向城镇转移，第二、三产业不断向城镇聚集，从而使城镇数量增加，城镇规模扩大的一种历史过程。"新型城镇化"的提出已纳入国家规划，最早是 2003 年中共十六大，真正被人们熟知是 2012 年中共十八大中央经济工作会议，新型城镇化的"新"就是要由过去片面注重追求城市规模扩大、空间扩张，改变为以提升城市的文化、公共服务等内涵为中心，真正使我们的城镇成为具有较高品质的适宜人居之所。衡量一个地区的城镇化通常是看城镇化指数，是指人口指标，即区域某一城镇人口占常住总人口的比重。

1. 新型城镇化的发展趋势与特点

随着全球化进程的加快，中国经济的发展速度与日俱增。中国现在有 8 亿农民，截至目前中国城镇化率为 53.7%，与世界发达国家水平 75%～80% 相比还有较大差距。中国作为一个有自身特色的社会主义国家，必然要走新型城镇化的发展道路。2014 年 9 月，国务院召开推进新型城镇化建设试点工作座谈会，确定在全国东中西部共 62 个地方开展试点，重点放在中小城市和小城镇。中国未来将会有 4 亿人从乡村转移到城镇，如果按每人成本 10 万元计算，预计到 2020 年中国新型城镇化带来的投资需求将达 40 万亿元。可见，中国新型城镇化的未来发展空间将十分大。

十八大过后，中央明确了"新型城镇化"的发展路径。特点：一是核心内容是以人为本，强调经济发展从数量型增长到质量型增长，由粗放型的扩张到向集约型转变；二是全面统筹城乡发展，注重区域间的协调发展，缩小东中西部不平衡发展的差距，促进工业化、信息化、城镇化、农业现代化同步发展；三是建立健全城市群体系，转变城市结构，改变从单纯的扩大城市的规模到改变城市的合理布局，促进大中小城市和小城镇协调发展，使各生产要素配置、流动趋于科学合理。

2. 新型城镇化实施房地产估价的必然性

中国自改革开放后特别是 20 世纪 90 年代以来，城镇人口快速增长，城镇化率有了较大提高。新型城镇化的提出到实施，必然需要新的房地产市场政策和金融政策以顺应中央的决策。同时，内部环境与外部环境的改变也会影响到房地产估价业务的发展。

从估价范围来看，中国传统的房地产估价业务过于单一，方法有限，往往只有估价一项，大多仅限于土地出让、房地产买卖、抵押贷款、公司资产评估、诉讼。而在中国香港和欧美地区，已经由传统的房地产评估，到房地产项目策划咨询、销售代理、商铺代理、资产管理、物业管理、资产组合管理、投资顾问等多元化经营，形成了成熟健全的房地产估价业务。

从估价从业人员来看，估价人员队伍素质不高，部分从业人员专业素质欠缺，有的人员通过简单的培训后即可从事估价业务。房地产估价人员不仅需要估价知识，还需要全面的知识架构和个人能力，熟悉土地制度、财税制度、收入制度等与房地产业相关政策法规，与时俱进的学习能力和沟通协作的能力，对估价业务的熟练程度和丰富的从业经历都是一个高素质估价人员不可或缺的要素。

从房地产估价市场来看，入行门槛越来越低，各企业成功经营易模仿，缺少核心竞争力的企业为了生存打"价格战"。由此导致的恶性竞争只会让评估公司具有专业的高水准评估水平。部分公司为了降低估价成本，简化估价过程，使估价"模式化"技术含量低。从业人员早已熟悉估价过程，不去寻求新的估价方法，估价水平得不到提高。

由此可见，在新型城镇化的大背景下，如果房地产估价业务不进行拓展，对原有估价业务不深化，必然会与新形势、新政策不协调。要使房地产估价业务与时俱进，就必须寻求新的发展道路，学习世界先进公司的发展经验，敢于创新，把握新的机遇和挑战。

二、估价业务的拓展范围

新型城镇化明确了未来中国城镇化建设的方向和路径，虽然并未直接提及房地产，但是，新型城镇化在实施和推进的过程中，势必对国内房地产市场的健康发展产生长远、深刻而又积极的影响。房地产估价业务作为房地产业的领域之一必将实现新的转变，只有跟进时代发展，创新拓展传统房地产估价业务，才有机会在未来的市场中生存。

1. 房地产咨询顾问与代理服务

房地产业在经过了 10 年的黄金发展期后，房地产市场由增量市场进入存量市场，随着国家宏观调控政策频频出台，商品住宅市场的空间不断压缩。商业地产市场和各类保障性住房开始受到开发企业的青睐。为了顺应未来房地产市场的变化趋势，房地产估价机构应从房地产产业链早期开始帮助客户实现利益最大化。随着信息技术的快速发展，如今，政府、金融机构、房地产行业开始建立自己的信息平台。同时，在房地产行业内部，为了强强联手，共同面对多重困境与挑战，在北上广深等一线城市一些有实力的估价机构开始成立自己的联盟，注册成立公司，制定行业准则，共同搭建信息化平台。

在新型城镇化形势下，政府决策和城市规划对于房地产估价业务的拓展有着很大需求。近期，政府在全国 50 多个中小型城镇进行试点，地域横跨东中西部，试点内容包括建立农业转移人口市民化成本分担机制，建立多元化可持续城镇化投融资机制，改革完善农村宅基地制度实现有偿有序流转，划定城市边界变县为市。在城镇化的过程中，土地、房地产开发与建设、城市规划、控制城市规模等，都需要房地产行业为政府和开发商的决策提供专业而全面的咨询与代理。

2. 房地产投资顾问

房地产投资顾问公司的主要业务是全程的房地产市场营销策划、投资顾问、市场调研、项目可行性研究、地产经纪方面的销售代理、二手房的买卖、按揭贷款、房屋租赁、室内外装修等。当前市场估价的专业机构与投资顾问公司是完全分开的两个行业，甚至很少有业务来往。

新型城镇化的投资环境有了较大改变，政府不再是强制性地拉动房地产开发建设，而是通过市场去带动发展。当开发商和个人投资者需要进行房地产开发和置业投资时，为了确保投资者的安全与盈利，就必须要资质较高的房地产估价机构对投资进行可行性评估，由于房地产投资涉及范围广，要得出正确客观的可行性报告，房地产估价师、工程造价师、经济分析专家、市场调研员、法律咨询顾问人员必须协同合作完成。当前，我国具有高素质的房地产咨询顾问公司不多，远远不能满足房地产投资者的需要，同时说明投资者对房地产投资顾问的需求空间十分可观。

3. 房地产物业管理和财务管理

城镇化是宏观问题，物业管理服务属于微观问题，新型城镇化与房地产的关系很少涉及物业管理。事实上，物业管理与推进城镇化密切相关，传统的物业管理在旧城区的服务不到位，因此现代化的物业管理要更多地涉及小区基础设施建设，规范物业服务水平，改造旧城区物业软硬件，为小区居民提供优质的服务条件。

为了实现物业资产的科学化管理，必须制定物业整体发展策略，包括对物业定位和进行调整分析、持有或出售物业的决策分析，物业费用支出的管理与审批，物业运行绩效的监控。房地产物业管理业务中设施的运行管理和维护，包括安防管理、保洁管理、维修管理、商务服务、前台服务、技术改造、各种水电管网和设备管理、系统运行和日常巡查等。

房地产拓展业务中的财务管理的目标是实现资产长久保值、增值并获得超额利润，资产以出租为主。无论是政府或开发商，在推进中小城市城镇化的建设过程中，都希望前期的资金支持和后期的资产有效管理能够保证租金的及时收回，因此无论是投资机构还是个人投资者，商业物业、酒店、写字楼等典型持有型资产的财务管理一直是有效管理的重中之重。物业服务的对象特点是不固定性，流动性和变化性大，公共使用空间和公共设备设施是最能吸引服务对象的地方，房地产估价公司可根据市场调研找出市场需求所在，通过改变公共空间的景观布局、路线规划、便捷性和人性化设计来影响人们对物业品质的整体感受，最后直接影响物业的出租率和租金的收取率。

4. 房地产市场营销

我国的房地产业起步晚，发展速度快。在过去将房地产业看作国民经济支柱产业，城镇化就是房地产化。新型城镇化后的房地产业依靠暴利的"黄金时代"已经过去，未来房地产业发展将逐渐告别粗放式增长，进入精细化发展的新阶段，而步入"白金时代"。要想在房地产市场中取胜，必须运用市场营销观点进行房地产营销活动，才能在未来的竞争中取胜。现在的房地产市场营销已不单单是简单的营销，而是企业为满足市场需求进行的整体经营活动。房地产市场营销内容包括房地产市场研究分析，确定房地产投资经营目标、项目决策、销售、反馈信息和物业管理。每一个经营环境都需要科学合理的决策，房地产评估机构可以根据投资企业的整体情况，制定合理的营销与管理策略，进而实现投资效益的最大化。

三、拓展后将存在的阻碍或困难

1. 部分房地产估价机构专业人员缺乏

中国的房地产估价业经历了数十年的发展，已经由传统的估价业务向多元化经营转型。但房地产专业顾问属于智力密集型行业，无须投入太多的设备设施与工作空间，需要的是具有高层次、有丰富估价经验、熟悉房地产法规政策、拥有专业的编写报告能力的人才。因此，必须拥有一支高水平的估价团队，房地产估价业务才能实现真正拓展。

2. 房地产评估法律法规尚未健全

中国的房地产相关制度尚未完善，房地产业评估机构的设置也未能完全满足市场，国家对房地产市场和金融市场的政策不断调整，针对不同的政策要求，房地产估价机构需要有很强的随机应变的能力、超前的预测性和创新精神。

3. 与欧美地区相比缺少成熟的评估系统

在发达国家和地区，已经形成一套完整的评估自动化服务系统，自动化的工作流程，自动的数据提取、分析、转换、报告与存储。这一先进的系统使得欧美房地产估价业拥有核心竞争力并带领全球进入地产评估信息自动化时代。而在国内，这样的系统还未成熟，与欧美地区评估业的差距较大，因此要积极借鉴国外经验。

四、新型城镇化下估价的发展趋势

1. 新型城镇化下细分房地产市场，估价业务拓展潜力无限

传统的房地产发展中存在三大问题：第一，政府和投资商看重新城房地产开发，但供需不平衡，新城变"鬼城"；第二，乡村务工者来到城镇工作、

生活，基本住房和各项权利得不到保障；第三，旧城区的改造和拆迁工作难，还造成土地资源浪费。当前新型城镇化下政府合理规划开发房地产，并提出具体的商品住房和保障性住房，住房套数结构比为 4:1，未来 10 年保障性住房预计需求为 3 000 万套。同时城市规划带来的旧城改造与传统商业业态的升级，也会给商业地产市场提供机遇。处在不同发展阶段的中小城镇，城市规划的道路必然不同，因此，房地产业及相关估价业务必须针对城市的发展特点，调整战略。在这一进程中，房地产估价业务面临市场容量、发展空间和竞争格局的剧烈变化，与过去的传统估价业务相比，市场的机遇和风险带来的挑战更大，房产企业战略没有通用模板，需开拓创新业务领域。

2. 新型城镇化拉动内需，房地产业将迎来巨大商机

在城市化进程中，城镇化数量增多，城市人口规模扩大。特别是中小城镇以及城市与城市的过渡区域是城镇数量增加最多的地方，一些小城镇和新型农村社区的发展模式集合了休闲、旅游、康体、养生，乃至产业园区等等功能的新型小镇将会成为房地产行业的一个巨大机会，这种新型小镇既承载了城市的功能，也承载了旅游、休闲、度假的功能。城镇化的过程中房地产业的健康发展不仅重要，而且具有示范作用。作为市场化程度较高的房地产业，竞争激烈，要想在未来的发展中生存下来，甚至对政府经济政策制定发挥参考作用，就必须提升房地产业的整体水平，这其中也包括估价业务的拓展，让估价机构不仅仅是靠单一的资产评估，而是拓展到全面的发展。

3. 政府转变职能，城市经营带来估价业务拓展机遇

计划经济时代，政府只把自己看作城市的投入主体，而不是城市的经营主体。当前形势下，城市经营是对城市各类资源进行整合、市场化并最终实现资源的合理配置和高效利用。在发展模式上还有较大空间，政府以人为本的思想作为实现新城镇化的重要实践途径是根据国情制定的。城市的经营离不开资金的支持，过去政府依靠土地财政筹集资金，过分的依赖导致城市的产业单一，一旦出现产业危机，城市的经济发展将面临崩溃。而要解决新型城镇化资金来源问题，目前可以考虑中央财政、银行信贷、国际投资和民间资金。尤其是民间资金在中国还未能全面进入正轨，因此如

何盘活民间资金是关键所在，这给房地产估价业务的发展提供了新机遇。估价业务在房地产融资、房地产投资、房地产经营方面拓展深化，结合政府近年来对城市经营的去行政化，让市场决定城市的发展方向，房地产业可以大有作为，传统估价业务将迎来"白金时代"。

五、结束语

　　房地产估价业务在中国已经发展了 20 多年，由单一的估价业务到多元化经营。随着中国房地产市场的日渐成熟，政府政策的不断完善，房地产行业将面对新型城镇化下的转变。从估价行业角度，首先，应借鉴发达国家成熟的估价体系与经验；其次，需要将自身作为城市经营的示范者和引导者使房地产业良性发展；再次，顺应市场形势，针对不同城镇地区拓展估价业务，做到以人为本，促进各产业带动城市的持续发展。从估价人员角度，估价人员不仅要具备专业知识和能力，同时要恪守估价行业的行为准则，规范估价业务的流程，提高创新能力。未来中国新型城镇化需要各种各样的人才，估价师作为房地产机构的重要组成部分，有能力、有责任担当起房地产行业的中流砥柱。相信在未来十年中，房地产估价机构的业务拓展范围和服务水平会有较大层次的提高。

参考文献：

[1] 黄勇，谢朝华.新型城镇化建设中的金融支持效应分析 [J].理论探索，2008（03）：91-93.

[2] 钟少瑜.浅析房地产估价业的现状及业务拓展 [J].漳州职业技术学院学报，2009，11（03）：39-40.

[3] 刘欣.估价专业如何向投资顾问方向拓展 [C].2007 年"估价专业的地方化与全球化"国际估价论坛论文集.2007：282-286.

[4] 关静.城市增长的负面效益及其化解——姜国城市增长管理带来的启示 [J].行

政与法，2014（3）：32-36.

[5]宋星慧，卢义容.中国房地产估价师与房地产经纪人学会 2012 年年会——市场变动与估价、经纪行业持续发展论文集［C］.中国房地产估价师与房地产经纪人学会.2012：10.

作者单位：

聂竹青：深圳市鹏信资产评估土地房地产估价有限公司

喻　瑶：湖南农业大学资源环境学院

第十九章
2014年《北京市基准地价更新成果》
解读及影响分析

姜安源 姜苗苗

自 2002 年北京市人民政府发布《北京市人民政府关于调整本市出让国有土地使用权基准地价的通知》（京政发〔2002〕32 号）至今，已 10 年有余，在千呼万唤中，北京市人民政府于 2014 年 8 月 26 日发布了《北京市人民政府关于更新出让国有建设用地使用权基准地价的通知》（京政发〔2014〕26 号）及《北京市基准地价更新成果》，并强调北京市基准地价更新成果自印发之日起施行。

一、《北京市基准地价更新成果》解读

1. 政策要点概览

2014 年 8 月 26 日，北京市政府发布了《北京市人民政府关于更新出让国有建设用地使用权基准地价的通知》（京政发〔2014〕26 号）及《北京市基准地价更新成果》，其主要内容有：

1.1 根据市场价格变化情况，对基准地价进行全面更新或局部更新；

1.2 宗地出让、转让价格须参照基准地价经评估确定，宗地出让价格须经市国土资源局审核后确定；

1.3 自印发之日起施行，《北京市人民政府关于调整本市出让国有土地使用权基准地价的通知》（京政发〔2002〕32 号）同时废止；

1.4 政府土地收益计算。根据《北京市基准地价更新成果》，国有建设用地使用权出让政府土地收益按照楼面熟地价及各土地用途的政府土地收益比例确定。同一宗地包括多种土地用途或建筑功能的，按细分后的用途或功能的建筑面积或分摊用地面积分别计算求和。商业、办公、居住用途政府土地出让收益按照政府审定楼面熟地价的 25%确定，工业用途政府土地出让收益按照政府审定楼面熟地价的 15%确定。

2. 更新成果

2.1《北京市基准地价更新成果》主要内容

北京基准地价采用级别基准地价、区片基准地价予以表示，并以级别基准地价表、区片基准地价表、土地级别（区片）示意图和土地级别（区片）范围说明、应用基准地价测算宗地价格方法、基准地价修正系数附表予以公布。

（1）地价内涵

级别基准地价是在正常市场条件下各土地级别内，土地开发程度为宗地外通路、通电、通信、通上水、通下水、通燃气、通热及宗地内平整（简称"七通一平"）或宗地外通路、通电、通信、通上水、通下水及宗地内平整（简称"五通一平"），在平均容积率条件下，各土地用途的法定最高出让年限条件下完整的国有建设用地使用权的平均价格。

区片基准地价是在正常市场条件下各土地区片内，土地开发程度为

宗地外通路、通电、通信、通上水、通下水、通燃气、通热及宗地内平整（简称"七通一平"）或宗地外通路、通电、通信、通上水、通下水及宗地内平整（简称"五通一平"），在平均容积率条件下，各土地用途的法定最高出让年限条件下完整的国有建设用地使用权的平均价格。

根据不同用途土地的特点及相应地价水平，在全市范围内将不同用途分别划分为十二级及若干个区片。其中：商业用途划分 260 个区片，办公用途划分 258 个区片，居住用途划分 257 个区片，工业用途划分 237 个区片。

（2）表示形式

基准地价的表示形式为楼面熟地价。楼面熟地价是指各土地级别（区片）内，完成通平的土地在平均容积率条件下，每建筑面积分摊的完整的国有建设用地使用权的平均价格（详见表 1、表 2）。

表1 基准地价平均容积率情况表

土地用途	土地级别			
	一级至二级	三级至五级	六级至七级	八级至十二级
商业	3.5	2.5	2.0	
办公	3.5	2.5	2.0	
居住	2.5	1.5		
工业	1.5	1.2	1.0	

表2 北京市级别基准地价表

基准期日：2014 年 1 月 1 日　　　　　　　　　　　　　　单位：元 / 建筑平方米

土地级别	地价类型	用途			
		商业	办公	居住	工业
一级	楼面熟地价	26 980~32 980	26 170~31 990	25 850~31 590	9 860~13 340
	平均熟地价	29 980	29 080	28 720	11 600
二级	楼面熟地价	21 970~28 730	21 480~28 080	21 250~27 790	6 660~10 000
	平均熟地价	25 350	24 780	24 520	8 330

土地级别	地价类型	用途			
		商业	办公	居住	工业
三级	楼面熟地价	17 430~24 410	17 140~24 000	16 990~23 790	4 530~6 790
	平均熟地价	20 920	20 570	20 390	5 660
四级	楼面熟地价	13 330~19 990	13 160~19 740	13 060~19 600	3 090~4 650
	平均熟地价	16 660	16 450	16 330	3 870
五级	楼面熟地价	10 420~15 620	10 310~15 470	10 250~15 370	2 140~3 200
	平均熟地价	13 020	12 890	12 810	2 670
六级	楼面熟地价	8 130~12 190	8 060~12 080	8 010~12 010	1 490~2 250
	平均熟地价	10 160	10 070	10 010	1 870
七级	楼面熟地价	5 940~8 900	5 880~8 820	5 840~8 760	1 060~1 600
	平均熟地价	7 420	7 350	7 300	1 330
八级	楼面熟地价	3 970~6 330	3 920~6 260	3 890~6 210	780~1 160
	平均熟地价	5 150	5 090	5 050	970
九级	楼面熟地价	2 680~4 280	2 640~4 220	2 620~4 180	580~880
	平均熟地价	3 480	3 430	3 400	730
十级	楼面熟地价	1 700~2 840	1 670~2 790	1 650~2 750	450~670
	平均熟地价	2 270	2 230	2 200	560
十一级	楼面熟地价	1 070~1 790	1 050~1 750	1 030~1 730	350~530
	平均熟地价	1 430	1 400	1 380	440
十二级	楼面熟地价	680~1 120	650~1 090	630~1 070	280~420
	平均熟地价	900	870	850	350

（3）基准期日

2014 年 1 月 1 日。

（4）土地用途分类

基准地价土地用途划分为商业、办公、居住、工业四类。

（5）级别基准地价土地开发程度

一至七级为宗地外通路、通电、通信、通上水、通下水、通燃气、通热及宗地内平整（简称"七通一平"），八至十二级为宗地外通路、通电、通信、通上水、通下水及宗地内平整（简称"五通一平"）。

(6) 宗地价格测算方法

根据基准地价测算的宗地价格可分为楼面熟地价、政府土地出让收益两种类型，地上、地下需单独计算。

地上部分：

楼面熟地价＝适用的基准地价 × 期日修正系数 × 年期修正系数 × 用途修正系数 × 容积率修正系数（或商业采取楼层修正系数）× 因素修正系数

政府土地出让收益＝楼面熟地价 × 政府出让土地收益比例

地下部分：

楼面熟地价＝适用的基准地价 × 期日修正系数 × 年期修正系数 × 因素修正系数 × 相应用途地下空间修正系数

政府土地出让收益＝楼面熟地价 × 政府出让土地收益比例

2.2 更新成果使用范围

按照国家相关政策规定，基准地价主要是在土地出让过程中，作为确定政府土地出让收益的重要依据。

(1) 招标拍卖挂牌出让底价审核的依据

作为土地收购储备和招标拍卖挂牌出让底价审核的依据。招标拍卖挂牌出让国有土地使用权底价主要由出让金、土地开发费用以及预提政府收益构成。基准地价规定的熟地价水平是预提政府收益的重要参考依据。

(2) 协议出让国有土地使用权价格审核的主要依据

作为协议出让国有土地使用权价格审核的主要依据。按照国家和本市现行土地供应政策，科研类项目、"三定三限三结合"项目、金融后台项目、教育医疗项目等可以采取协议方式出让。本市在协议出让地价审核中，基准地价是法定依据，最低价和地价水平值均参考基准地价为依据进行审核。

国土资源部令第 21 号《协议出让国有土地使用权规定》"有基准地价的地区，协议出让最低价不得低于出让地块所在级别基准地价的 70%"。

（3）作为原划拨土地使用权办理出让手续补缴地价款的主要依据

按有关政策法规规定，经依法批准利用原有划拨土地进行经营性开发建设的，应当依照市场价补缴地价款。在实践管理过程中，具体宗地补缴金额主要依据基准地价水平，综合考虑宗地的具体条件和使用年期确定。

（4）原出让土地使用权变更土地出让合同补缴地价款的重要依据

3. 新旧两版基准地价对比分析

2014 年基准地价与之前一直使用的 2002 年基准地价的差异主要在哪些方面呢？下面我们将从内容、范围、地价水平三个方面进行逐一对比分析。

3.1 内容对比

表 3　新旧基准地价内容对比分析表

序号	比较内容	2002 版	2014 版
1	价格类型	楼面熟地价 楼面毛地价或出让金	楼面熟地价 政府土地出让收益
2	级别及区片划分	级别 （商业、综合、居住用途十个级别，工业九个级别）	级别、区片 （商业、办公、居住、工业用途均分十二个级别）
3	价格体系	级别价格	级别价格 区片价格
4	评估修正体系	容积率修正、因素修正、年期、期日修正等	新增：用途修正、商业路线价修正、楼层、地下空间修正
5	表现形式	楼面地价	楼面地价 地面地价（容积率小于 1）

（1）价格类型对比

2014 年《北京市基准地价更新成果》中，在价格类型上，将楼面毛地价或出让金替换为政府土地出让收益，这样从概念上更易懂，也利于操作。下面从 2002、2014 年发布的两版基准地价中对三个名词的界定分析：

2014 年基准地价对政府土地出让收益的界定

政府土地出让收益，根据《北京市基准地价更新成果》，国有建设用地使用权出让政府土地收益按照楼面熟地价及各土地用途的政府土地收益比例确定。同一宗地包括多种土地用途或建筑功能的，按细分后的用途或功能的建筑面积或分摊用地面积分别计算求和。商业、办公、居住用途政府土地出让收益按照政府审定楼面熟地价的 25% 确定，工业用途政府土地出让收益按照政府审定楼面熟地价的 15% 确定。

2002 年基准地价对楼面毛地价、土地出让金的界定

楼面毛地价：楼面毛地价是指各土地级别内，在平均容积率条件下，政府收取的某种用途法定最高出让年期内的土地出让金、市政基础设施配套建设费的平均楼面价格。土地出让金：对于需要征收土地出让金的项目，凡在四环路道路中心线以内地区的，其土地出让金应按毛地价的 40% 征收；凡在四环路道路中心线以外地区的，其土地出让金应按毛地价的 60% 征收。为鼓励集约利用建设用地，商业、综合、居住用地按照楼面毛地价（或出让金）形式核定地价水平。工业用地按照地面毛地价（或出让金）形式核定地价水平。在项目建成后，如原审批的规划容积率发生调整的，应按重新核定的地价水平调整地价款（或出让金）。

2002 年基准地价的楼面毛地价、土地出让金两个概念的出现主要是由于市政基础设施配套建设及费用在其中相互牵绊，而 2014 年直接将土地出让总收入分为政府土地出让收益和非政府土地出让收益两部分，更加明了，也符合中央对于土地出让收入"统收统支"的要求。

（2）价格体系对比

2014 年价格体系：分为级别价格和区片价格。其中，级别价格为区间范围，如商业一级的级别价格为 26 980-32 980 元 / 平方米；区片价格为确定价格，如商业一级中的Ⅰ-01 区片价格为 29 530 元 / 平方米。

2002 年价格体系：级别价格。级别价格为区间范围，分为楼面熟地价和楼面毛地价，如商业一级级别价格为：楼面熟地价 7 210 ～ 9 750 元 / 平方米，楼面毛地价 2 660 ～ 4 900 元 / 平方米。

从价格体系对比来看，2014 年的价格体系对比 2002 年更为细化，在原来级别的区间价格基础上，再次细分更小单元——区片，并给出确定价格。能够准确有效地帮助需要了解宗地价格的人群，有一个相对精准的认知，但是与之俱来的就是时效性不强，需要实时更新。

（3）评估修正体系

2014 年基准地价对于 2002 年基准地价评估修正体系，有比较明显的变化，主要为：

增加用途修正

基准地价土地用途划分为商业、办公、居住、工业四大类。在四大类之下还有不同的具体分类，并增加了不同具体分类的修正系数。例如，商业类的比准类别为批发零售用地，修正系数为 1，其他商服用地的修正系数为 0.8；办公类的比准类别为商务金融（办公），修正系数为 1，科教、医卫慈善类的修正系数为 0.9，高新技术研发等产业用地（由工业变为办公类）的修正系数为 0.8；一类居住用地（容积率小于 1）的修正系数为 1.5；仓储类的修正系数为 1.5（详见表 4）。

表 4 2014 年基准地价用途修正情况表

用途类别		用途修正系数
商业	批发零售	1
	住宿餐饮	0.9
	商务金融	1.1
	其他商服	0.8
	殡葬用地等特殊用地	0.5
办公	商务金融（办公）	1
	停车场	0.5
	展览馆	1.1
	科教、医卫慈善	0.9
	文体娱乐	0.8
	高新技术研发等产业	0.8
居住	居住	1
	一类居住	1.5
工业	工业	1
	仓储	1.5
	公共设施、交通、采矿	1

增加商业楼层修正系数

2014 年基准地价中，商业不同楼层的地价水平需进行不同系数的修正（详见表5）。

表5 2014 年基准地价商业楼层修正情况表

所在楼层	商业楼层修正系数		
	一至二级	三至七级	八至十二级
地上第1层	1.9362	1.8629	1.9420
地上第2层	1.4198	1.3372	1.2799
地上第3层	1.1594	1.0788	1.0072

增加地下空间修正系数

2002 年的基准地价中，地下空间价格仅笼统地确定为地上三分之一；2014 年基准地价新增加了地下空间的修正体系。地下空间修正不仅与用途有关，还与级别有关，级别越高，地理位置越好，地下空间的地价越高（详见表6）。

表6 北京市基准地价地下空间修正系数表

地下空间用途	适用基准地价	楼层	地下空间修正系数		
			一至二级	三至七级	八至十二级
地下商业	商业用途比准类别	地下第1层	0.80	0.70	0.60
		地下第2层	0.50	0.40	0.30
		地下第3层	0.36	0.28	0.20
		地下第4层	0.30	0.25	0.20
地下办公	办公用途比准类别		0.30	0.25	0.20
地下仓储	地上主用途比准类别		0.30	0.25	0.20
地下车库	地上主用途比准类别		0.25	0.20	0.15

3.2 商业、办公、居住用地高级别土地范围大幅增加

以商业级别面积为例，例如商业一级范围由长安街及西单、王府井地区，扩大为西二环—阜内大街—朝外大街—东三环—前三门大街围合区域，面积扩大 10 倍以上。

表 7 新旧基准地价商业用途部分级别面积对比分析表

序号	级别	级别面积（2002 年）（平方米）	级别面积（2014 年）（平方米）	增长率
1	一级	1.92	24.69	1186%
2	二级	25.88	71.51	176%
3	三级	46.73	112.80	141%
4	四级	88.49	142.15	61%
5	五级	140.96	214.11	52%

3.3 地价水平比较

（1）2014 年基准地价的楼面熟地价与 2002 年相比有较大幅度的调整。其中：居住用地全市平均涨幅最大，上涨了 516%；其次是办公用地，全市平均上涨 457%；商业用地全市平均涨幅 373%；工业用地全市平均涨幅最小，上涨了 252%（详见表 8）。

（2）利用 2014 年基准地价测算的政府土地出让收益将大幅增长。通过对 2014 年 8 月 26 日之前的 86 宗协议出让土地及 2013 年 25 宗协议出让的工业用地按新基准地价进行估算分析，居住用地政府土地出让收益平均涨幅最大，上涨了 313%；其次是办公用地，平均上涨 188%；对于商业用地来说，平均涨幅约为 161%，其中容积率小于 1 的涨幅约为 200%；容积率大于 1 的，平均涨幅约为 100%；工业用地全市平均涨幅最小，上涨了 30%（详见表 8）。

表 8 各类地价水平对比分析表

序号	用途	2014 年与 2002 年楼面熟地价相比，增长率	2014 年政府土地出让收益与楼面毛地价（出让金）相比，增长率
1	商业	373%	161%
2	办公	457%	188%
3	居住	516%	313%
4	工业	252%	30%

通过与 2002 年基准地价对比，2014 年基准地价内容更丰富、更细致，

也更便于操作。2014 年基准地价的楼面地价相比 2002 年有较大幅度的提高，这主要是由于北京市近十几年未对基准地价进行更新，同时在此期间地价发生了翻天覆地的变化，因此从 2014 年基准地价发布以来，对各级市场影响不大来看，虽然价格提高幅度较大，但也基本能够发挥地价的指导作用。2014 年基准地价测算的政府土地出让收益对招拍挂市场的影响不大，主要将对北京市协议出让缴纳的政府土地出让收益有较大影响，通过测算，新基准地价发布后，居住、商业、办公等用途的协议出让缴纳的政府土地收益将会翻倍增长。

二、《北京市基准地价更新成果》的影响分析

2014 年基准地价的发布可以说影响是深远的，可以从几个方面进行分析：（1）发布者——北京市人民政府；（2）使用者；（3）土地价格；（4）连带影响。

1. 发布者——北京市人民政府

1.1 摘"帽子"

国家审计署在《2009 年到 2010 年土地出让收入和土地整治相关资金审计报告》（审农报〔2012〕12 号）指出"北京市国有土地使用权基准地价自 2002 年以来未调整，已经失去指导意义"。要求北京市尽快做出"整改"，更新基准地价。从 2009 年北京就开始着手基本地价更新工作，几经波折，终于在 2014 年 8 月 26 日发布了，对中央的要求给予了实质性的回应。

1.2 增强了政府的透明度和公信力

新的基准地价不但给出级别价同时给出区片价，同时公布测算宗地价格方法、基准地价修正系数，让对宗地价格有兴趣的人能够自己测算大概价格，做到透明、公开，对政府的公信力有较大提升。

1.3 减小土地出让"双轨制"的差距，体现社会公平

新基准地价对协议出让的政府土地出让收益相比 2002 年基准地价测算的政府土地出让收益有大幅提高，标准更接近于招拍挂市场，减小土地出让"双轨制"的差距，体现社会公平。但是在一定时期内，抑制国有企业扩大土地有偿使用的积极性，将不利于存量土地盘活利用。同时也可能导致企业减少办理土地有偿使用的数量，不利于贯彻落实十八届三中全会的扩大土地有偿使用范围的精神，而且还可能减少了土地协议出让收入。

2. 使用者

基准地价的使用者主要是评估机构，对评估机构的影响有以下几方面：

2.1 从评估技术方面来说，更新后的基准地价，使得基准地价修正法将成为一种较为适用的土地价格估价方法；

2.2 从业务方面来说，由于短期内协议出让业务将大幅缩减，对部分房地产评估公司的营业收入有一定影响；

2.3 从行业的发展来说，对土地咨询、估价机构的业务能力提出了更高的要求，要求咨询机构围绕着国有企业存量土地再利用，投入更多的力量。

3. 土地价格

北京市的土地出让方式大致可以划分为招拍挂出让、协议出让、划拨。真正形成土地价格的主要为招拍挂出让和协议出让。

3.1 对招拍挂出让价格影响

招拍挂出让价格是以底价为基础，根据市场承受能力，在公开市场形成的价格，招拍挂底价与新基准地价有一定联系，但是招拍挂底价与成交价没有必然的联系。因此，新基准地价对招拍挂出让价格会有所影响，但影响不大。

3.2 对协议出让价格影响

根据初步测算，新基准地价对协议出让价格的影响非常大。特别是对于商业和办公及居住用途的土地来说，至少上涨 1 ～ 2 倍。其影响主要是由于基准地价价格的提高和级别水平的提高。

4. 连带影响

连带影响是指基准地价的公布对与土地市场相关的房地产市场、一级开发成本（主要指拆迁补偿价格）的影响。

4.1 对房地产市场的影响

新基准地价出台，只是对土地的出让底价有所影响，而且新基准地价的提高，只是对原来基准地价水平未及时更新的一种修正，并不是真正提高市场价格水平。因此，对土地真正的市场价值并没有真正影响，对于房价来说没什么直接联系，但是在社会舆论及预期方面有一定的影响。

.4.2 对拆迁补偿价格的影响

住宅拆迁按照周边商品住宅的价格水平，跟新基准地价没有太多联系；非住宅拆迁按 656 号文进行评估，区位补偿价格与新基准地价有一定的联系，因此，新基准地价的出台对非住宅拆迁补偿价格有所影响，但影响不大。因为，拆迁补偿价格也是由市场决定的，新基准地价有利于显化非住宅拆迁评估补偿价格。

作者单位：

深圳市鹏信资产评估土地房地产估价有限公司北京分公司

其他资产评估篇

第二十章
拆迁项目中停产停业损失评估方法初探

唐刊

广东省住房和城乡建设厅于 2013 年 3 月 25 日发布了《关于实施〈国有土地上房屋征收与补偿条例〉有关具体问题的通知》（粤建房〔2013〕26号），通知第四条规定如下：

关于停产停业损失补偿。对因征收合法房屋造成被征收人停产停业损失的补偿，根据房屋被征收前的效益、停产停业期限等因素确定。其中，房屋被征收前的效益原则上以房屋征收决定作出前 1 年内实际月平均税后利润为准，不能提供纳税情况等证明或者无法核算税后利润的，按上年度本地区同行业平均税后利润额或者同类房屋市场租金计算。停产停业期限的确定，选择货币补偿的按 6 个月计算；选择产权调换的，停产停业期限自被征收人实际搬迁之日起至产权调换房屋通知交付之日止。

一般而言，补偿期限由当地主管拆迁部门根据以上规定相对容易确定，评估人员主要工作就是评估拆迁前 1 年的月平均利润。

根据以上规定，在拆（搬）迁评估项目中涉及的停产停业损失的评估有如下几种方法：

一、当被征收人未进行会计核算，又无相关经营台账时，可采用比较法进行评估，即调查相同地区相同类型的单位月平均经营利润，之后进行相关因素调整，得到被征收人的月平均利润。因为经营情况千差万别，这种方法使用难度较大，一般很少用到。

二、采用税务部门核定的利润确定其月平均利润，因为不进行会计核算的单位，税务部门一般会采用核定征收的方式进行税收征管。但据笔者的了解，税务部门核定的利润相对较低，往往被征收人愿意采用按同类房屋市场租金计算停产停业损失。

三、当被征收人未进行会计核算，但有相关进销台账或者成本（支出）台账时，可采用销售利润率或成本利润率的方法确定其月平均利润，具体可通过调查同一地区相同类型的单位相应的利润率确定，也可以通过同行业的上市公司相关财务数据确定。

四、按同类房屋市场租金计算，这种方法相对简单易行，在实际工作中使用较多，但对前期投入较大且不易搬迁的单位不尽合理，在此不再赘述。

五、当被征收人已进行了会计核算，具备完整的会计账册时，一般通过审计被评估单位前 1 年利润的方法确定。具体的做法是确定收入成本费用的真实性，将与经营无关及非正常营业的收支剔除，得到真实的利润。一般重点放在如下几个方面：（一）收入的确认是否符合会计制度，有无提前确认或滞后确认的情况。包括主营业务收入及其他业务收入。（二）成本的结转方法是否按会计制度进行，采购材料是否有相应的票据及手续，折旧的计提（涉及折旧年限及残值）是否符合实际情况，工资及费用的计提是否与实际支付相符，待摊费用的摊销期限是否与实际效用期限相符等。（三）检查纳税申报表，确定主营业务税金及附加是否与实际上缴数一致等。（四）检查销售费用及管理费用的原始单据及费用计提摊销资料，判断是否真实合理等。（五）检查财务费用的相关贷款合同，了解贷款的使用是否与经营相关，确定利息计提与支付是否合理。（六）检查营业外收支的原始单据，确定是否与正常的经营活动有关。无关的偶然性的收支都不计入正常的经营损益。（七）检查企业所得税的计缴情况，获取企业所得税纳税鉴证报告，复核纳税调整是否相符等。

以上五种方法各有利弊，评估人员应根据被征收人的实际情况，采用最适宜的方法，评估出最具说服力的结果。

作者单位：

深圳市鹏信资产评估土地房地产估价有限公司

第二十一章
浅论市场法在无形资产评估中的应用

李文建

摘　要： 我国目前的资产评估市场中最常用的几种评估方法是市场法、收益法和成本法，随着资产评估市场的日渐完善，市场法在资产评估中的地位日趋突出，了解市场法在无形资产评估中的缺陷并努力去弥补这些缺陷，能让市场法在无形资产评估中发挥越来越大的作用。

关键词： 市场法　无形资产评估　应用分析　缺陷　修正

一、主要评估方法介绍

资产评估即资产价值形态的评估，是指专门的机构或专门评估人员，遵循法定或公允的标准和程序，运用科学的方法，以货币作为计算权益的统一尺度，对在一定时点上的资产价值进行评定估算的行为。可以说资产评估方法对于会计师进行评估具有重要的意义，我国法律也明确规定了我国资产评估的基本方法，我们总结出的我国现在的资产评估市场中最常用的几种评估方法有以下几种：

1. 市场法

市场法是利用我国现行市场上同样或类似与被估值的资产的近期交易价格为基础，经过直接比较或类比分析对参考的资产进行相应的分析，而做出的价格调整。可以说我国的市场法的成立是根据以前的代替原则确立的，因为任何一个正常的投资者都不会接受高于相同用途的代替品的价格，既然该资产是被评估的就要低于该产品的市场价，才能符合市场的规律。我们在进行通过市场法进行资产评估时首先要确定它是不是具有一个充分发育活跃的资产公开市场，看这个市场的交易环境是不是公平，它的监督机制是不是合理等一些条件。其次还要看该市场上是否有可比的参照物及与其相同的该资产评估对象的交易活动，观察这些交易活动的有关数据等。我们在进行资产评估时，首先就是要有明确的资产评估对象，查找相同的参照物，其次就是根据资产种类查找对资产价值影响较大的因素，并且根据参照物对这些不同进行分析调整它的价值、最初结果。最后就是对初评进行分析，用统计分析或其他方法分析结果的合理性。

市场法的优点与缺点

优点：

1.1 市场法是目前我国主要的资产评估方法中的一种，它能够直接地反映我国市场的行情，它的各方面数据能够直接从市场上获得，最能够直接地从市场上反映出它的价格。

1.2 根据市场法做出的评估结果很容易被人们所接受，因为它是最公开的信息，它的确定是具有可参照性的。

缺点：

1.1 市场法的确立首要条件就是要求有具体的市场，有先前的交易，这样如果缺少可对比的数据就很难形成有效的交易。

1.2 市场法的应用的部分针对的是固定财产或者有形财产，它不使用于专用机器设备、大部分的无形资产的评估。

1.3 市场法中常用的两种方法是参考企业比较法和并购案例比较法。

参考企业比较法是指通过对资本市场上与被评估企业处于同一或类似行业的上市公司的经营和财务数据进行分析，计算适当的价值比率或经济指标，在与被评估企业比较分析的基础上，得出评估对象价值的方法。并购案例比较法是指通过分析与被评估企业处于同一或类似行业的公司的买卖、收购及合并案例，获取并分析这些交易案例的数据资料，计算适当的价值比率或经济指标，在与被评估企业比较分析的基础上，得出评估对象价值的方法。

2. 收益法

收益法是通过估测被评估资产未来预期收益并折成现值，借此来确定价值的一种评估方法。收益法方法的确定就是根据艾尔文·费雪所说的资本带来一系列的未来收入，因而资本的价值实质上是对未来收入的折现值，即未来收入的资本化。也就是说一个正常的投资者在购置或投资于该评估的资产时，他所支付的货币不会高于他所购置或投资的资产在未来能给他带来的价值回报。一般来说收益法就是通过把资产购买者期望的收益转化为价值，反映购买者所接受的最高价格。可以说收益法成立的基本要素就是：一是被评估资产的预期收益；二是折现率或资本化率；三是被评估资产取得预期收益的持续时间。我们通过研究也不难发现应用收益法必须具备的前提条件是：

第一，被评估资产的未来价值可以预测并且要保持稳定，同时还要对它的未来预期可用金钱衡量。

第二，评估资产的所有者所承担的风险同样可以用货币衡量，并且反映于折现率的数值中。

第三，被评估资产预期获利的年限是可以预测的。一般来说收益法的操作程序就是首先要搜集验证有关经营、财务状况的资料，并分析对比这些指标以及发展趋势。其次就是预测这些资产的未来收益、折现率、收益期。最后就是计算这些资产的收益现值，确定它的价值。

2.1 收益法的优点与缺点：

优点：收益法能真实和较准确地反映企业本金化的价值，易为买卖双方所接受。

缺点：收益法的收益就有较强的主观意思，它具有不确定性，它的赢负很难确定，而且适用范围较小。

2.2 收益法的适用范围：

（1）企业及整体资产产权变动的资产评估。

（2）以房地产和自然资源为主要对象的资产评估。

（3）以无形资产转让、投资为目的的资产评估。

3. 成本法

成本法是指首先估测被评估资产的重置成本，然后估测被评估资产业已存在的各种贬损因素，并将其从重置成本中予以扣除而得到被评估资产价值的各种评估方法的总称。我们在进行成本法的分析时要明白它的基本要素：首先就是资本的重置成本，也就是资产的再重新获得的成本。再则就是资产的实质性贬值，实质性贬值也就是说的资产的有形贬值，它主要是说在资产的使用过程中由于自然的外力而导致物品的物理性耗损导致资产的贬值。其次就是资产的经济性价值贬值，它就是因为外部的投资环境所导致的资产的闲置或其他原因的资产贬值。最后就是功能性贬值。这种贬值是不可避免的，它主要是由于技术的进步导致现有的资产技术落后所导致的资产贬值。可以说一个物品的价值取决于它的成本是多少，同样如果我们在进行资产评估时如果该资产的成本较高则证明它的价值就会变大，它们之间有着直接的联系，我们在采取成本法进行资产评估时，首先就是要确定评估资产的重置成本，在一个评估资产上我们要充分考虑它的成本，可以说在日常的生产中资产的价值是个变量，它会随着时间、技术的发展等变化，这些都会造成资产的成本变化。再次我们要明确该资产的使用年限，以及以往的使用中所出现的资产贬值，最后计算确定被评估资产的价值。

成本法的优点与缺点：

优点：

3.1 它能够很好地考虑到该资产的无形消耗。

3.2 它的原理简单，利于人们的理解。

缺点：

3.1 我们利用成本法进行资产评估时，由于它的特殊性导致我们无法对于企业的非实质性无形资产进行评估，导致被评估的资产出现人为的价值贬值。

3.2 用成本法进行资产评估很难对企业的经济型贬值进行分析，从而导致造成该资产的评估过高。

总之，对于现有的评估方法的模式，我们要在实际的工作中认真地分析它在哪种情况下使用，要科学合理地选择合适的评估方式，有针对性地进行资产的评估，最终我们要做到评估的公平合理，保证我们在评估时所依据的各种数据与我们所进行评估的结果保持一致性。

二、无形资产的定义

《资产评估准则 —— 无形资产》（中国资产评估协会〔2008〕217 号 2008 年 11 月 28 日）定义无形资产：本准则所称无形资产，是指特定主体所拥有或者控制的，不具有实物形态，能持续发挥作用且能带来经济利益的资源。上述定义的无形资产为广义的无形资产，并且更接近于经济学中的资产的定义。由此可以看出上述定义比新准则颁布之前的无形资产的定义更为清晰和准确。

理解这一定义要注意从四个方面来进行理解：第一，划定主题范围限定。特定主体进一步限定了无形资产的私有财产权，是对《物权法》的进一步规范和补充。第二，拥有和控制的状态规定。必须是达到拥有或者控制状态，而非其他使用或者租用等状态，从而进一步规定产权的归属。第三，不具有实物形态。这一点与之前的定义没有太多的新颖之处，这一要素规定了无形资产区别于有形资产的特点。第四，必须具备资产的普通的特点。能为企业创造持续的经济利益，这一点也是称其为资产的原因。上述四个要素缺一不可，无论缺少哪一个要素都不能称其为无形资产。

三、市场法的应用分析

对无形资产的应用进行分析研究不可避免地涉及成本法、市场法和收益法，但是究竟哪一种方法为研究的对象可以更具有普适性？成本法与收益法都存在其各自的优点和缺点，因此讨论哪一种方法最好已经不具有实际的意义。对三种方法进行进一步的选择和研究因此不分先后彼此，对每一种方法进行深入的分析和研究也就对实践具有非常重要的理论指导意义。因此针对实际中应用广泛的市场法进行应用研究，以期对市场法进行深化和创新，更好地推动无形资产评估市场法的科学应用。

1. 适用市场法评估的无形资产范围的限定

首先对市场法的定义以及应用来进行限定：市场法，又名市场参照物法，是指利用市场上同样或类似资产的近期交易价格，经过直接比较或类比分析以估测资产价值的各种评估技术方法的总成。从上述定义可以看出我们必须深入研究无形资产评估市场法的使用条件以及必须考虑的误差影响，才能更加科学合理地应用市场法对无形资产做出公正合理的评估结果。市价法适用于能够在现行市场上找到交易参照物的无形资产。

2. 市场法对于无形资产评估需要注意的应用条件

对于应用条件要从市场法的应用条件和无形资产评估市场法两方面来进行思考，因此在分析时要注意两个角度的进一步比较。

首先，从市场法的使用条件来进行分析。在不考虑无形资产评估这一特定条件下，市场法的使用要具备两个基本条件：第一，要存在相关资产的活跃的公开市场。只有这一市场的存在，才能从市场中找到可靠和相关的资产评估资料，才能作为市场法应用的基础和基本的前提条件。第二，在公开市场上存在可比资产及其交易活动。如果不存在相关资产的公开市场，那么也就不存在合理的市场法的依据了。虽然有可能存在黑市等其他非公开的市场交易，但是都与公开市场条件下公平交易的情况相比具有巨大的缺陷。在导致评估信息不具有相关、合理、可靠和有效性的要求的同时，此条件的存在也是违法和政策不允许的。这一点也就限制了市场法不可能适用于一切资产，因此必须考虑其他相关资产评估方法。这些缺点同时也对无形资产评估具有明显的限制和局限作用。

其次，在考虑无形资产评估市场法应用的条件下必须要考虑到无形资产的相关的特殊性来分析。针对无形资产区别于其他资产的特殊性，必须考虑市场法在无形资产评估中需要特别注意和提及的问题。第一，无形资产需要考虑其是否具备唯一和独特的特点，否则市场法可能就不适用。比如商标权、著作权，等等。第二，需要考虑无形资产与其他交易数据是否具有可比性，要从时间、功能、市场发育情况等方面进行考虑。第三，要考虑对数据采用何种方法进行比较。不同主体相同时间以及不同时间的交易信息的比较是否可行。这些都要进行实证分析，但目前遗憾的是国内尚未有学者做过系统的实证分析。第四，要考虑交易目的或者说动机，对无形资产评估的影响因素以及其他需要考虑的因素都要考虑在内，才能对无形资产的价值做客观科学的评估。不同的目的，比如转让、企业兼并、出售以及企业联营、清算以及担保等等都对市场法评估有重要的影响。甚至每一次评估的结果都有可能产生巨大的差异，这也是在情理之中的事情。因为评估的时间、地点、评估时的市场条件、资产评估当事人双方自身的状况以及资产自身的状态都有可能对评估结果造成巨大的差异。

3. 对应用市场法缺陷的思考

评估价值虽不是事实上的市场交易价值，但应是最可能的市场交易价值，所以，从总体上讲，评估方法都应是市场法。从这一点上讲，市场法应该是代表广泛性和合理性的方法。但是如何才能克服和避免无形资产评估市场法的上述缺陷呢？

从市场方面来讲，我国相关市场发育不完善，因此从某些客观因素上来讲有些缺陷是不可避免的，但是我们必须从理论上来考虑如何才能使无形资产评估市场法的误差降到最小或者理想的水平，才是我们研究的终极目的。评估方法一般都应该是市场法，它包括重置成本法、市场参照物法或市场比较法以及收益能力法，而收益能力法应该成为无形资产评估的主要方法。从上述观点的分析我比较同意市场法作为其他方法的基础的观点，因为不论从何种方面来衡量市场法应该是反映无形资产市场价值最好的方法，并且符合市场经济的经济理论要求。

但是某些唯一的、独特性的无形资产，并且没有相关市场交易信息，以及市场化程度不高的国家如何避免自身市场条件上的缺陷呢？

4. 对无形资产评估应用市场法缺陷的修正

既然选择了无形资产评估的市场法来进行研究，那么应该从何种角度入手呢？无形资产评估体系应与无形资产评估的对象、评估的目的和评估的方法相匹配。这可以作为一种调节无形资产评估市场缺陷的折中方法，但是如何从创新的角度来解决无形资产评估市场法应用中的缺陷呢？

单从某些客观方面的限制因素我们无法改变现状，因此我们必须突破常规思路对无形资产评估的市场法进行进一步的修正，以期对无形资产评估市场法的缺陷进行纠正。思路关键就在于结合其他方法的优点来弥补市场法的缺陷。市场法中直接法的应用已经日益成熟，但是间接法还是没有得到广泛应用。究其原因无非是理论上间接法需要采用国家标准、行业标准或市场标准，而目前相关的数据都无法从可靠、权威的机构得到，故上述方法应用举足不前。

四、对无形资产评估市场法经济学思考

随着我国金融市场的完善以及市场机制的进一步健全，我们有必要从创新的角度入手来考虑如何对无形资产评估的市场法缺陷进行修正。

1. 市场法的经济理论基础

无论是近代西方经济学还是现代西方经济学的发展无疑关注了市场的总供给与总需求对商品价格以及市场均衡的影响。

从这一意义上来说，无形资产评估市场法评估时无论采用直接法还是间接法（同时也是其他资产评估所采用的市场法的基本分类）都是在其他过去时点的市场交易价格，因此这一价格包含三层含义：①供给＝需求时，亦即市场平衡时的市场交易价格；②供给＜需求时，亦即处于卖方市场时的交易价格；③供给＞需求，亦即处于买方市场时的交易价格。从这一角度出发来思考无形资产评估，我们就会发现绝大多数资产往往处于市场不平衡的状态，即便因为市场法的种种优点，但也需要在应用无形资产评估

市场法时注意参照物的评估价格是否处于均衡状态下的市场价格。

因此在评估时需要考虑市场的供求状况以及单个评估资产的个别特点，从这一点上来讲无形资产市场法评估时，参照物价格需要避免其独特时点以及单个资产特点的可比性。从这一角度来思考需要结合更多的资产的价格来做出评估，这也符合统计中大数定律的要求，无疑会促使评估结果更加科学合理。但是同时也加大了无形资产评估的难度，影响了无形资产评估成本和效益之间的平衡。

2. 市场法需要注意的问题

无形资产因为其独立性、收益性、期限性以及复杂性等特点，往往在应用市场法评估时出现诸多缺陷。

2.1 无形资产因其独一无二的特点造成在相同性资产的参照上往往相关性不是很高或者说极低。并且无形资产市场金融证券化发展并未起步，这些都制约了相关或相似无形资产交易数据的不完善以及历史信息的不可比性。所以在应用无形资产评估市场法时弊端比比皆是。

2.2 无形资产因其产生未来收益作为市场存在的经济学前提也产生了未来收益的计量问题。从这个意义上来讲，无形资产评估市场法也需考虑其未来收益问题。从这个角度上来思考又不可避免地把思路转移到无形资产评估收益法的缺陷研究中来，因此在应用无形资产评估市场法时必须结合其他方法的优点弥补自身的缺陷才能科学地评估无形资产的价格。

2.3 无形资产比如知识产权或者专利权等等往往涉及保护期限等问题，因此在评估时需要特别注意其期限保护问题。从这一角度来思考也是要对无形资产评估收益法思考时的关键点进行深入思考分析，才能避免无形资产评估收益法所容易出现的错误。

2.4 存在的无形资产往往在市场上是独一无二的，以及纷繁复杂的独一无二的特点，这些都造成了在应用无形资产评估市场法时需要评估参照物与待评估无形资产的相似程度，这无疑又增加了无形资产评估的难度。

通过以上分析来看无形资产评估时的价格无疑需要对市场法的具体的直接法抑或间接法进行进一步的经济学角度分析，并需结合收益法、成本法以及数理统计等相关知识来综合考虑无形资产评估市场法的应用，力求达到待评估无形资产理想的评估价格。

因此，在评估无形资产价格时需要综合考虑各方面的因素，尽量避免上述缺陷以求评估结果的科学合理，这也是理论界的期望和要求，同时也是评估实物界的愿望。相信随着未来中国金融市场资产证券化的进一步发展以及无形资产交易市场证券化的发展，上述问题会得到进一步的解决，同时也会为无形资产评估市场法提供更多更可靠的评估信息。

参考文献：

[1] 江志斌 . 无形资产评估方法选择 [J] . 合作经济与科技，2008（3）.

[2] 刘永江 . 关于无形资产若干问题的思考 [J] . 经营管理，2007（6）.

[3] 刘玉平 . 资产评估 [M] . 北京：北京大学出版社 .2003.

[4] 王海粟 . 企业价值评估 [M] . 上海：复旦大学出版社 .2005.

作者单位：

深圳市鹏信资产评估土地房地产估价有限公司

第二十二章
人工杉木用材中龄林林木资产评估方法研究

谢炜 郭勇君 吴春玲

摘 要: 本文针对用材中龄林资产评估,提出了一套适用现有二类调查数据资料的评估技术思路,列举了评估技术思路所涉模型,并以崇义县人工杉木林为例,探讨了该模型的应用,分析了模型应用的关键点。

关键词: 人工杉木用材林 数量化地位指数得分表 Weibull 分布模型

森林资源资产评估是对森林资源资产进行价值判断，是为林业产权流转提供价格参考，特别在全国集体林产权制度改革情况下，森林资源资产评估是维护森林资源资产所有者、经营者和投资者合法权益的重要技术保障，也是森林资源资产化管理的重要手段。目前，用材林资产评估多是以小班为单位进行评估的，森林资源资产化管理也是以小班为单位进行管理的，所以探索出适用现有的二、三类调查数据资料的评估技术方法显得尤为必要。为此，本文以崇义县人工杉木林为例，对用材中龄林评估方法进行探讨。

一、用材中龄林资产评估技术路线

在森林资源资产评估工作过程中，用材林中龄林资产是评估的难点，根据中龄林资产特性和交易案例的限制，多采用收获现值法评估。该法的难点是标准林分主伐时材种出材量的预测，评估时要建立适合的林分生长预估模型来预测主伐时蓄积量，这种做法工作量大，难度高。能否利用林业高等院校、科研院所等的经营数表研究成果，结合小班调查数据进行评估？针对这问题，对同龄用材中龄林资产评估提出一种新的技术思路（如下图）。

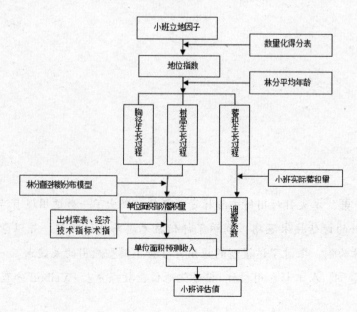

二、评估相关模型

针对本文提出的中龄林评估的技术思路，借鉴张志云教授、蔡学林教授主持的《江西省立地分类、评介及适地适树研究》课题部分生长模型及参数结果和前人研究相关成果，现将所涉及模型列出如下：

1. 基本模型

1.1 小班立地类型确定

以海拔高度、母岩、土层厚度、腐殖质层厚度等立地因子来拟合林木生长，寻找立地因子与林木生长的数学关系，可以通过数学方法，建立林木生长因子与立地因子的模型，再赋予各立地因子得分值，建立数量化地位指数得分表[1]。根据小班内的立地因子，查各树种数量化地位指数得分表，确定出小班地位指数。

1.2 林分平均胸径预估模型

由 $D_g = f(SI, A)$ 的函数关系，用 Chapman—Richards 生长函数拟合，得以下模型[2]：

$$DQ = C_0 SI^{C_1}[1 - e^{(C_2 + C_3 SI + C_4 SI^2)A}]^{(1 - C_5 - C_6 SI - C_7 SI^2)^{-1}} \tag{1}$$

上式中：DQ——林分平均胸径

SI——地位指数

1.3 林分平均树高预估模型

由树高与地位指数、林分年龄的函数关系，用 Chapman—Richards 生长函数拟合，得以下模型[2]：

$$H = C_0 SI^{C_1}[1 - e^{(C_2 + C_3 SI + C_4 SI^2)A}]^{(1 - C_5 - C_6 SI - C_7 SI^2)^{-1}} \tag{2}$$

上式中：H——林分平均树高

2. Weibull 分布预估伐期直径分布

2.1 林分最小直径预估模型

D_m 与 DQ 之间存在良好的幂函数关系，可建立以下关系模型 [2]：

$$D_m = C_0 \cdot DQ^{C_1}$$

(3)

上式中：D_m——林分最小直径

2.2 林分算术平均直径与林分平均胸径关系模型

DQ ＝＋ σ^2（为方差）。两者关系可用下列回归模型描述 [2]：

$$\overline{D} = C_0 + C_1 D_Q$$

(4)

上式中：$\overline{D}$——林分算术平均直径

2.3 标准株数模型

美国学者 Rcinck 认为：具有完满立木度的同龄纯林，相同的林分平均胸径具有相同的单位面积株数，与立地条件和年龄无关。骆期邦等分析研究了林业部 20 世纪 50 年代编制的杉木人工林生长过程表，证实了 Rcinck 论点在郁闭度为 1.0 时也适用 [5,6]。根据江西农业大学林学院森林经理研究室研究分析，也证实该论点适用江西省杉木、马尾松林分，建立胸径和标准株数双曲线模型 [2]：

$$N = C_0 \cdot DQ^{C_1}$$

(5)

上式中：N——标准林分株数

2.4 林分直径株数分布动态预测模型

杉木、马尾松林分直径株数分布模型，采用 Weibull 函数拟合，有着很好的预测效果，Weibull 分布函数为：

$$f(x) = \frac{c}{b} \cdot \left(\frac{x-a}{b}\right)^{c-1} \cdot exp\left[-\left(\frac{x-a}{b}\right)^c\right]$$

上式中：x——胸径

a——位置参数

b——尺度参数

c——形状参数

采用参数回收法求参数[4]。定义位置参数（a）为林分最小直径，根据统计原理，分布函数一阶原点矩 E（X）（数据学期望），二阶原点矩 E（X2）为林分的断面积平均直径的平方，通过对算术平均直径和断面积平均直径的预测来估计尺度参数（b）和形状参数（c），通过下列函数式反复迭代来求 b、c：

$$\bar{D} = a + b \cdot \Gamma\left(1 + \frac{1}{c}\right)$$

$$DQ = b^2 \cdot \Gamma\left(1 + \frac{2}{c}\right) + 2ab \cdot \Gamma\left(1 + \frac{1}{c}\right) + a^2$$

求出参数 a、b、c 后，再通过下列函数来预估各径阶株数分布：

$$n_i = N \cdot \left\{ exp\left[-\left(\frac{L_i - a}{b}\right)^c \right] - exp\left[-\left(\frac{U_i - a}{b}\right)^c \right] \right\}$$

上式中：n_i——第 i 径阶的林木株数

　　　　N——林分单位面积株数

　　　　U_i，L_i——第 i 径阶的上、下限

2.5 各模型参数

根据张志云教授、蔡学林教授主持的《江西省立地分类、评介及适地适树研究》课题研究成果，将所涉模型参数汇总如表 1：

表1 各模型参数

Table 1 Each model parameters

模型		参数							
		C0	C1	C2	C3	C4	C5	C6	C7
2.1	杉	2.049584	0.8226764	−0.1367148	−0.00045804	0.0000811	1.021677	−0.035831	0.0004814
2.2	杉	1.622674	0.8802685	−0.02909	−0.00569176	0.000144	0.107926	0.03655	−0.0013
2.3	杉	43 139.67	−1.046597						
2.4	杉	0.5378008	0.891468						
2.5	杉	−0.07046	0.983923						

三、模型应用

　　以上各模型组合，很好地计算出标准林分主伐时的直径分布，进而预测出标准林分主伐时的纯收益，结合调整系数计算出小班立木资产价值。应用该评估技术思路，只要小班地位指数、平均胸径、平均树高、单位面积蓄积量，即可计算小班资产评估结果。现以某实例说明该技术思路在人工杉木用材中龄林资产评估中的具体应用。

　　崇义某林场，有一块人工杉木林，小班调查因子情况：小班面积2公顷，林分平均年龄18年，平均树高11.1m，平均胸径13.5cm，郁闭度0.72，蓄积量211.8m³，山坡，坡向为阳坡，坡度260C，海拔高430m，砂岩，土层厚度64cm，腐殖层23cm。

　　经调查测算，得到相关评估技术经济指标：年平均营林生产成本（含地租）为600元/hm²，杉木大径材价格（场地价）为2 250元/m³，中径材价格为1 750元/m³，小径材价格为1 250元/m³，短小材为900元/m³，主伐时木材生产销售的成本和费用〔包括设计费、检尺费、采伐成本（含制材）、集材费、道路维修养护费、管理费、销售费、不可预见费等〕为310元/m³，利润为木材生产成本16%，投资收益率为6%，育林费和维检费72元/m³，植物检疫费2元/m³，杉木出材率参照《应用削度方程研制材种出材率表》[3] 一文，杉木主伐年龄为 26 年。

根据小班调查因子和相关评估技术经济指标，小班评估结果测算如下：

1. 评估计算公式

$$E_n = K \times \frac{A_u + D_a(1+p)^{u-a} + D_b(1+p)^{u-b} + \cdots}{(1+p)^{u-n}} - \sum_{i=n}^{u} \frac{C_i}{(1+p)^{i-n+1}}$$

上式中：A_u——参照林分 u 年主伐时的纯收入（指木材销售收入扣除采运成本、销售费用、管理费用、财务费用及有关税费和木材经营的合理利润后的余额）

D_a，D_b——参照林分第 a、b 年的间伐单位纯收入（$n > a$，b 时，D_a，$D_b = 0$）

P——投资收益率

C_i——评估后到主伐期间的营林生产成本（含地租）

2. 计算过程

2.1 小班地位指数。崇义所处罗霄山低山丘陵立地亚区，根据小班立地因子，经查该杉木分区数量化地位指数得分表[1]，小班地位指数为 13.8。

2.2 林分平均胸径和蓄积量。同龄时，标准林分平均胸径为 13.45cm，标准蓄积量为 225m³/hm²，主伐年龄时，标准林分平均胸径为 16.13cm，蓄积量为 322.3m³/hm²。

2.3 林分主伐年龄时，求算出杉木标准林分直径 Weibull 分布函数参数：a = 6.41、b = 10.48、c = 3.17，人工杉木直径株数分布如表 2：

表 2 人工杉木林分直径株数分布表

径阶	6	8	10	12	14	16	18	20	22	24	26	28	合计
株数	0	27	137	316	487	544	444	258	103	27	5	0	2 348

2.4 主伐时标准林分出材量为 260.68m³/hm²，其中短小材为 6.23m³/hm²，

小径材为 250.54m³/hm²，中径材为 3.91m³/hm²，主伐时纯收益为 225 334 元，林分质量调整系数 K = 13.5/13.45×105.9/225 = 0.473，最后得出小班评估值为 126 290 元，小班单位面积 63 145 元 /hm²，单位蓄积 596 元 / m³。

四、结论

在用材林的中龄林林木资产评估中，关键是参照林分生长模型的确定，实际评估工作中，通常采用各省制定的《森林经营类型表》中的生长过程表作为参照林分生长过程，或临时拟合被估林分的参照林分生长模型。对于前者而言，该生长指标针对性不够强，仅能满足一般精度的评估要求；对于后者而言，评估工作量大，评估费用难以承受。

采用本文提出的中龄林评估技术思路，很好地解决了参照林分生长模型的确定问题，不同的立地类型有相应的参照林分生长模型。运用该思路时，应注意以下几点：

1. 运用该思路时，须有立地亚区各树种数量化地位指数得分表、林分胸径生长模型和蓄积量生长模型等研究成果，否则难以应用这种方法。

2. 该模型对地位指数的精度要求非常高。因为不同立地类型的标准林分生长模型都不同，即参照林分主伐时出材量不同，如果地位指数测定不准的话，造成林分质量调整系数的偏差，进而影响林分评估结果，所以在具体的运用时，要求保证小班立地因子的调查精度或准确测定出小班地位指数。

采用该评估技术思路的模型时，只要输入小班立地因子或林分的地位指数，可以确定标准林分胸径、树高、蓄积量生长模型，结合实际调查被评估林分的平均胸径、林分平均年龄、林分蓄积量等调查数据，可以确定出林分质量调整系数，利用收获现值法评估公式，计算林木资产价值。该思路所需数据，二类调查、三类调查项目中都有，只需提高小班立地因子调查精度，便可在实际工作中推广应用。

参考文献：

[1] 蔡学林，张志云，欧阳勋志.江西省立地质量数量化评价研究 [J].江西农业大学学报，1997，19（6）：81-89.

[2] 蔡学林，张志云，欧阳勋志.森林立地计算机广泛应用系统 [J].江西农业大学学报，1997，19（6）：152-159.

[3] 蔡学林，张志云，欧阳勋志等.应用削度方程研制材种出材率表 [J].江西农业大学学报，1997，19（6）：126-159.

[4] 孟宪宇.测树学 [M].北京：林业出版社，1997.

[5] 骆期邦等.用于立地质量评价的杉木标准蓄积收获模型 [J].林业科学研究，1989，2（5）：447-452.

[6] 张志云，蔡学林，欧阳勋志.江西省立地质量评价系统研究 [J].江西农业大学学报.1997，19（6）：75-80.

作者单位：

深圳市鹏信资产评估土地房地产估价有限公司赣州分公司

第二十三章
合同预期收益赔偿评估初探

陆燕

　　从事评估工作多年，碰到很多企业因为各种原因遭遇合同提前解除而给经营单位造成损失的情况，有些合同是因为政策原因解除，有些合同是因为公共利益原因取消，有些合同则是企业间由于某些原因无法继续履行而取消。当违约方违约后，守约方的损失往往不只是合同约定范围内的损失，还包括合同方实际履行合同后可以得到的利益。如何保护合同预期收益，减少违约行为造成的损失呢？以下就该问题，做一些初步的探讨。

一、法律界对合同预期收益的阐述

1.《合同法》对预期收益的规定

《合同法》第 107 条规定："当事人一方不履行合同义务或者履行合同义务不符合约定的，应当承担继续履行、采取补救措施或者赔偿损失等违约责任。"

《合同法》第 113 条第 1 款规定："当事人一方不履行合同义务或者履行合同义务不符合约定，给对方造成损失的，损失赔偿额应当相当于因违约所造成的损失，包括合同履行后可以获得的利益，但不得超过违反合同一方订立合同时预见到或者应当预见到的因违反合同可能造成的损失。"

可得利益即是指合同履行以后可以获得的利益。可得利益损失，是指受害人因违约方违约而遭受的上述预期纯利润的损失。通常而言，常见的可得利益损失包括生产利润损失、经营利润损失、转售利润损失等，同时不包括为取得这些利益所支付的费用和必须缴纳的税收。

2. 法律上可得利益损失赔偿额的构成要件

在违约责任的归责原则方面，我国《合同法》采取的主要是严格责任制。因此，就违约损害赔偿来说，只要具备违约行为、损害事实、违约行为与损害事实之间有因果关系三个要件，违约方就要承担违约损害赔偿责任，至于违约方主观上是否有过错，是不管的，故作为违约损害赔偿一部分的可得利益损失赔偿也要具备上述三个要件。

3. 可得利益损失的约定赔偿和法定赔偿

可得利益损失赔偿有约定赔偿和法定赔偿之分。

约定赔偿，是指在违约行为发生后，按照当事人在合同中事先约定的损失赔偿计算方法，来计算损失赔偿额。

法定赔偿，是指当事人在合同中没有事先就损失赔偿做出约定的情况下，由人民法院根据案件的具体情况依法确定损失赔偿额。

约定赔偿优先于法定赔偿。

4. 可得利益损失赔偿范围的限制

违约损害赔偿制度的根本目的在于保护债权人的利益，但同时还应顾及鼓励交易、提高效率等社会公共利益。因此，对受害人因违约所遭受的损失原则上应予以完全赔偿，但同时应将这种赔偿限制在法律规定的合理范围内。一般来说，可得利益损失赔偿受以下几个方面的限制：

4.1 可预见性规则

可预见性规则又称应当预见规则，是指违约方仅对其在订约时能够预见到的损失承担赔偿责任，而对不可预见的损失不承担赔偿责任。可预见性规则是限制违约损害赔偿范围的一个重要规则。在具体应用这一规则时，关键是要准确把握预见的主体、时间、内容和判断能否预见的标准。关于预见的主体和时间，《合同法》第113条第1款规定得很明确，即预见的主体应当是违约方，预见的时间是订约时。关于预见的内容和判断能否预见的标准，则缺乏明确的规定。

（1）预见的内容

关于预见的内容，即违约方在订约时应当预见到什么，法律没有明确的确定，这点在认识上存在分歧。

（2）判断合理预见的标准

合理预见是一个弹性的概念，它给法官留下了一个较宽的自由裁量的范围。而法官的自由裁量权主要体现在如何判断违约方对其违约行为所造成的损失是否应当预见或能否预见。对于违约方的特殊预见能力，由守约方承担举证责任，当违约方具有高于一般合理人的预见能力时，法官应采用违约方特殊标准判断合理预见的范围；其他情况下，应采用合理人标准。影响违约方特殊预见能力的因素包括以下几点：

①违约方的身份

违约方的身份决定着他对合同标的物的功能、用途以及受害方使用标的物目的的了解程度，进而影响着他对违约可能造成损失的预见能力。

②受害方的身份

违约方对受害方的身份的了解也直接影响着其对损失的预见能力。如果买方是生产性的企业，则卖方违约时，买方所遭受的生产利润损失属于卖方合理预见的范围。如果买方企业在诉讼中提出转卖利润损失赔偿请求，则不应予以支持，因为就买方的身份来说，这类损失是卖方无法预见的。

③合同的对价

对价往往是与合同的潜在风险成正比的。一般来说，合同的风险越大，对方索要的对价就越高，反之，对方索要的对价就低。

④受害方对特殊信息的披露

受害方因违约所遭受的特殊损失，是否属于违约方合理预见的范围，一般来说，取决于受害方在订约时是否向违约方披露了相关的特殊信息。如果受害方在缔约时向违约方披露了相关的特殊信息，则该部分损失应推定为违约方所预见，否则，应推定违约方不能预见。

4.2 减轻损害规则

减轻损害规则是指受害人不得就其本可采取合理措施予以避免的损失获得赔偿。受害人在违约行为发生后采取适当措施防止损失的扩大是诚实信用原则的客观要求。若受害人能够采取合理措施而未采取属于违反诚实信用原则的行为，其无权要求违约方对扩大的损失额给予赔偿。

需要强调的是，只要受害人采取的减少损失的行动在当时是合理的，即使这种行为实际上带来了更大的损失，违约方仍要赔偿。但如果受害人采取的行动明显不合理，因此而产生的费用就不能索赔。

4.3 损益相抵规则

损益相抵又称损益同销，指赔偿权利人基于损害发生的同一原因获得利益时，应将所受利益从所受损害中扣除以确定损害赔偿范围的规则。在《合同法》上所称的损益相抵规则，其内涵是受害人基于导致损失发生的同一违约行为而获得利益时，其所能请求的实际赔偿额为损失减去利益的差额。这一规则旨在确定受害人因对方违约而遭受的"净损失"，是计算受害人"真实损失"的规则。

损益相抵规则与减轻损害规则不同。减轻损害规则的作用在于减轻加害人的责任；损益相抵规则的作用在于确定受害人的实际损失。

损益相抵适用的前提要件是，受害人因违约行为的发生而获得一定的利益。这里包括两个方面：一是在违约行为发生后，受害人不仅遭受了损害，而且获得了一定的利益；另一方面，损失与利益应是基于同一违约行为而产生的，获得利益与违约行为之间有因果关系。

在计算损失时可以扣除的利益主要有：受害方本应缴纳的税收、标的物毁损的残余价值以及原应支付因违约行为的发生而免予支付的费用，如因无须继续履行合同而免予支付的进一步费用。

以上利益计算的限制，在实质上对评估的范围做出了明确的规定，故以上原则的运用对评估人员来说是非常重要的。

5. 合同预期损失的种类

从司法实践来看，行为人造成他人财产上预期利益的损失主要有如下几种：

5.1 可得利益必须是纯利润，包括依合同取得对方交付的财产并利用其从事生产后可以取得的预期纯利润以及通过劳务或服务合同获得并使用该劳务或服务后获得的纯利润等，但不包括为取得这些利润所支付的费用及税收等。故可得利益主要包括生产利润、经营利润、转售利润等。

5.2 可得利益不仅存在于合同领域，而且广泛存在于侵权领域。同属于可得利益，在合同违约的情况下能够获得赔偿，在其他情况下理应同样对待。

5.3 孳息损失。孳息是由原物所产生的收益。违法行为对正常情况下能够产生孳息的财产造成损害时，同时也会导致孳息的损失。从民法上看，孳息有自然孳息和法定孳息。自然孳息一般不宜赔偿（不宜赔偿的不应列入评估范围）。法定孳息是随着时间进程以原物为基础按一定比率或一定数量增生的，如利息、租金等。这种损失范围（损失量）较容易确定和计算，而且一般来说争议也较少。

5.4 其他收益损失。主要指侵害工业产权，包括专利权和商标权而给权利人造成的预期利益损失。它的特点是侵权人并没有给权利人的财产造成直接损害，而是表现为未经权利人许可，非法制造、销售他人专利产品或使用他人注册商标，使得权利人依据该专利权和商标权可以获得的收益而没有获得。

5.5 为消除潜在的损害后果而支出的有关费用。在预期利益损失的赔偿中，还应当包括受害人在未来过程中为消除违法行为所造成的潜在危害后果而支出的有关费用。

6. 不适用预期利益赔偿的项目

最高人民法院法发〔2009〕40 号文件所确认。即存在《合同法》第 113 条第 2 款规定的欺诈经营的场合，因违约导致人身伤害、死亡以及精神损害场合，以及当事人订立合同时约定了损害赔偿的计算方法等场合情形的，不宜适用可得利益损失的赔偿规则。

法律规定不适用预期赔偿的项目也就意味着该项目不能在该目的下成为被评估对象。

二、评估准则对合同预期收益的界定

《资产评估准则 —— 无形资产》第二条：本准则所称无形资产，是指特定主体所拥有或控制的，不具有实物形态，能持续发挥作用且能带来经济利益的资源。（无形资产包括专利权、专有技术、商标权、著作权、销售网络、客户关系、特许经营权、供应关系、人力资源、商业特许权、合同权益、土地使用权、矿业权、水域使用权、森林权益、商誉等。）

第十五条：可辨认无形资产包括知识产权、专有技术、关系类无形资产、权利类无形资产等。不可辨认无形资产是指商誉。知识产权包括工业产权（专利权与商标权等）与著作权等；专有技术包括商业秘密与技术诀窍等；关系类无形资产包括销售网络、客户关系、供应关系、人力资源等；权利类无形资产包括商业特许权、合同权益等。

第二十四条：注册资产评估师执行无形资产评估业务，应当根据评估目的、评估对象、价值类型、资料收集情况等相关条件，分析收益法、市场法和成本法三种资产评估基本方法的适用性，恰当选择一种或者多种资产评估方法。

在评估准则中未对合同解除后预期收益的评估做出具体详尽的规定，仅在《无形资产评估准则》中出现合同权益可作为无形资产进行评估，亦未明确说明合同权益的内容，这给评估范围的确定造成了一定的难度。

三、法律与评估准则对合同预期收益的界定的区别，评估师应该以何种界定为基础进行评估

法律对合同预期收益有明确的规定，而评估准则中则无具体规定，在实务操作过程中，应根据法律的效力大于准则效力的原则，以《合同法》的相关规定及最高法等的相关解释为基础确定评估范围及评估内容，同时根据特定的评估目的选择适当的评估方法。

四、合同预期收益赔偿中通常使用的评估方法

1. 几种典型可得利益损失

由于交易性质、合同目的不同，在具体案件中计算可得利益损失时要考虑的因素也不相同，下面就生产利润损失、经营利润损失、转售利润损失等几种常见的情况予以说明。

1.1 根据纯利润计算可得利益

根据纯利润计算可得利益时，须以被评估单位前三年及评估基准日审计后的会计报表为基础，或者以前三年及评估基准日报税务局的会计报表为基础，结合《企业绩效评价标准值》中该行业的平均利润水平，合理预测在合同期内被评估企业的收入、成本、费用，得出纯利润，利用折现率折现后得出合同期内的可得利益。

1.2 计算孳息损失

因孳息分为自然孳息和法定孳息，自然孳息由于无法量化，一般不宜赔偿，故评估时亦可不考虑，但应在评估报告特别事项中加以提示。

法定孳息是随着时间进程以原物为基础按一定比率或一定数量增生的，利息作为法定孳息可根据评估基准日银行公布的存款利率，按照合同约定的本金或者损失额确定基数，按照合同剩余有效期计算出利息即可。

如法定孳息为租金则根据合同约定的租金或者评估师调查的客观市场租金按合同剩余有效期进行计算。

1.3 计算其他收益损失额

其他收益损失主要指侵害知识产权，包括专利权和商标权、设计图纸、客户资源等而给权利人造成的利益损失。

根据目前我们接触的案例，此部分损失必须以侵害方所获得的利润作为被评估单位的损失，即须取得对方销售合同、销售发票或者其他销售证据，参照《企业绩效评价标准值》中同类型企业所获得的平均利润确定被评估单位的损失。

为消除潜在的损害后果而支出的有关费用。在预期利益损失的赔偿中，还应当包括受害人在未来过程中为消除违法行为所造成的潜在危害后果而支出的有关费用。

此部分费用可根据受害人实际发生的金额确认，在取得发票、合同或者其他凭据的基础上确认，无证据支持的不应予以确认。

五、结论

在此类评估案例中，有时难以用正常的评估方法去衡量所受的损失，故建议评估公司出具咨询性质的报告书，评估范围亦应根据司法鉴定证书的范围确定，评估师不可随意确定评估范围。

评估过程中应遵循谨慎、证据确凿的原则进行，即取参考值时应以客观平均值为基础，不应取高值，避免高估损失。

证据确凿亦即每个参考值确定都必须有充分的证据，不可随意确定。

作者单位：

深圳市鹏信资产评估土地房地产估价有限公司

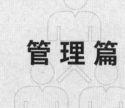

管理篇

第二十四章
评估机构分公司管理工作流系统的研究与设计

聂竹青　陈智明　周湘超　陈义明

　　摘　要：在阐述工作流概念的基础上，对 java 开源工作流管理系统 JBPM（Java Business Process Management）进行了描述。从大型房地产评估机构的分公司管理需求和系统建设目标出发，开发了一套基于 JBPM 的评估管理系统。以评估报告审核、报告签章入库和财务报表审核流程为实例，详细介绍了流程的设计与实现。

　　关键字：工作流　JBPM　房地产　评估

引言

改革开放以来，随着我国经济的不断发展，房地产市场呈现一派欣欣向荣的景象。为了配合房地产信贷、抵押和拆迁征地等重要的经济活动，1994 年起建设部推行房地产估价师制度。近 20 年以来，估价师制度为我国房地产市场的规范和经济的发展做出了不可磨灭的贡献，出现了一些大型的房地产评估公司，这些公司除了自身评估实力雄厚，拥有大量的评估师外，还在各地设置了一些分公司，以充分发挥自己的技术实力。为了确保评估质量，规范收费管理，这些公司迫切需要规范评估报告审核、签字归档和收费审核等业务流程，同时提高公司工作效率和竞争实力。深圳市鹏信资产评估土地房地产估价有限公司就属于这一类型评估机构。

本文基于 JBPM（Java Business Process Management）工作流技术对房地产评估机构分公司管理系统进行了研究和设计。

一、工作流技术概述

1. 工作流简介

工作流起源于生产组织和办公自动化领域。它针对日常工作中具有固定程序的活动，将它们分解成定义良好的任务、角色，按照一定的规则和过程执行这些任务并对它们进行监控，从而提高办事效率、降低生产成本、提高企业生产管理水平和竞争力。

工作流管理联盟（WfMC：Workflow Management Coalition）给出的工作流定义是：工作流是一类能够完全或部分自动执行的业务过程，它根据一系列过程规则，使文档、信息或任务能够在不同的执行角色之间进行传递与执行 [1]。

工作流管理系统是一个软件系统，它完成工作流的定义和管理，并按照预先定义好的工作流逻辑自动推进工作流实例的执行。WfMC 在 1994 年11 月发布了工作流管理系统的参考模型如图 1 所示 [2]。其中，"工作流执行服务"是工作流管理系统的核心部件，是模型中最重要的组成部分，它的功能包括创建、管理流程定义，创建、管理和执行流程实例，它可能包含有多个分布式工作的工作流引擎。工作流执行服务通过提供工作流定义交换、工作流客户端应用、被调用的原因、工作流系统互操作和系统监控与管理五大接口实现和各种应用程序的交互。

根据任务项的传递机制不同，工作流管理系统可以分为三种类型：

1.1 基于文件的工作流管理系统：采用共享文件的方式完成任务项的传递；

1.2 基于消息的工作流管理系统：通过用户的电子邮件系统传递文档信息；

1.3 基于 Web 的工作流管理系统：通过 WWW 实现任务间的协作。

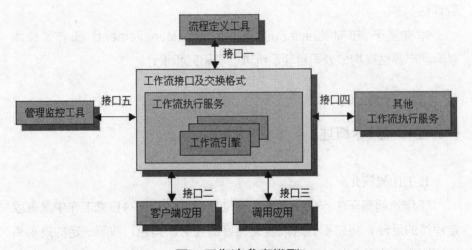

图 1 工作流参考模型

Figure 1 the workflow reference model

2.JBPM 开源工作流框架

JBPM 是 JBoss 组织创建的一个灵活、易扩展的工作流管理系统框架。它的业务逻辑定义没有采用目前的一些规范，如 WfMC 的 XPDL、BPML、ebXML 等，而是采用了它自己定义的 JPDL（JBoss Process Definition Language）。JBPM 基于 UML 活动图模型，结合了状态机以及 Petri Net 等技术，不但提供了 Event-Action 机制来满足活动扩展处理的需要，还提供了可扩展的 Task 及分配机制，来满足复杂人工活动的处理 [3]。JBPM 已被广泛应用于各行业办公自动化系统的开发 [4-8]。

JBPM 使用目前 Java 领域最流行的一种数据持久层解决方案 Hibernate 来管理它的数据库。通过 Hibernate，JBPM 将数据的管理职能分离出去，自己专注于商务逻辑的处理。它将流程定义封装成流程档案（process archives），传送到 JPDL 流程引擎加以执行。JPDL 流程引擎负责遍历流程图、执行定义的动作、维持流程状态，并且记录所有流程事件。JBPM 工作流组件结构如图 2 所示。

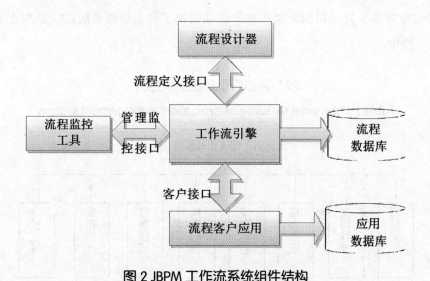

图 2 JBPM 工作流系统组件结构

Figure 2 the component structure of JBPM workflow

JBPM 开发工作流系统的一般步骤如下：

2.1 选定所用数据库：JBPM 工作流系统需要有流程数据库来存储所定义的流程以及应用数据库存储应用程序数据。

2.2 定义工作流：在 eclipse 中使用 JPDL 流程图形设计器设计流程，自动生成 processdeflnition.xml 文件。

2.3 生成 java 流程归档文件：使用 Ant create.pde 生成 pde 包的工作目录。将 processdinination.xml 文件和其他需要的文件复制到该目录下，使用 ant build.precess.archives 生成格式为 jar 的 pde 包。

2.4 修改数据库连接设置：在 src/config/JBPM.properties 中设置数据

库连接信息，将数据库的 JDBC 驱动放在 pde 工作目录的 lib 目录下。

2.5 部署到数据库：执行命令 Ant deploy.process.archives 将上一步生成的 pde 部署到数据库。

2.6 利用 JBPM API 函数开发相应的工作流程。

二、评估管理系统的总体规划

设有多个分公司的大型房地产评估公司工作流管理系统模块结构图如表 1 所示：

表 1 评估管理系统模块结构

Table 1 the model structure of evaluation management system

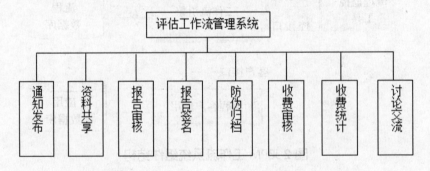

通知发布：总公司重要文件，通知各分公司负责人；各分公司申请报告、重要合同、文件等图文资料，投标资料等发给总公司。

资料共享：总公司的报告模板、标准、档案资料要求、培训资料、行业动态等资料能让各分公司共享；分公司将各地的地方文件，如基准地价、房地产指导价格、市场调研报告等上传到总公司。

报告审核：系统的核心工作流，涉及分公司评估师、分公司经理和总公司经理等角色。第三部分有详细的流程设计描述。

报告签名：系统的另一核心工作流，主要功能是在报告审核通过后，由总公司秘书发起，分公司评估师、分公司经理和总公司经理参与电子签名，最后由秘书为报告加入二维码和条形码后归档入库。

防伪归档：该模块自动生成包含总公司官网链接和报告编号的二维码，加入报告文档的适当位置，客户可以手机扫描二维码，确认二维码内容后直接连接官网查询报告信息的方式判别评估报告的真伪。

收费审核：系统的又一核心流程，由分公司财务发起，经分公司经理和总公司经理审核通过后结束流程，如果不通过则驳回流程。该模块主要根据评估面积、评估价格来判别评估收费的合理性。

收费统计：总公司和分公司经理及财务按时间段和报告类别查询和统计评估收费，提供一定的决策支持。

讨论交流：整个公司进行技术交流的模块，以发帖和回帖的方式进行。

系统的用户角色包括总公司经理、总公司秘书、分公司经理、分公司评估师和分公司财务。

三、基于 JBPM 的关键实现

由于 JBPM 工作流框架可以将传统基于纸质文档的业务流程电子化，记录每个流程各个任务节点的操作历史，有效地提高工作流执行的效率和质量，所以我们尽量将系统功能以工作流的方式实现。系统主要有报告审核、报告签名归档和收费审核三大核心工作流，由于收费审核和报告审核的流程基本相同，本节仅详细描述其他两个的设计。

1. 报告审核

报告审核流程如图 3 所示，分公司评估师首先从系统获取报告编号，唯一标识一份评估报告，由年份＋分公司拼音缩写＋分公司报告序号组成，如 2014GZ001 表示 2014 年广州分公司第一份报告编号。然后上传报告，启动审核流程，成为分公司经理的待办事项。分公司经理审核报告，若审核通过，则流转到总公司经理，否则驳回，由分公司评估师修正。总公司经理审核待办事项，通过则交给秘书，流程结束，否则驳回给分公司经理。已流经任务结点的用户可以查看工作流流转情况，了解工作流审批进展。数据库保存报告流转审核历史，可以查询报告审核细节。

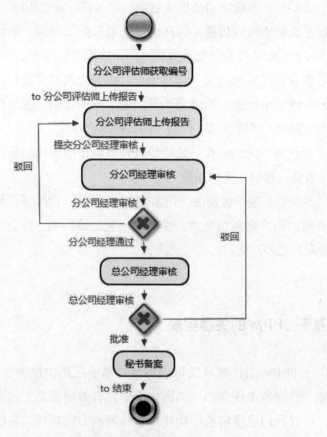

图 3 报告审核工作流

Figure 3 the workflow of auditing report

2. 报告签名归档

报告电子签名及归档流程如图 4 所示，该流程接在报告审核流程后由秘书发起，经过分公司评估师、分公司经理和总公司经理逐级电子签名，最后由秘书生成包含防伪查询链接信息的二维码，并插入到报告的适当位置，归档入库。

四、系统软件架构

系统采用典型的 B/S 架构，基于 MVC（model view controller）模式分为表示层、应用层和数据层，总体架构如图 5 所示。表示层基于 JSP 技术构建用户界面，使用 JSP 和 Struts 标签库方便数据的输入和展示，支持多种客户端平台的标准 HTTP 访问。应用层运行在 Apache 开源 Web 容器 TomCat 上，包含 Web 控制、业务处理和数据访问三部分。Web 控制部分使用 Struts2 框架，采用拦截器机制处理用户请求，使业务逻辑控制器与 Servlet API 完全脱离开来。业务处理部分采用轻量级 Spring 框架，使用控制反转（IOC）和依赖注入技术动态创建各种 bean 对象，基于面向切面编程（AOP）技术很方便地插入功能模块。其中，Service 层用来为 action 提供业务逻辑操作和控制事务属性，DAO 层用于数据库的各种操作，JBPM 用于处理所有与流程相关的数据操作。数据访问部分由 Hibernate 框架实现，完成 MySQL 关系型数据模型和业务层对象模型之间的映射。这种分层、松耦合的软件架构使系统具有极好的可扩展性和维护性。

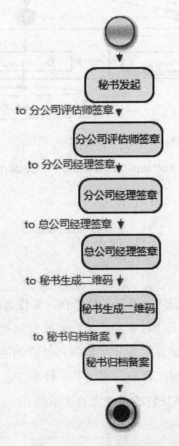

图 4 报告签名归档工作流

Figure 4 the workflow of signing and archiving the report

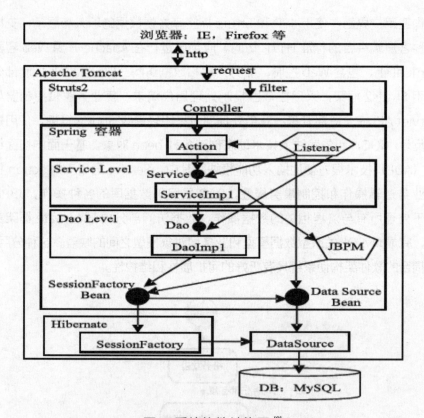

图 5 系统软件结构图 [9]

Figure 5 software architecture of system

五、结语

工作流技术能建模组织内部各种工作流程，实现自动或半自动的流转，记录任务操作，提高组织工作效率和质量。本文针对有许多分公司的大型房地产评估公司的业务需要，定义了实现各种功能的工作流并详细描述了其中的报告审核和签名归档工作流，设计了一种基于主流 SSH 框架的、层次分明、有良好扩展性和维护性的工作流管理系统。

参考文献:

[1] 范玉顺,罗海滨.工作流管理技术基础[M].北京:清华大学出版社,2001.

[2] David Hollingsworth.The workflow reference model[J].1995.

[3] 胡奇.JBPM4工作流应用开发指南[M].北京:电子工业出版社,2011.

[4] 段雪丽,妊好,曹静.基于JBPM的高校办公自动化系统的设计与实现[J].
邢台职业技术学院学报,2012,29(3):96-100.

[5] 鲁宛生,刘婷婷,王林生.JBPM工作流在企业请假流程中的应用[J].电子商
务,2013(4):70-71.

[6] 潘强.基于JBPM的公文审批系统的设计与开发[J].电脑知识与技术,2011,
07(32):7913-7914.

[7] 汪会财,罗滇生,陈浩,彭峰华,徐良军,康童.基于JBPM的电力调度培训考
试可视化流程管理系统[J].电力自动化设备,2012,32(6):107-110.

[8] 吴蕾.基于JBPM工作流技术的医院内部报销审批系统[J].医学信息学杂志,
2012,33(6):28-32.

[9] 许爱军.JBPM工作流管理系统的研究与实现[J].计算机技术与发展,2013
(12):100-104,108.

作者单位:
聂竹青、陈智明:深圳市鹏信资产评估土地房地产估价有限公司
周湘超、陈义明:湖南农业大学

第二十五章
基于信息化技术的房地产估价机构商业运营模式探讨

李欣 罗维豪 邓慧艳

摘 要： 随着信息化技术的不断发展完善和应用推广，房地产估价机构传统的商业模式正面临巨大挑战。本文通过分析当前房地产估价机构发展存在的突出问题及传统商业的模式，提出了房地产估价机构的商业模式创新趋势，并结合深圳市世联土地房地产估价有限公司的实践经验，总结出互联网应用给当前估价行业带来的机遇与挑战。

关键词： 信息化技术 房地产估价机构 商业模式

引言

有学者曾经说过，"当今企业之间的竞争，不是产品之间的竞争，而是商业模式之间的竞争。"[1] 随着社会信息化水平的提高和大数据时代的来临，商业模式逐渐被人们所熟知，并成为管理学研究领域的一个新的热点。现阶段，大部分评估机构的信息化水平较低，此外，评估机构数量的迅速扩张，加剧了评估行业内部的竞争关系。传统的营销手法，主要还是集中在评估价格、收费价格、人脉资源等方面，由此形成低水平的恶性竞争，严重影响了估价机构和估价师的专业形象和社会地位。因此，如何广泛利用互联网技术变革估价机构传统的商业运营模式，以谋求未来的跨越式发展，成为当前评估行业的新课题。

一、信息技术在估价行业运用的现实意义与必要性

1. 当前房地产估价机构发展状况及存在的突出问题

估价师接到一个案子，然后通过临时在网上搜索类似的交易案例，通过各类测算方法计算估值。这样传统的估价操作模式较容易造成选取案例的偶然性、随机性，缺乏一定数量案例的积累比较，从而造成估价结果的失真。

随着房地产估价机构的发展以及社会经济生活对房地产估价不断增长的需求，迫切要求房地产估价机构提供科学、规范、高效率的服务，为房地产交易、抵押贷款、土地出让、拍卖、拆迁补偿等各项需求提供值得信赖的估价服务。估价需求市场正在发生着深刻的变化，迫切要求估价机构的估价报告在科学性、严谨性方面达到一个新的高度，一个参数的选取、一个案例价格的修正幅度确定以及一栋楼房的不同楼层差价都对估价结果提出更高的要求。就如拆迁项目，每一点价格的变化都会影响到受益人的切身利益，进而影响拆迁项目能否顺利推进，经得起历史的检验显得尤为重要。同时，若有大批量的房地产分户估价项目，给估价师传统的评估方法带来不少的麻烦，估价师在繁杂重复的工作中常常感到力不从心，从而忽视了在个性化方面花费更多的精力，估价报告的质量得不到有效的保证。

评估机构数量的迅速扩张，也加剧了评估行业内的竞争关系。传统的营销手法，诸如迎合委托方要求高估或低估估值、压低收费、给予委托方回扣等各种不正当竞争方式层出不穷。估价行业专业形象大打折扣。一方面要通过行政监管，行业自律加强管理；另一方面必须通过估价机构加强"内功"修炼，不断提高自身专业水平和估价报告的技术含量来赢得客户的认可，从而扩大品牌影响力，占据市场制高点 [2]。

2. 信息化技术对估价机构构建核心竞争力的必要性

估价报告的科学性、规范性、效率性是估价机构生存与发展的重要因素，专业性与营销策略的创新也是估价机构面对新形势必须要解决的课题。开发和应用信息化手段对提高房地产估价机构的核心竞争力起着重要的影响作用。

首先，信息化系统可开发基础数据的收集和统计分析功能，能为估价机构提供强有力的市场分析材料；其次，信息化系统可开发估价报告辅助生成功能，解决一般性常见报告错误并极大地提高工作效率。此外，信息化系统可开发估价报告审核与风险控制功能，可以将我们所能预见到的风险降到最低值。

另外，自动估价系统功能和在线查询功能，可在估价机构与客户之间搭建一个网络联系桥梁，既方便客户，诸如银行、法院等业务需求，又在营销手法上占得了先机，从而确立公司的专业形象。当然，信息化办公系统还可兼容强大的行政、人力资源、客户档案管理等诸多方面的功能。运用科技化、信息化手段解决凭经验、拍脑袋的决策方式，提高决策的科学性和时效性是现代化企业管理的必由之路。因此，开发应用这一信息化系统是全面提高估价机构服务水平、管理水平，以适应经济全球化所带来的时代新要求。

二、基于信息化技术的房地产估价机构商业运营模式的变革

1. 房地产估价机构传统的商业运营模式

商业运营模式即为满足客户需求、实现客户价值最大化，企业形成一

个完整的、高效率的、具有独特核心竞争力的、使达成持续盈利目标的运行系统[2]。

当前，房地产估价机构在市场竞争中，已经不自觉地在一定程度上选择了自己的商业模式，比如有的机构偏重于做政府机关的咨询研究业务，有的机构偏重于做金融机构的抵押估价业务，有的机构拥有大量的业务人员承揽业务，有的机构承揽业务主要靠公司负责人，有的机构主要靠投标承揽业务，但总体上大多数机构是被动地适应市场，且具有相同的"业务系统"。"业务系统"反映的是企业与其内外各种利益相关者之间的交易关系。简单地说，即指明确了客户、其他合作伙伴以及企业员工在企业通过商业模式获得价值的过程中所扮演的角色。

房地产估价机构传统的商业运营模式是依靠金融机构、企业市场团队和估价师三者作为利益相关者来开展业务的，房地产估价机构通过行政许可获得资质证书，然后入围各大金融机构、法院、拆迁办等。一旦入围后，企业市场人员对外长期跟踪相应的业务单位，维护客户群体，事无巨细，对内同样要与估价师协调沟通，最后估价师对每一相应的项目向客户出具估价报告，周而复始来获取业务。

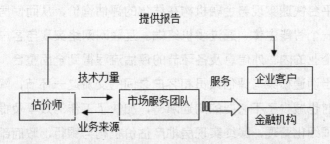

图1 房地产估价机构传统的商业运营模式示意图

这种传统的"铁三角"模式长期发展下去，就会形成依赖客户而不是依赖估价机构专业性的局面，随之必然导致专业性的下降，导致客户形态的单一、行业进入的技术壁垒低。由于各个环节都离不开人员的沟通与交流，估价机构低成本低收入的盈利模式将不断恶化，甚至最终会影响到企业的文化、信誉以及估价人员职业道德观。

受限于传统商业模式的房地产估价机构因不能给客户提供精确性、高附加值的专业服务，并且由于行业竞争环境的不断恶化，共同促使估价机构继续提供低成本低质量的服务，要打破这个怪圈，唯有在商业模式上有所变革。

2. 房地产估价机构商业运营模式变革趋势及方向探讨

商业模式是一个企业在准确市场定位的前提下，建立适当的业务系统，拥有必要的核心竞争力，选择最有利的盈利模式，从而形成最佳的自由现金流结构，实现企业的价值[2]。换句话说，要转变房地产估价机构的商业模式，可从业务系统的创新、关键资源能力的提升以及盈利模式的转变三个方面进行思考。

2.1 传统业务系统的创新——互联网工具的利用

房地产估价机构通过市场人员从银行获得抵押估价业务，最终银行从估价师手中获得估价报告，估价机构收取评估费，业务员与估价师提取业务提成，这就是一个业务系统。构建怎样的业务系统与估价机构的定位有直接关系，商业模式创新要求我们用宽阔的视野看待业务系统：在信息化技术的支撑下如何利用互联网工具创造收入、节省成本；估价机构如何应用新工作平台快速实现与金融机构在线化的评估询价，从而使房地产估价机构形成一个智能主体。通过手机终端、互联网网络实现与客户信息的互动交流，企业的内、外信息及各环节的评估流程得到全面整合，减少了业务人员充当沟通桥梁与评估人员和客户之间的交流这一环节，降低了人力成本的同时也减少了不必要的沟通障碍，加快了工作的效率及提高了便捷度，实现精细化管理，最终实现房地产估价机构与银行、政府部门、监管部门等机构之间的信息共享，交流智能化、高效化、科学化。

2.2 核心竞争力的提升——建立核心数据库

估价行业是一个竞争比较激烈的行业，承揽业务的能力最为重要。除了企业自身的机构资质等级以及地域的差异外，在大数据时代的今天，建立一套完整的房地产估价数据库，对提升房地产估价行业的整体影响力、降低估价成本及风险都具有巨大的现实意义和深远的历史意义，且建立起来的数据库系统，能为咨询服务提供基础及良好的平台，促进评估机构多元化发展。

　　然而要想建立全面而准确的估价数据库又绝非一朝一夕的事，现阶段，我国各地的房地产评估机构，除了个别具有一定规模且管理较规范的评估机构之外，大部分评估机构的信息化水平较低，既没有信息化平台的采购，也没有可比实例的翔实来源，评估机构的作业方式和管理水平同样严重滞后于互联网时代信息技术的发展，且缺乏评估数据标准。

　　2.3 盈利模式的转变 —— 多元化方向发展

　　当前，房地产估价机构的盈利模式主要还是传统的盈利模式，也就是"做估价就凭估价报告赚钱"。

三、深圳市世联土地房地产评估有限公司应用信息化技术转型商业模式的探索与实践

1. 实践背景

　　深圳市世联土地房地产评估有限公司（简称"世联评估"）1993 年创设于深圳，现总部设立于深圳，至今下设广州、东莞、佛山、中山、厦门、成都、珠海、上海、杭州、南京、北京、天津、青岛、济南十四家分公司。主要从事评估咨询服务、价值评估服务、资产评估服务、旧改征收咨询等业务，面向全国提供全面的土地房地产资产评估专业服务。经过多年的发展，世联评估从 2011 年开始，评估规模过亿元，在全国评估公司业务统计中营业收入排名蝉联第一。

　　从 2000 年以后，房地产评估市场发生了较大的变化，首先由于进入门槛的放宽，涌现了一大批新生代评估公司，机构间恶性竞争加剧，企业产品同质化日趋严重；另外随着国家金融风险监管、土地招拍挂制度以及物权法的实施，对评估报告的要求也在不断提高。这些都在逼迫评估机构在产品创新、技术创新方面下大力气，以期通过技术创新手段在激烈的市场竞争中处于有利地位。在 21 世纪全球化不断加速的背景下，世联评估在 2003 年率先将估价技术和地理信息系统（GIS）相结合，研发出世联 EVS 自动估价系统，并获得"深圳市科技进步三等奖"；在 2005 年，公司通过互联网技术实现客户端自动估价，实现深圳银行的使用覆盖率超过 95%；

在 2007 年，由世联评估数据部成立深圳华房数据技术有限公司，并致力于成为提供真实数据的房地产数据提供商。

2. 世联评估公司应用信息化技术转型商业模式的实践

2.1 世联 EVS 自动估价系统

（1）世联 EVS 自动估价系统简介

世联 EVS 自动估价系统，是世联评估自主研发、自行维护的快速在线估价系统。经 15 年的数据积累，其数据库覆盖范围包括全国 22 个城市、87 000 个小区、3 700 万套住房，和另 22 个城市楼盘库、2 万个小区，物业覆盖率为 85% 以上，月更新市场案例近 500 万笔，准确性为 90%，可以提供"十秒实现精准到户的专业自动估价"服务。如今，世联 EVS 自动估价系统再以率先全国化、APP& 安卓手机端移动化，实现对客户全方位数据服务。

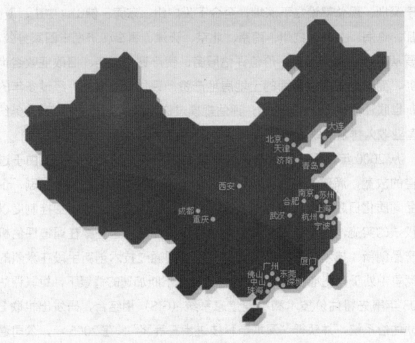

图 2 世联数据业务覆盖城市直观图

（2）世联 EVS 自动估价系统服务核心功能

① 实时查询功能

世联 EVS 自动估价系统及手机（苹果、安卓操作系统）、Ipad 移动终端，可以实现"低成本、快速响应客户需求"，提升客户以房屋作为抵押物的按揭和消费金融贷款业务市场竞争力。同时，因为较好的移动性和实时查询功能，最大限度释放一线客户服务人员作业精力，建立统一估值标尺工具，提升工作效率。

② 实现贷款审批预警价值

通过人工预先查勘、客观修正相关参数和每天动态更新市场买卖案例，通过专线对接、web 版、手机版等方式实时数据交换，提交抵押物价值及相关数据服务。可为金融机构客观了解抵押物市场价值，满足内评质量管理需要；也通过对比客户要价或评估报告价以实现贷款审批预警价值，有效识别和降低"关于抵押物价值是否客观合理或是否被人为操作及包装"的风险。同时，也实现对评估公司等中介机构的有效管理，以起到警示作用。

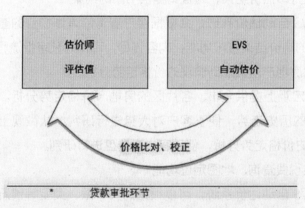

图 3 世联 EVS 自动估价系统审批预警价值直观图

（3）世联 EVS 自动估价系统的突出优势

① 时效性强，可提供批量无障碍的询价功能

世联 EVS 自动估价系统可以实现 24 小时的实时查询功能，可以让客户随时进行在线估价，无须等待，即时获得估价结果。同时系统收集了各城市的详细的房地产市场信息、物业信息、价格数据，客户可以通过网络界

面，即时查询待估房屋的价格，快捷方便，方便客户特别是大量客户访问查询。

② 支持模糊查询功能，采用标准化的封闭式查询方法

世联 EVS 自动估价系统支持模糊查询，客户只需输入一个字，通过搜索，就可以从系统自动弹出的与输入字相关的楼盘列表里，选择合适的楼盘进行查询。解决客户不太清楚楼盘全称，导致无法查询的情况。同时支持门牌地址的查询，客户可以输入门牌地址关键字，通过搜索，就可以从系统自动弹出的楼盘列表里选择楼盘，解决了客户只知道地址，不清楚楼盘名称，而无法查询的情况。原理在于系统在客户查询之前已经建立标准化的物业信息。

③ 可以支持楼盘价格案例查询

世联 EVS 自动估价系统，可以查询楼盘的详细案例价格信息，可以显示楼盘成交及报价的案例区间，最大值、最小值、平均值，客户可以了解自己的物业处于什么价格水平，便于判断自身物业买卖价格的高低，以及买卖的时机。

④ 可以打印估价结果，为查询提供书面的结果

世联 EVS 自动估价系统，会根据客户查询的具体物业的查询情况，即时提供书面的询价结果打印功能，内容详尽，可作为预审批流程里的参考。

⑤ 提供房地产从宏观到微观的价格走势分析

可以从宏观上提供全市、各片区的房地产价格走势分析，可以查询某一时间段内的历史走势，便于客户对大势进行研判。从微观上，可以提供各楼盘的历史价格走势分析，便于客户对楼盘进行研判。

⑥ 提供税费查询、地图定位功能

世联 EVS 自动估价系统，可以根据购买年限、类型等情况，提供交易税费查询功能，并且开放税费设置功能，遇到国家税费政策发生调整，可以进行税项的调整。同时，世联 EVS 自动估价系统可以提供二维的地图定位功能，让客户了解楼盘所在具体位置。

⑦ 系统无法自动回复结果的，可转为人工估价师估价服务

世联 EVS 自动估价系统的核心功能是系统调用庞大的数据库，进行自动的价格回复，遇到库内没有的楼盘，可转为人工回复的界面，由估价师在限定时间内，进行回复。估价师人工回复，是 EVS 自动估价系统的辅助

功能。

(4) 小结

不难发现，EVS 自动估价系统的建立，最大的作用在于能够方便使用者随时检索、查询和使用，凭借其强大的数据库信息，为金融机构提供价格的尺度，并可以随时帮助金融机构尽早发现风险点。对于评估机构自身来说，不仅提高了估价机构的工作效率，估价师从繁重的重复性工作中解脱出来，而且还可以借此开拓多元化的业务类型，创新了企业的管理模式以及商业模式，对实现客户管理以及下文将要提到的利用信息化技术联动金融机构及企业客户的新模式拓展了思路。

2.2 世联个贷管家全国版系统

(1) 世联个贷管家全国版系统简介

个贷管家系统是结合互联网技术和世联内部的工作流程系统，整合网页、微信、手机客户端、传统服务渠道等多个业务渠道，为客户提供一体化的专业服务。北、上、广、深等多地客户均可通过系统自助查询评估价值，自助在线下单，实时跟踪业务进度、查询业务信息，可不限时间不限地域地随时查询报告真伪，及时将假报告拒之门外，保证业务的安全性。

(2) 世联个贷管家全国版系统核心功能

① 询价功能

可支持工作时间内的在线询价。客户只需要根据系统指引，将物业地址、面积、楼层等必要信息输入系统并保存即显示询价成功。在规定时间内，由后台询价人员进行回价，回复后的询价会出现在客户的个人系统内，并显示"已回价"。若输入信息有误，系统将提示"询价无效"。

② 查询功能

可支持 365 天 24 小时的实时在线查询，查询内容根据各地区需求不同可包括询价结果查询、预估单查询、正式报告查询等分项。根据"查询条件"可以搜索询价日期和询价关键字，进而锁定相关记录。如单击任意一条已回价（或通过审核）的询价记录可以查看询价结果并申请出具初评答复书；单击任意一条初评答复书结果可以查询初评信息并申请出具正式报告；单击任意一条正式报告记录，可以查询报告进度和报告关键信息。

③ 下单功能

可支持全天候的自助下单。根据系统指引填写看房联系人、联系方式、物业地址、收取资料费用方式等必要信息，即可完成自助下单，并流转入世联内部流程系统，由专人进行业务处理和跟进。

④ 查询真伪功能

可支持全天候在线查询报告重要信息，进行真伪验证。查询真伪功能需同时输入报告编号（至少后 4 位）和产权人姓名，进行双重验证。真伪查询不局限于个人下单业务查询，所以需要双重信息进行确认，以便保证信息安全性。

⑤ 密码管理功能

可支持自助密码修改和个人信息修改。开通账号之初，会提供有规律的用户名和初始密码，客户可根据个人需要进行修改。

（3）世联个贷管家全国版系统突出优势

①多渠道

个贷管家系统不再拘泥于传统，而是将网页、微信、手机客户端等多个业务渠道集于一体。

②全流程

从预询价格，到申请报告，到业务跟踪，到详情查询，到真伪验证，甚至快递信息，世联个贷管家都会全程跟踪。

③实时监测

个贷管家提供 365 天 24 小时的实时查询服务，不受工作时间的限制，随时可以监测报告进度、报告真伪，查看业务详情，第一时间掌握报告的流转动态。

（4）小结

对于评估机构自身来说，不仅提高了估价机构的工作效率，缩短了工作流程，而且由客户—业务员—估价师，转变为客户直接面对估价师，减少了沟通流转环节。

3. 估价机构商业运营模式变革的影响分析

经历十几年的积累与沉淀，世联评估自主开发的 EVS 自动估价系统已覆盖了全国大部分城市。凭借扎实的数据积累和强大的系统功能，世联评估也与多家商业银行及机构投资者达成了业务合作，并获得一致好评。而

"个贷管家"的开发与应用无疑又是与 EVS 自动估价系统相得益彰的。房地产估价机构信息化的商业模式的变革是房地产估价机构发展的必由之路，然而互联网应用对估价行业的发展有机遇也有挑战。

3.1 工作效率及专业性的大幅提高

手机终端以及数据库的引进，使得无论是工作效率、公平性，抑或是成本、专业性等都比传统营销存在优势。如银行的贷后房地产整体抵押价值动态监控、个别房地产风险预警，国土资源和房屋管理局的基准地价（房价）评估、区域性房地产分类市场整体价格评估和市场监测等业务都能提供更快速、经济的估价结果，并且可以做到误差可控；再如地税局和财政局的房地产交易课税价格批量评估利用批量评估技术可以提供更专业、准确的服务。

3.2 对盈利模式的影响

（1）盈利来源多样化。如在公司的网页或是手机估价应用系统上，一些服务是免费的，而要获取进一步的服务则是需要收费的；估价机构除了传统的单宗房地产评估收益外，还可以获取来自税务局、银行等客户的批量评估收益以及基于贷后评估业务收益。

（2）盈利模式的创新。可以利用信息化系统建立起来的资源为客户提供除房地产估价报告之外的其他一些产品，如市场调研报告、可行性分析报告、竞标分析，等等。

（3）盈利成本的降低。一方面是信息技术的发展大幅提升企业效率、降低单位评估成本；另一方面是员工单位绩效的大幅提升带来的盈利的提高。

3.3 促进评估机构向多元化方向发展

目前从事的可行性研究以及为金融机构提供的项目贷款评价等都属于新兴估价服务领域，另外，包括一些诸如市场研究、销售策划、投资决策、风险分析、转换性再利用等咨询服务，也是估价机构应充分发挥其专业能力的新兴业务。而建立起来的数据库系统，能为咨询服务提供基础及良好的平台，促进评估机构多元化发展。

3.4 对房地产估价师自身的影响

信息化手段的运用，获得移动平台服务，将使得评估更加强调科学性、弱化艺术性，评估经验不仅仅是评估师个人的经验，而是一个机构乃至全体评估师的评估经验。

传统房地产评估行业发生了这样根本性变化之后，对房地产估价师个人的未来和前途，以及我们自身的职业转型将会带来重大的挑战。笔者认为，对于目前从事评估工作的估价师，个人必须要加强自身的专业能力，强调个人服务意识、强调专业深度、强调专业的延展性。当然，也可转型到提供权威的评估数据和参数上来。在信息化技术广泛应用的今天，谁还在墨守成规，谁就将被快速变化的世界所淘汰。

四、结论与展望

将信息化技术应用于房地产评估，不仅提高了评估效率，改进了评估质量，同时也给评估行业带来了新的机遇。从目前世联评估已经运用的信息系统和即将开发使用的信息系统反馈的情况来看，它给我们带来的经验和启示是多方面的。

首先，要坚持走信息技术之路不能动摇，我们不能指望一开始它就能带给我们实实在在的好处，甚至可以说走信息化之路是一条漫长曲折、充满艰辛的道路，前期投入巨大，耗费大量的人力物力财力，它还会对我们正在进行当中的业务产生冲击，包括所有参与人员思想观念的革新，但后期对提高房地产估价机构的核心竞争力起着重要的影响作用。

其次，从国内外房地产估价机构开发运用信息化技术的实践来看，一定要坚持开发理念与实践需求相结合的原则。开发的估价系统一定要以方便客户及降低估价机构成本、提高效率为前提，开发的功能还可以根据不同需求进行扩充和延伸，充分体现人性化为主导。不能光求大求全，要根据我们的实际需要并同时留有一定发展空间。

再次，要坚持全员参与、主要领导挂帅的领导体系。我们看到很多机构刚开始也搞了一些信息化，买了一些评估系统，但后来员工抱怨、领导决心不够大，最终导致半途而废的例子。

　　最后，技术平台系统的维护和改进是一项长期和艰巨的任务。技术平台搭建起来了并不代表大功告成，系统的维护和改进更是我们将信息化技术深化利用的保障。为此，必须建立专门的队伍和经费从事这项工作，以保证我们所有的工作行之有效。

　　随着自动估价系统占领市场份额越来越大，甚至有人预测，未来70%的抵押评估业务将会被自动估价系统或评估师与自动估价系统相结合的桌面评估系统（如世联"个贷管家"）所夺走（纪益成，2005）。对大多数房地产估价机构来说，这种预测多少有点危言耸听。但转变观念、重视信息化技术给房地产估价行业带来的新机遇，并借此机会调整、创新本公司现有的商业模式，以谋求未来的跨越式发展，是大多数公司谋求长远利益的唯一途径。并且以互联网技术为代表的新技术对商业模式创新的推动在生物制药等多个领域已经得到了证实。我们有理由相信融入了最新计算机技术的自动估价系统以及相关应用平台对我国房地产估价机构商业模式创新的推动也将在不远的将来得到证实，反过来商业模式的创新会推动自动估价系统及相关应用平台的不断完善，并帮助企业在更大程度上获得技术革新带来的收益。

作者单位：
李欣、罗维豪、邓慧艳：深圳市世联土地房地产评估有限公司

后记

　　深圳市鹏信资产评估土地房地产估价有限公司（以下简称"鹏信机构"）于 1998 年创立至今，已经形成了集"证券类资产评估资格、资产评估资格、一级房地产评估资格、A 级全国土地评估资格、A 级全国土地资信评估资格、A 级全国土地登记代理资格、甲级工程造价及工程咨询等多元于一体的综合性专业服务机构。随着公司规模的日益壮大，行业地位亦稳步提升。值此鹏信机构"十五周年"活动之际，公司举办了"鹏信杯"征文活动。看着公司技术骨干撰写的理论与实践的结晶，我心情非常激动！心想如果把这些理论与实践的成果结集出版，兴许能把公司这么多年总结出来的理论与实践之成果与行业同仁们共享，也能为行业的发展贡献自己一点微薄之力，这一提议得到公司全体同仁的一致认同。

　　恰逢与深圳市资产评估师协会王毅会长交流时，将此事之原委相告，得到王会长和秘书处全体同仁的鼎力支持，并且在人力、物力方面给予了巨大的帮助。特别是关于书名之确定，经与王会长多次讨论后，最终确定"价格领地"之书名，王会长还为该书作序，这使我们对该书的出版充满信心。

　　该书的出版获得广东省不动产登记与估价专业人员协会谢戈力会长的鼎力支持，谢会长有感于我们对评估业的热爱，百忙余暇为该书作序以示支持！同时，亦获得中国房地产估价师与房地产经纪人学会副会长兼秘书长柴强博士的大力支持。最初的书名拟为"价格的博弈"，在征求柴博士之意见时，柴博士认为命名应该与"估价"、"评估"之思路联系在一起。最终书名"价格领地"得到了柴博士的认可，他也欣然为之作序，至此《价格领地》一书成形。

此外，该书的成功出版亦离不开深圳出版发行集团尹昌龙总经理的支持与帮助，在他的大力支持下，该书的选题报送、审读、校对、排版直至最后的印刷流程都进展得非常顺利。

值此鹏信机构成立十五周年活动之际，特别感谢对本书出版给予关怀与厚爱的各位领导、同仁和朋友们！是你们的鼎力支持与帮助使《价格领地》得以顺利出版！在此，笔者代表编委会全体成员，对各位领导、同仁、朋友们表示感激和谢意。

由于编者水平所限，书中浅见或有尚待商榷之处，敬请各位读者批评指正！

聂竹青